Reinhold Freudenstein

ENGLISCH ganz leicht

Begleitheft

Max Hueber Verlag

Dieses Werk folgt der seit dem 1. August 1998
gültigen Rechtschreibreform.

3. 2. 1. | Die letzten Ziffern bezeichnen
2005 04 03 02 01 | Zahl und Jahr des Druckes.
Alle Drucke dieser Auflage können, da unverändert,
nebeneinander benutzt werden.
1. Auflage

Titel der deutschen Originalausgabe: Hueber-Selbstlernkurs Englisch
für Beruf und Urlaub, © 1984 Max Hueber Verlag
Umschlaggestaltung: Atelier Kontraste, München
Druck und Bindung: Friedrich Pustet, Regensburg
Printed in Germany
ISBN 3–19–002707–2 (Package)
2. 2707 (Begleitheft)

Inhalt

1 What's your name?

Wegweiser

Wenn Sie einen Lernschritt abgeschlossen haben, haken Sie ihn auf der nachstehenden Übersicht ab.

	Dialoge 1–3: Hören Sie sich die Dialoge bei geschlossenem Buch an.
	Dialoge 1–3: Hören Sie jeden Dialog einzeln an, lesen Sie ihn und arbeiten Sie ihn durch.
	Dialoge 4–6: Hören Sie jeden Dialog einzeln an, lesen Sie ihn und arbeiten Sie ihn durch.
	Dialoge 7–9: Hören Sie sich die Dialoge bei geschlossenem Buch an.
	Dialoge 7–9: Hören Sie jeden Dialog einzeln an, lesen Sie ihn und arbeiten Sie ihn durch.
	Dialoge 10–11: Hören Sie sich die Dialoge bei geschlossenem Buch an.
	Dialoge 10–11: Hören Sie jeden Dialog einzeln an, lesen Sie ihn und arbeiten Sie ihn durch.
	Dialog 12: Hören Sie sich den Dialog bei geschlossenem Buch an.
	Dialog 12: Hören Sie sich den Dialog an, lesen Sie ihn und arbeiten Sie ihn durch.
	Lernen Sie die *Wichtigen Wörter und Ausdrücke.*
	Bearbeiten Sie die *Übungen.*
	Arbeiten Sie die *Grammatik* durch.
	Bearbeiten Sie den Abschnitt *Lesen und Verstehen.*
	Lesen Sie den Abschnitt *Wissenswertes.*
	Jetzt haben Sie das Wort.
	Hören Sie sich alle Dialoge noch einmal ohne Buch an.

Lösungen

Übungen

Übung 1: Mann – Damon; Frau – Sarah

Übung 2: 1) excuse me 2) man 3) good morning 4) holiday 5) business 6) tourist 7) where. Das Wort in der waagerechten Spalte ist *English*.

Übung 3: Germany, Japan, Austria, Canada, Australia, The States, Switzerland, Sweden.

Übung 4: a) Bundesrepublik Deutschland b) geschäftlich c) nur wenig d) den Vereinigten Staaten e) auf Urlaub

Grammatik

Aufgabe 1: a) am b) is c) are d) is e) are f) are

Aufgabe 2: a) are b) are; are c) is; is d) am; am e) Are f) is g) is

Lesen und Verstehen

1. in block letters; print
2. family name; surname
3. forename; first name

Übersetzungen

Wie heißen Sie?

1 Vormittags. Marion trifft einen Bekannten

Marion: Guten Morgen.
Martin: Guten Morgen.

2 Nachmittags. In einem Reisebüro

Reisebüroangestellter: Guten Tag. Bitte sehr?
Mann: Guten Tag.

3 Abends. Am Hotelempfang

Empfangsdame: Guten Abend.
Mann: Guten Abend.

4 Wie heißt du?

Marion: Wie heißt du?
Junge: Tomer Shalit.
Marion: Wie buchstabiert man das?
Junge: T–O–M–E–R S–H–A–L–I–T.
Marion: Und woher kommst du?
Junge: Aus Schweden.

5 Colins genaue Anschrift

Marion: Woher kommen Sie, Colin?
Colin: Ich komme aus Leeds.
Marion: Und wo wohnen Sie?
Colin: Ich wohne in der Harehills Avenue Nr. 111.
Marion: Wie buchstabiert man Harehills?
Colin: H–A–R–E–H–I–Doppel-L–S.

6 Eine Besucherin aus den Vereinigten Staaten

Marion: Verzeihung, woher kommen Sie?
Frau: Ich komme aus den Staaten.
Marion: Aus welcher Stadt kommen Sie?
Frau: Aus Greenfield, Ohio. Das ist eine ganz kleine Stadt.

7 Noch ein paar Fragen

Marion: Und wie heißen Sie?
Frau: Carolina Barnett.
Marion: Barnett? Wie buchstabiert man das?
Frau: B–A–R–N–E–T–T.
Marion: Und sind Sie hier auf Urlaub oder geschäftlich?
Frau: Ich bin geschäftlich hier.

8 Eine junge Besucherin aus Neuseeland

Marion: Woher kommst du?
Mädchen: Aus Neuseeland.
Marion: Und wie heißt du?
Mädchen: Pauline.
Marion: Wie buchstabiert man das?
Mädchen: P–A–U–L–I–N–E.

9 Pauline hat eine Schwester

Marion: Und kommst du auch aus Neuseeland?
Bist du Paulines Schwester?
Mädchen: Ja.
Marion: Und wie heißt du?
Mädchen: Hazel.
Marion: Wie buchstabiert man Hazel?

Mädchen: H–A–Z–E–L.
Marion: Bist du auf Urlaub hier?
Mädchen: Ja.
Marion: Gut, ich wünsche dir hier einen schönen Aufenthalt. Vielen Dank. Auf Wiedersehen.
Mädchen: Auf Wiedersehen.

10 Jemand kann nur wenig Englisch

Marion: Verzeihung, woher kommen Sie?
Mann: Ich komme aus Brasilien.
Marion: Und wie lange werden Sie sich in England aufhalten?
Mann: Es tut mir Leid. Ich kann nur wenig Englisch.

11 Jemand spricht sehr gut Englisch

Frau: Ihr Englisch ist ausgezeichnet. Woher kommen Sie?
Mann: Ich komme aus Dänemark.
Frau: Aha! Und sind Sie geschäftlich oder auf Urlaub hier?
Mann: Nun ja, ich bin geschäftlich hier.

12 Tanvi und Nuala können das Alphabet

Marion: Tanvi, kennst du das Alphabet?
Tanvi: Ja.
Marion: Kannst du es aufsagen?
Tanvi: A–B–C–D–E–F–G–H–I–J–K–L–M–N–O–P–Q–R–S–T–U–V–W–X–Y–Z.
Marion: Gut. Und kannst du das Alphabet-Lied singen?
Tanvi: Ja.
T and N: A–B–C–D–E–F–G–H–I–J–K–L–M–N–O–P–Q–R–S–T–U–V–W–X–Y–Z.

2 How are you?

Wegweiser

	Dialoge 1–3: Hören Sie sich die Dialoge bei geschlossenem Buch an.
	Dialoge 1–3: Hören Sie jeden Dialog einzeln an, lesen Sie ihn und arbeiten Sie ihn durch.
	Dialoge 4–5: Hören Sie sich die Dialoge bei geschlossenem Buch an.
	Dialoge 4–5: Hören sie jeden Dialog einzeln an, lesen Sie ihn und arbeiten Sie ihn durch.
	Dialoge 6–7: Hören Sie sich die Dialoge bei geschlossenem Buch an.
	Dialog 6–7: Hören Sie jeden Dialog einzeln an, lesen Sie ihn und arbeiten Sie ihn durch.

	Dialoge 8–11: Hören Sie sich die Dialoge bei geschlossenem Buch an.
	Dialoge 8–11: Hören Sie jeden Dialog einzeln an, lesen Sie ihn und arbeiten Sie ihn durch.
	Dialog 12: Hören Sie sich den Dialog bei geschlossenem Buch an.
	Dialog 12: Hören Sie sich den Dialog an, lesen Sie ihn und arbeiten Sie ihn durch.
	Lernen Sie die *Wichtigen Wörter und Ausdrücke.*
	Bearbeiten Sie die *Übungen.*
	Arbeiten Sie die *Grammatik* durch.
	Bearbeiten Sie den Abschnitt *Lesen und Verstehen.*
	Lesen Sie den Abschnitt *Wissenswertes.*
	Jetzt haben Sie das Wort.
	Hören Sie sich alle Dialoge noch einmal ohne Buch an.

Lösungen

Übungen

Übung 2: SI 123 Gate 10; BA 590 Gate 13; AF 167 Gate 20; LE 483 Gate 11; SB 438 Gate 16.

Übung 3: Father – a retired doctor; mother – a housewife; sister – a journalist; sister's husband – a banker; brother – an architect; brother's wife – a nurse.

Grammatik

Übung: 1) What do you do? 2) Why do Tomer and Galya speak English? 3) Where does John live? 4) What do they do? 5) Why does Mr Black work at home?

Lesen und Verstehen

Ihre Postkarte hätte so lauten können: Dear Anne, I'm fine, thanks. We're in Aberystwyth. Our address is: c/o Mrs Davies, 15 Hill Road, Aberystwyth. Our telephone number is 0970-56913. Yours, Liz.

Übersetzungen

Wie geht's?

1 Rückwärts zählen

Kind: Fertig machen zum Start! Zehn, neun, acht, sieben, sechs, fünf, vier, drei, zwei, eins, null, Feuer!

2 Vorwärts zählen

Marion: Kannst du vorwärts zählen?
Kind: Eins. – Nein, ich kann es nicht.
Marion: Versuch es.
Kind: Eins, zwei, drei, vier, fünf, sechs, sieben, acht, neun, zehn.

Marion: Ausgezeichnet!
Kind: Eins, zwei, drei, vier, fünf, sechs, sieben, acht, neun, zehn.

3 Am Telefon

Marion: Hallo.
Sara: Hallo. Bist du's, Marion? Hier ist Sara.
Marion: Hallo, Sara! Wie geht es dir?
Sara: Gut, danke. Und dir?
Marion: Oh, mir auch, danke.

4 Anne kommt bei ihrer Freundin an

Anne: Hallo.
Liz: Hallo. Schön, dich zu sehen.

5 Anne und Liz stellen ihre Kinder vor

Liz: Dies ist Alison. Sie ist die Älteste. Und dies ist Thomas. Und dies ist Ben. Er ist erst zwei.
Anne: Dies sind meine Kinder. Das ist Tomer und das ist Galya.

6 Einige Fragen über die Familie

Marion: Wie alt bist du, Tomer?
Tomer: Neun.
Marion: Hast du Brüder und Schwestern?
Tomer: Ja. Einen Bruder und eine Schwester.
Marion: Und wie alt sind dein Bruder und deine Schwester?
Tomer: Mein Bruder ist siebzehn und meine Schwester ist vierzehn.

7 Mehr über die Familie

Damon: Wie viele Schwestern hast du?
Marion: Em, ich habe zwei Schwestern und einen Bruder. Wie viele Schwestern hast du?
Damon: Eine. Keine Brüder.

8 Nach dem Beruf fragen

Marion: Martin, was machen Sie?
Martin: Ich bin Lehrer.
Marion: Und was machen Ihre Eltern?
Martin: Mein Vater ist pensioniert, aber meine Mutter ist Ingenieurin.
Marion: Eine Ingenieurin! Oh!

9 Weitere Fragen zum Beruf

Marion: Colin, was machen Sie?
Colin: Ich habe keine Stelle, Marion, ich bin arbeitslos. Was machen Sie?
Marion: Ich bin Lehrerin. Und sind Sie verheiratet?
Colin: Ich bin nicht verheiratet. Ich bin ledig.

10 Woher kommen Sie?

Marion: Lynn, woher kommen Sie?
Lynn: Ich komme aus den Staaten, aber ich wohne in England.
Marion: Oh? Warum wohnen Sie in England?
Lynn: Mein Mann ist Engländer, deshalb wohnen wir hier.

11 Und was machen Sie?

Marion: Und was machen Sie?
Lynn: Em, gut. Ich bin eine, ich bin Klavierlehrerin.
Marion: Und unterrichten Sie zu Hause, oder unterrichten Sie in einer Schule?
Lynn: Ja, ich unterrichte in einer Schule.

12 Ein Bauer und seine Familie

Marion: Wie heißen Sie?
Bauer: Ich heiße Jimmy Campbell.
Marion: Campbell? Wie buchstabiert man das?
Bauer: C-A-M-P-B-E-Doppel-L.
Marion: Und was machen Sie?
Bauer: Ich bin Bauer.
Marion: Und em, sind Sie verheiratet?
Bauer: Ja, verheiratet. Ich habe, em, drei Jungen und ein Mädchen.
Marion: Wie alt sind die Kinder?
Bauer: Oh, das Jüngste ist vierundzwanzig und das Älteste dreiunddreißig.
Marion: Dann sind sie wohl auch schon verheiratet?
Bauer: Zwei der Jungen sind verheiratet. Einer wohnt in Edinburgh, einer in Glasgow und einer ist drüben in Australien. Und unsere Tochter ist hier bei uns zu Hause.

3 How much is it?

Wegweiser

	Dialoge 1–2: Hören Sie sich die Dialoge bei geschlossenem Buch an
	Dialoge 1–2: Hören Sie jeden Dialog einzeln an, lesen Sie ihn und arbeiten Sie ihn durch.
	Dialoge: 3–5: Hören Sie sich die Dialoge bei geschlossenem Buch an.
	Dialoge 3–5: Hören Sie jeden Dialog einzeln an, lesen Sie ihn und arbeiten Sie ihn durch.
	Dialoge 6–7: Hören Sie sich die Dialoge bei geschlossenem Buch an.
	Dialoge 6–7: Hören Sie jeden Dialog einzeln an, lesen Sie ihn und arbeiten Sie ihn durch.
	Dialog 8: Hören Sie sich den Dialog bei geschlossenem Buch an.
	Dialog 8: Hören Sie sich den Dialog an, lesen Sie ihn und arbeiten Sie ihn durch.
	Lernen Sie die *Wichtigen Wörter und Ausdrücke* und die Zahlen bis 100.
	Bearbeiten Sie die *Übungen.*
	Arbeiten Sie die *Grammatik* durch.
	Bearbeiten Sie den Abschnitt *Lesen und Verstehen.*
	Lesen Sie den Abschnitt *Wissenswertes.*
	Jetzt haben Sie das Wort.
	Hören Sie sich alle Dialoge noch einmal ohne Buch an.
	Bearbeiten Sie das Wiederholungsprogramm zu den *Units* 1–3 im Lehrbuch Seite 224.

Lösungen

Übungen

Übung 1: Folgende Zahlen wurden ausgerufen: 44-29-99-12-31-100-75-48-22-72-91-19-83-15-50-56-66-98. Auf dem Brett A waren zuerst keine Zahlen mehr übrig.

Übung 2: a) a bottle of lemonade – 90p b) a cheese sandwich – £ 1.35 c) a ham sandwich – £ 1.50 d) a sherry £ 1.40 e) a pint of lager – £ 1.75. Der Gesamtbetrag ist £ 15.45.

Übung 3: Anita would like tea with lemon. Stephen would like a white coffee without sugar. Mark would like a black coffee.

Übung 4: a) Ja b) Ja
c) Nein. Richtig ist £ 4.20.

Grammatik

Übung 1: a) some b) any c) some d) some; any e) some; any

Übung 2: a) His b) our; Their c) Its d) Her

Lesen und Verstehen

Sie haben £ 9.50 ausgegeben. Nicht-alkoholische Getränke sind ja umsonst!

Wiederholung: *Unit* 1 bis 3

3 Ein Wortspiel

a. BEER	f. SUGAR
b. HAM	g. MILK
c. SANDWICH	h. COFFEE
d. CIDER	i. LEMON
e. TEA	j. HAMBURGER

Übersetzungen

Wie viel macht das?

1 Galya und Tomer zählen ihr Geld

Galya: Wie viel (Geld) hast du?

Tomer: Ich habe ein Pfund, ein Pfund fünfzig, ein Pfund fünfundfünfzig, ein Pfund sechzig, ein Pfund siebzig, ein Pfund zweiundsiebzig, ein Pfund vierundsiebzig. Wie viel hast du?

Galya: Ich habe ein Pfund, eins fünfzig, eins sechzig, eins fünfundsechzig, eins siebenundsechzig, eins achtundsechzig.

2 Galya kauft Schokolade

Verkäuferin: Kann ich Ihnen helfen?

Galya: Ja. Ich möchte zwei Päckchen Smarties, bitte.

Verkäuferin: Zu 35 oder zu 75 Pence?

Galya: Zu 35.

Verkäuferin: Zwei zu 35. Das macht 70 Pence, bitte. – Danke. – Das sind 80, ein Pfund.

Galya: Danke.

Verkäuferin: Danke schön.

3 Im Speisewagen

Mann: Zwei Hamburger, bitte.

Kellner: Zwei Hamburger. Vielen Dank. Das macht vier dreißig, bitte, mein Herr.

Mann: Fünf Pfund. Der Rest ist für Sie.

Kellner: Vielen Dank, mein Herr.

Mann: Danke.

4 In einer Imbisshalle

Bedienung: Ja, bitte?

Mädchen: Könnte ich bitte ein Schinkenbrot haben?

Bedienung: Einmal Schinken. Sonst noch etwas?

Mädchen: Nein, danke.

Bedienung: Das macht achtundvierzig Pence, bitte.

Mädchen: Vielen Dank.

Bedienung: Danke.

Mädchen: Danke schön.

5 Was kosten die Käsebrote?

Marion: Haben Sie Käsebrote?

Bedienung: Käse. Einmal Käse?

Marion: Wie viel kosten sie?
Bedienung: Ein Pfund zwanzig.
Marion: Nein, ich werde keins nehmen.

6 Tee oder Kaffee?

Susan: Möchten Sie Tee oder Kaffee?
Hilary: Tee, bitte. Milch, keinen Zucker.
Susan: Tee, Milch, keinen Zucker. Kaffee?
Rachel: Ja, Kaffee, bitte.
Susan: Schwarz oder weiß?
Rachel: Em, weiß bitte.
Marion: Und Tee mit Milch, bitte.
Susan: Tee mit Milch. Also zwei Tee mit Milch und einen weißen Kaffee.

7 Möchten Sie etwas zu trinken?

Kellnerin: Möchten Sie zunächst etwas trinken?
Gill: Em. Ich nehme (eigentlich) einen trockenen Sherry.
Rachel: Em, ich denke, ich nehme einen Whisky, bitte.
Kellnerin: Mit Eis?
Rachel: Ja, bitte.
Marion: Kann ich bitte einen Martini haben?

8 In einem Pub

Roger: Also – was möchten Sie trinken?
Liz: Ich möchte bitte einen Tomatensaft.
Ann: Ich möchte einen Apfelwein, bitte.
Roger: Haben Sie Apfelwein?
Bedienung: Ja.
Roger: Gut, einen Tomatensaft, einen Apfelwein und ein halbes Pint Bitter.
Bedienung: Welches Bitter möchten Sie?
Roger: Was gibt es?
Bedienung: Marston oder Thigston.
Roger: Marston, bitte.
Liz: Wie wär's mit etwas Limonade für die Kinder?
Roger: Und könnten wir bitte noch zwei Flaschen Limonade für die Kinder haben.
Bedienung: £5,40. – 7, 8, 9, 10. Danke.
Roger: Vielen Dank.
Bedienung: Letzte Bestellungen!

4 Have you got a room?

Wegweiser

	Dialoge 1–3: Hören Sie sich die Dialoge bei geschlossenem Buch an.
	Dialoge 1–3: Hören Sie jeden Dialog einzeln an, lesen Sie ihn und arbeiten Sie ihn durch.
	Dialoge 4–7: Hören Sie sich die Dialoge bei geschlossenem Buch an.
	Dialoge 4–7: Hören Sie sich jeden Dialog einzeln an, lesen Sie ihn und arbeiten Sie ihn durch.

	Dialoge 8–10: Hören Sie sich die Dialoge bei geschlossenem Buch an.
	Dialoge 8–10: Hören Sie jeden Dialog einzeln an, lesen Sie ihn und arbeiten Sie ihn durch.
	Lernen Sie die *Wichtigen Wörter und Ausdrücke.*
	Bearbeiten Sie die *Übungen.*
	Arbeiten Sie die *Grammatik* durch.
	Bearbeiten Sie den Abschnitt *Lesen und Verstehen.*
	Lesen Sie den Abschnitt *Wissenswertes.*
	Jetzt haben Sie das Wort.
	Hören Sie sich alle Dialoge noch einmal ohne Buch an.

Lösungen

Übungen

Übung 1: a) a double room b) with a bathroom c) £40 per night d) English breakfast e) 204.

Übung 2: a) False b) True c) False d) True e) True

Übung 3: Regent Hotel – £ 25.00 – £ 16.00 – Earl's Court; Victoria – £ 30.00 – £ 18.50 – Earl's Court; Palace –£ 48.50 – £ 35.50 – Piccadilly. Sie wird wahrscheinlich das Victoria Hotel nehmen.

Grammatik

Übung: There is; there are; There is; There are

Lesen und Verstehen

Sie werden wahrscheinlich den Campingplatz Edmonton wählen. Er ist der kleinste (200 Plätze) und hat Duschen, ein Geschäft und eine Wäscherei. Schwimmen, Reiten und Tennis sind auch möglich.

Übersetzungen

Haben Sie ein Zimmer?

1 Im Hotel

Empfangschef: Guten Tag.
Frau Lindgren: Guten Tag. Äh, haben Sie ein Zimmer, ein Einzelzimmer?
Empfangschef: Ja. Möchten Sie es mit oder ohne Bad?
Frau Lindgren: Ich möchte ein Zimmer mit Dusche.
Empfangschef: Sämtliche Zimmer haben eine Dusche.
Frau Lindgren: Ich verstehe. Dann mit.
Empfangschef: Das macht achtundvierzig Pfund pro Nacht einschließlich englisches Frühstück und Mehrwertsteuer.
Frau Lindgren: In Ordnung, klar.
Empfangschef: Würden Sie sich bitte eintragen?
Frau Lindgren: Oh, gut.

2 Wo ist das Zimmer?

Empfangschef: Ihre Zimmernummer ist 302. Es ist im dritten Stock. Der Aufzug ist gleich dort hinter den Glastüren.

3 Ankunft auf dem Campingplatz

Ann: Guten Abend.
Herr Campbell: Guten Abend (auch Ihnen).
Ann: Em, ich möchte hier mit zwei Kindern für ein paar Nächte zelten. Ich habe ein Zelt.
Herr Campbell: Ja, selbstverständlich. Wie lange wollen Sie bleiben?
Ann: Em, drei oder vier Nächte.
Herr Campbell: Ah ja.
Ann: Was kostet es pro Nacht?
Herr Campbell: Das kostet, em, vier fünfzig pro Nacht.
Ann: Das wird in Ordnung gehen.

4 Noch einmal im Hotel

Frau Lindgren: Em, ich bin mit dem Auto gekommen. Kann ich irgendwo parken? Haben Sie einen Parkplatz?
Empfangschef: Es gibt einen NCP-Parkplatz, nur die Straße 'runter, die zweite Straße links. Es ist nur ungefähr einhundert Meter weit, nur die Straße 'runter.
Frau Lindgren: Oh, ich verstehe. Nichts im, im Hotel?
Empfangschef: Nein, wir haben keinen Parkplatz.
Frau Lindgren: In Ordnung.

5 Weitere Fragen im Hotel

Frau Lindgren: Gibt es hier ein Restaurant?
Empfangschef: Ja, wir haben ein Restaurant, meine Dame. Es ist zum Frühstück, zum Mittagessen und zum Abendessen geöffnet. Wenn Sie nur einen Imbiss wollen, haben wir hier das Foyer für Kaffee und Kekse und belegte Brote oder wir haben eine Bar dort drüben rechts.
Frau Lindgren: Sehr schön.

6 Anne erkundigt sich über den Campingplatz

Ann: Wie sind Sie auf dem Campingplatz ausgestattet?
Herr Campbell: Wir haben warmes und kaltes Wasser, Toiletten mit Wasserspülung, Duschen.
Ann: Kann ich in der Dusche meine Wäsche waschen?
Herr Campbell: Em, nein. Wir erlauben kein Wäschewaschen in der Dusche.

7 Weitere Fragen auf dem Campingplatz

Ann: Gibt es einen Laden in der Nähe, wo ich Eier und Milch und solche Sachen kaufen kann?
Herr Campbell: Ja, wir verkaufen hier auf dem Bauernhof Milch, Eier, Brötchen, Kartoffelchips und alkoholfreie Getränke.
Ann: Mm, das ist gut.

8 Eine Zimmerbestellung im Verkehrsamt

Marion: Em, guten Morgen.
Angestellte: Guten Morgen.
Marion: Em, ich möchte ein Hotel in der Londoner Innenstadt.
Angestellte: Londoner Innenstadt. Gut.

9 Ein einfaches Zimmer

Angestellte: Ich kann Ihnen eine Hotelunterkunft in Earl's Court anbieten, nette preiswerte Unterkunft, ein einfaches Zimmer, ungefähr 15 Pfund pro Nacht einschließlich Frühstück, kontinental.
Marion: Und ist das mit Dusche oder ohne Dusche?
Angestellte: Nein, das ist ein einfaches Zimmer, d. h. es gibt keine sanitären Einrichtungen im Zimmer. Sie sind draußen auf dem Flur.
Marion: Und was kostet es mit Dusche?
Angestellte: 25 Pfund.
Marion: Hm. Ja, gut. Dann bitte mit Dusche.

10 Jetzt geht es um die Einzelheiten

Angestellte: Gut, fein. Kann ich bitte Ihren Namen notieren?
Marion: Ja, Geddes. G-E-D-D-E-S.
Angestellte: Gut. Und das ist für wie viele Nächte?
Marion: Em, für zwei Nächte.
Angestellte: Für zwei Nächte. Gut, fein. Einen Augenblick und ich sehe nach, ob etwas frei ist.

5 Can I help you?

Wegweiser

	Dialoge 1–2: Hören Sie sich die Dialoge bei geschlossenem Buch an.
	Dialoge 1–2: Hören Sie jeden Dialog einzeln an, lesen Sie ihn und arbeiten Sie ihn durch.
	Dialoge 3–5: Hören Sie sich die Dialoge bei geschlossenem Buch an.
	Dialoge 3–5: Hören Sie jeden Dialog einzeln an, lesen Sie ihn und arbeiten Sie ihn durch.
	Dialog 6: Hören Sie sich den Dialog bei geschlossenem Buch an.
	Dialog 6: Hören Sie sich den Dialog an, lesen Sie ihn und arbeiten Sie ihn durch.
	Lernen Sie die *Wichtigen Wörter und Ausdrücke*
	Bearbeiten Sie die *Übungen*
	Arbeiten Sie die *Grammatik* durch
	Bearbeiten Sie den Abschnitt *Lesen und Verstehen*
	Lesen Sie den Abschnitt *Wissenswertes.*
	Jetzt haben Sie das Wort.
	Hören Sie sich alle Dialoge noch einmal ohne Buch an.

Lösungen

Übungen

Übung 1: a) 1. Kunde: 3 zu 25p und 2 zu 30p b) 2. Kunde: 2 Luftpostbriefe und 7 zu 19p c) 3. Kunde: 7 zu 25p d) 4. Kunde: 6 zu 20p.

Übung 2: a) airmail b) large c) ten d) picture e) a few

Übung 3: $\frac{1}{2}$ Flasche Black and White; $\frac{1}{2}$ Flasche Gordon's Gin; 1 Fläschchen Miss Dior Parfum; 100 Benson and Hedges Zigaretten. Insgesamt bezahlt er £ 60.50.

Grammatik

Übung: 1-d; 2-c; 3-a: 4-e: 5-b.

Lesen und Verstehen

1. 25p 2. 42p 3. Printed papers 4. Small packets

Übersetzungen

Kann ich Ihnen helfen?

1 Auf dem Postamt

Marion: Könnte ich zwei Briefmarken zu 25 Pence und drei zu 30 Pence haben?
Postangestellter: Zwei zu 25 und drei zu 30.
Marion: Ja, bitte.
Postangestellter: Danke Das macht zusammen £ 1.40.
Marion: Oh, und zwei Luftpostbriefe, bitte.
Postangestellter: Ja. Das macht, äh, 80 Pence. 2 Pfund und 20 Pence, bitte.
Marion: Bitte schön.
Postangestellter: Danke.
Marion: Vielen Dank.

2 Anne auf dem Postamt

Anne: Guten Morgen.
Mann: Guten Morgen. Bitte sehr?
Anne: Ja, bitte. Ich möchte gerne sechs Briefmarken für Postkarten nach Schweden kaufen.
Mann: Sechs zu 30 … Ein Pfund und 80 Pence, bitte.
Anne: Und ich möchte, äh, ich möchte gerne einen Luftpostbrief.
Mann: Ja. Möchten Sie einen mit einem schottischen Bild oder einen normalen?
Anne: Ich möchte einen mit einem schottischen Bild.
Mann: Danke.
Anne: Kann ich auch bitte einen normalen haben?
Mann: Ja, selbstverständlich. Bitte schön.
Anne: Danke.
Mann: Danke.
Anne: Wie viel macht das zusammen?
Mann: Zwei neunzig, bitte.
Anne: Richtig. Ein Pfund, zwei Pfund, drei Pfund.
Mann: Vielen Dank. Und Ihr Wechselgeld.
Anne: Danke.
Mann: Danke schön.

3 Im Schreibwarengeschäft

Marion: Em, ich möchte etwas Schreibpapier, bitte.
Verkäuferin: Welche Sorte möchten Sie?
Marion: Em, Luftpost.
Verkäuferin: Welche Größe möchten Sie? Groß oder klein?
Marion: Hm, groß, bitte.
Verkäuferin: Wir haben es in weiß, rosa oder grün oder blau.
Marion: Äh, nur weiß, bitte. Also das große in weiß.

Verkäuferin: Möchten Sie Umschläge dazu haben?
Marion: Nein, danke. Nur das Papier.
Verkäuferin: Das macht genau neunundneunzig Pence, bitte.
Marion: Danke.

4 Marion will eine Straßenkarte kaufen

Marion: Und, em, ich hätte gerne einen Straßenatlas von Großbritannien.
Verkäuferin: Ich sehe mal nach. Nein, wir haben leider keinen. Wir haben nur „Dreißig Meilen rund um London“.
Marion: Nein, ich wollte einen von ganz Großbritannien.
Verkäuferin: Nein, einen von ganz Großbritannien habe ich im Augenblick nicht vorrätig.

5 Marion möchte auch Ansichtskarten kaufen

Marion: Hm, haben Sie Ansichtskarten von London?
Verkäuferin: Oh, tut mir Leid, wir haben keine Ansichtskarten von London. Wir haben gewöhnliche Postkarten.
Marion: Nein, ich möchte Ansichtskarten.
Verkäuferin: Nein, wir haben keine.
Marion: Gut, danke. Also nur das Briefpapier, bitte.
Verkäuferin: Neunundneunzig. Danke. Einen Penny zurück.
Marion: Danke.

6 In der Apotheke

Apothekerin: Bitte sehr?
Marion: Ja, ich möchte gerne Aspirin, bitte.
Apothekerin: Welche Größe möchten Sie?
Marion: Welche Größen gibt es?
Apothekerin: Em, ich werde sie Ihnen zeigen. – Wir haben nur, em, Hunderter oder das lösliche Aspirin.
Marion: Sie haben also nicht eine kleine?
Apothekerin: Nein, im Moment leider nicht.
Marion: Nein, vielen Dank.
Apothekerin: Nein? Gut. Tut mir leid.
Marion: Danke.

6 What kind would you like?

Wegweiser

	Dialoge 1–3: Hören Sie sich die Dialoge bei geschlossenem Buch an.
	Dialoge 1–3: Hören Sie jeden Dialog einzeln an, lesen Sie ihn und arbeiten Sie ihn durch.
	Dialoge 4–5: Hören Sie sich die Dialoge bei geschlossenem Buch an.
	Dialoge 4–5: Hören Sie jeden Dialog einzeln an, lesen Sie ihn und arbeiten Sie ihn durch.

	Dialoge 6–9: Hören Sie sich die Dialoge bei geschlossenem Buch an.
	Dialoge 6–9: Hören Sie sich jeden Dialog einzeln an, lesen Sie ihn und arbeiten Sie ihn durch.
	Lernen Sie die *Wichtigen Wörter und Ausdrücke.*
	Bearbeiten Sie die *Übungen.*
	Arbeiten Sie die *Grammatik* durch.
	Bearbeiten Sie den Abschnitt *Lesen und Verstehen.*
	Lesen Sie den Abschnitt *Wissenswertes.*
	Jetzt haben Sie das Wort.
	Hören Sie sich alle Dialoge noch einmal ohne Buch an.
	Bearbeiten Sie das Wiederholungsprogramm zu den *Units* 4–6 im Lehrbuch Seite 225.

Lösungen

Übungen

Übung 2: a) pink b) red

Übung 3: a) a flat b) a dress c) a lady's handbag

Übung 4: Sie hat vergessen, nach folgenden Artikeln zu fragen: 2 lemons, 8 oz ham, 1 lb brown sugar, 1½ lb coffee, 4 lb potatoes. Sie hat gesagt: a) Could I have a dozen eggs, please? Brown ones, please. b) Have you got any apples? I'd like two pounds, please. c) And I'd like twelve ounces of cheese, please.

Grammatik

Übung: 1) shorter 2) cheaper 3) bigger oder larger 4) smaller

Lesen und Verstehen

gloves – G; sweater – G; coat – 1st; dress – 2nd; notepaper – G; swimsuit – G; blouse – 1st.

Wiederholung: *Unit* 4 bis 6

3 Ein Wortspiel

a. shower	b. envelope	c. cold	d. bathroom
e. stamp	f. a snack	g. door	h. receipt

Übersetzungen

Was für welche möchten Sie?

1 Im Lebensmittelgeschäft

Marion:	Oh, könnte ich bitte ein halbes Dutzend Eier haben?
Lebensmittelhändler:	Ja. Große oder kleine?
Marion:	Große, bitte.
Lebensmittelhändler:	Vierundfünfzig, bitte.
Marion:	Und ich möchte ein Pint Milch, bitte.
Lebensmittelhändler:	Das macht zwanzig, bitte.

2 Tanvi kauft für ihre Mutter ein

Tanvi: Könnte ich bitte Milch haben?
Lebensmittelhändler: Nein, tut mir Leid. Wir haben heute keine. Wir sind ausverkauft.
Tanvi: Könnte ich dann vier Unzen Käse haben?
Lebensmittelhändler: Welche Sorte möchtest du?
Tanvi: Cheddar, bitte.
Lebensmittelhändler: Gut. Ich wiege es dir aus.
Tanvi: Wo sind die Kekse?
Lebensmittelhändler: Sie stehen ein bisschen weiter auf dem Regal da. Du kannst dich selbst bedienen.

3 Tanvi möchte auch ein paar Äpfel kaufen

Lebensmittelhändler: Möchtest du sonst noch etwas?
Tanvi: Kann ich bitte ein Pfund Äpfel haben?
Lebensmittelhändler: Wir haben keine Äpfel.
Tanvi: Das ist alles, danke.
Lebensmittelhändler: Danke sehr.

4 Tanvi braucht einen Reißverschluss

Marion: Hier, Tanvi. Aushakbare Reißverschlüsse. Die willst du doch. Welche Farbe brauchst du?
Tanvi: Marineblau.
Marion: Und wie lang?
Tanvi: Zweiundzwanzig Zoll.
Marion: Zweiundzwanzig. – Aha, fünfundfünfzig Zentimeter entsprechen 22 Zoll. – Dieser hier ist zu kurz. Versuche den da. Fünfundfünfzig. – Ja, der ist richtig.

5 Im Schuhgeschäft

Marion: Welche Größe hast du, Nuala?
Nuala: Ich glaube, ich habe zwei.
Marion: Entschuldigung, Tanvi, welche Größe hast du?
Tanvi: Ich habe dreieinhalb, aber vier geht auch.
Marion: Sind diese hier richtig?
Tanvi: Nein, sie sind zu klein.
Marion: Und was ist mit diesen hier?
Tanvi: Sie sind zu, äh, weit, äh, und zu lang.
Marion: Nuala, gibt es für dich welche, was meinst du? Wie wär's mit diesem? Oh nein, das ist zu klein. Nein, sie sind alle zu klein oder zu groß.

6 Marion möchte Handschuhe kaufen

Marion: Ich möchte bitte ein Paar Lederhandschuhe.
Verkäuferin: Welche Größe?
Marion: Ich weiß nicht.
Verkäuferin: Zeigen Sie mir Ihre Hand. Ungefähr Größe siebeneinhalb. Welche Farbe?
Marion: Em, braun, bitte.
Verkäuferin: Gefüttert oder ungefüttert?
Marion: Gefüttert. Ich möchte gern pelzgefüttert, wenn es geht.
Verkäuferin: Pelzgefüttert. Gut.

7 Marion probiert Handschuhe an

Verkäuferin: Sie sind alle pelzgefüttert, aber dieses ist das längste.
Marion: Was kostet das?
Verkäuferin: Das kostet zwanzig ... einundzwanzig fünfzig.
Marion: Könnte ich bitte dieses Paar anprobieren?
Verkäuferin: Ja.
Marion: Haben Sie etwas Billigeres?
Verkäuferin: Ja, ich habe etwas Billigeres mit Wollfutter und etwas Billigeres mit Pelzfutter in kurz.

8 Marion kauft Handschuhe mit Futter

Marion: Ich glaube, ich mag die Pelzgefütterten am liebsten. Dürfte ich die Pelzgefütterten noch einmal probieren?
Verkäuferin: Das ist wieder ein längeres Paar.
Marion: Ja, länger ist besser.
Verkäuferin: Mm, ja.
Marion: Kann ich ein Paar hiervon nehmen, bitte?
Verkäuferin: Ja, natürlich. Und wie möchten Sie zahlen?
Marion: Em, in bar.

9 Marion bezahlt

Verkäuferin: Einundzwanzig fünfzig, zweiundzwanzig, und Ihre Quittung liegt bei.
Marion: Vielen Dank.
Verkäuferin: Danke. Bitte sehr.

7 What's the time?

Wegweiser

	Dialoge 1–3: Hören Sie sich die Dialoge bei geschlossenem Buch an.
	Dialoge 1–3: Hören Sie jeden Dialog einzeln an, lesen Sie ihn und arbeiten Sie ihn durch.
	Dialoge 4–6: Hören Sie sich die Dialoge bei geschlossenem Buch an.
	Dialoge 4–6: Hören Sie jeden Dialog einzeln an, lesen Sie ihn und arbeiten Sie ihn durch.
	Dialoge 7–8: Hören Sie sich die Dialoge bei geschlossenem Buch an.
	Dialoge 7–8: Hören Sie jeden Dialog einzeln an, lesen Sie ihn und arbeiten Sie ihn durch.
	Lernen Sie die *Wichtigen Wörter und Ausdrücke.*
	Bearbeiten Sie die *Übungen.*
	Arbeiten Sie die *Grammatik* durch.
	Bearbeiten Sie den Abschnitt *Lesen und Verstehen.*
	Lesen Sie den Abschnitt *Wissenswertes.*

	Jetzt haben Sie das Wort.
	Hören Sie sich alle Dialoge noch einmal ohne Buch an.

Lösungen

Übungen

Übung 2: Folgende Tage wurden genannt – January 14th, February 28th, 16th March, 11th April, 1st May, June 29th, 4th July, 15th August, September 18th, October 3rd, November 7th, 31st December.

Übung 3: Wednesday; one o'clock

Übung 4: Monday – Brownies, swimming; Tuesday – X; Wednesday – X; Thursday – X; Friday – recorder lesson; Saturday – X; Sunday – X.

Grammatik

Übung: am going; am visiting; are going; am staying; am flying; am not visiting

Lesen und Verstehen

Saturday – British Museum; Sunday – Chartwell; Monday – Stratford-on-Avon.

Übersetzungen

Wie spät ist es?

1 Wie spät ist es?

John: Wie spät ist es?
Marion: Es ist elf Uhr.
Cathy: Wie spät ist es?
John: Es ist zehn nach elf.
Wendy: Wie spät ist es?
Martin: Viertel nach elf.
Marion: Entschuldigen Sie, wie spät ist es?
Unbekannter: Es ist halb zwölf.
Jinny: Wie spät ist es, bitte?
Clare: Es ist zwanzig vor zwölf.
Nuala: Wie spät ist es, Tanvi?
Tanvi: Es ist Viertel vor zwölf.
Martin: Entschuldigung, wie spät ist es, bitte?
Marion: Es ist zwölf Uhr.
Martin: Danke.

2 Marion fragt nach der Uhrzeit

Marion: Entschuldigen Sie, können Sie mir bitte die Uhrzeit sagen?
Angestellte: Die Uhrzeit? Ja, einen Augenblick, äh, Viertel nach zehn.
Marion: Vielen Dank.

3 Jemand sagt es ganz genau

Frau: Entschuldigung, wie spät ist es, bitte?
Mann: Es ist, äh, 26 Minuten vor zwei.
Frau: Danke.

4 Anfangszeiten

Marion: Gehen wir in die „Sieben Samurai"?
Gail: . . . Ich kann ihn nicht finden. Wo wird er gezeigt? Oh, Academy 1. Nein, nein. Academy 3. Und die Vorstellungen sind um vier Uhr fünfzehn und sieben Uhr vierzig.
Marion: Welche ziehst du vor? Was? Vier Uhr fünfzehn und sieben Uhr vierzig?
Gail: Ich denke, ich ziehe die sieben Uhr vierzig vor.
Marion: Ja, gut. Sieben Uhr vierzig.

5 Nach der Schule

Marion: Nuala, was machst du wochentags nach der Schule?
Nuala: Montags mache ich gar nichts.
Marion: Und dienstags?
Nuala: Mache ich nichts. Mittwochs singe ich im Chor.
Marion: Und donnerstags?
Nuala: Donnerstags habe ich Geigenstunde.
Marion: Und freitags?
Nuala: Freitags gehe ich schwimmen.
Marion: Und wie steht's mit dem Wochenende?

Nuala: Samstags habe ich Geigenstunde. Sonntags mache ich nichts.
Marion: Du hast also zweimal Geigenstunde?
Nuala: Ja.
Marion: Eine am Donnerstag und eine am Samstag?
Nuala: Ja.

6 Wann hast du Geburtstag?

Marion: Nuala, wann hast du Geburtstag?
Nuala: Am zweiten Januar.
Marion: Und wann hast du Geburtstag?
Tanvi: Am zwölften April.
Marion: Und wann hast du Geburtstag, Kate?
Kate: Am dreizehnten Mai.

7 Wann ist was?

Marion: Lasst uns ein Quiz machen. An welchem Tag ist Weihnachten?
Tanvi: Am vierundzwanzigsten Dezember?
Marion: Weißt du es, Kate?
Kate: Ich glaube ... Ist es der fünfundzwanzigste Dezember?
Marion: Ja, Kate hat recht. Am fünfundzwanzigsten Dezember. Wann ist Neujahr?
Nuala: Am ersten Januar.
Marion: Richtig. Wann ist Guy Fawkes Day?
Kate: Am fünften November.
Marion: Wann ist Halloween?
Kate: Ich weiß nicht ... ich glaube ... ich weiß nicht.
Nuala: Am einunddreißigsten Oktober.
Marion: Wann ist Mittsommer?
Kate: Der Geburtstag meiner Mutter!
Marion: An welchem Tag ist das? Am einundzwanzigsten Juni. Der wie vielte ist heute?
Nuala: Der achte November.
Marion: Stimmt.

8 Ferienpläne

Marion: Was machen Sie in den Weihnachtsferien, Rachel?
Rachel: Oh, ich fahre nach Irland zu meiner Mutter.
Marion: Ach ja, natürlich.
Rachel: Was machen Sie Weihnachten?
Marion: Ich besuche einige Freunde in Schottland.
Rachel: Wie lange bleiben Sie?
Marion: Oh, ungefähr eine Woche. Wie lange bleiben Sie in Irland?
Rachel: Ungefähr genauso lange. Vielleicht weniger. Wahrscheinlich einfach ein paar Tage.
Marion: Fliegen Sie?
Rachel: Em, ja, wahrscheinlich. Fliegen Sie?
Marion: Nein, ich glaube, das ist zu teuer. Ich fahre wahrscheinlich mit dem Zug.

8 Can I walk there?

Wegweiser

	Dialoge 1–4: Hören Sie sich die Dialoge bei geschlossenem Buch an.
	Dialoge 1–4: Hören Sie jeden Dialog einzeln an, lesen Sie ihn und arbeiten Sie ihn durch.

	Dialoge 5–7: Hören Sie sich die Dialoge bei geschlossenem Buch an.
	Dialoge 5–7: Hören Sie jeden Dialog einzeln an, lesen Sie ihn und arbeiten Sie ihn durch.
	Dialoge 6–10: Hören Sie sich die Dialoge bei geschlossenem Buch an.
	Dialoge 8–10: Hören Sie jeden Dialog einzeln an, lesen Sie ihn und arbeiten Sie ihn durch.
	Dialog 11: Hören Sie sich den Dialog bei geschlossenem Buch an.
	Dialog 11: Hören Sie sich den Dialog an, lesen Sie ihn und arbeiten Sie ihn durch.
	Lernen Sie die *Wichtigen Wörter und Ausdrücke.*
	Bearbeiten Sie die *Übungen.*
	Arbeiten Sie die *Grammatik* durch.
	Bearbeiten Sie den Abschnitt *Lesen und Verstehen.*
	Lesen Sie den Abschnitt *Wissenswertes.*
	Jetzt haben Sie das Wort.
	Hören Sie sich alle Dialoge noch einmal ohne Buch an.

Lösungen

Übungen

Übung 1: 1) the nearest pub 2) a restaurant 3) the nearest post office 4) the museum.

Übung 2: a) straight down; right; in front of b) upstairs; turn left; on your right c) a number six bus; the other side; continue along; twenty minutes' walk.

Übung 3: The Dickens family – 4; Thomas Landseer – 2; Karl Marx – 5; Tom Sayers – 3; Frederick Tennyson – 1.

Grammatik

Übung: 1) Could you tell me where the post office is? 2) Could you tell me how old you are? 3) Could you tell me when the holidays are? 4) Could you tell me where you come from? 5) Could you tell me where I get off?

Lesen und Verstehen

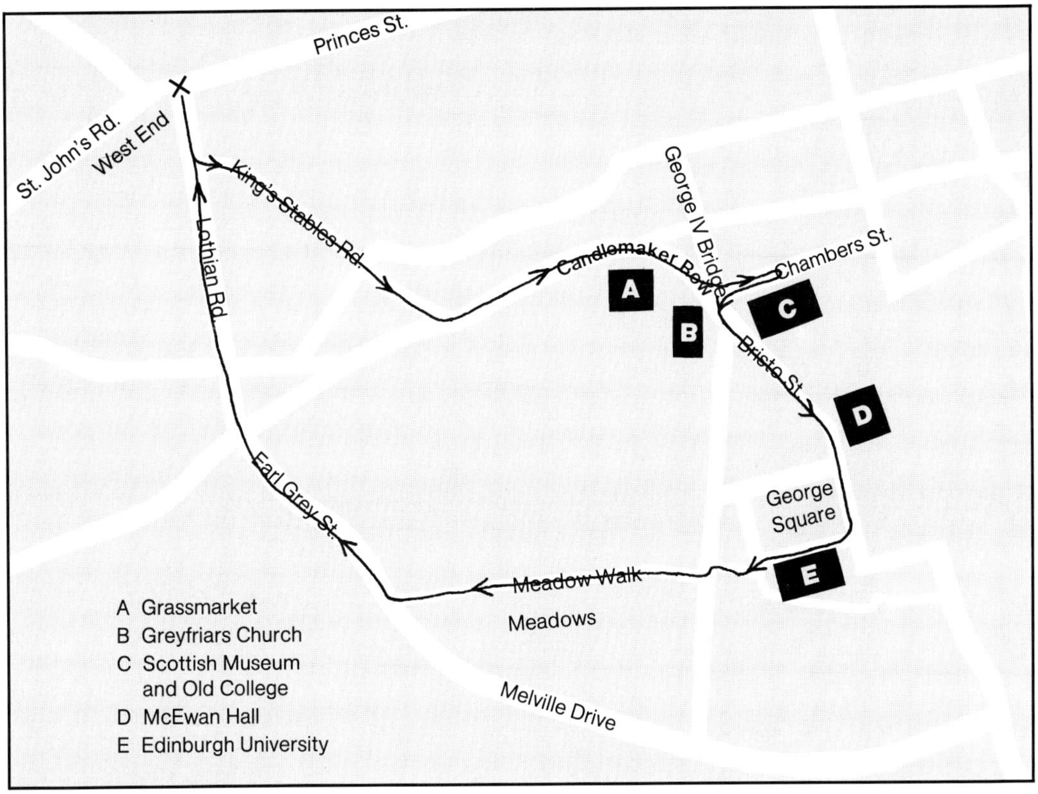

Übersetzungen

Kann ich zu Fuß dahin?

1 Eine Verabredung

Marion: Entschuldigung, ich habe eine Verabredung mit Fräulein Holden. Wo ist ihr Büro, bitte?
Sekretärin: Em, ihr Büro ist unten, auf der linken Seite.
Marion: Danke.

2 Eine wichtige Frage

Marion: Können Sie mir bitte sagen, wo die Toiletten sind?
Mann: Ja. Oben im ersten Stock.
Marion: Danke.

3 Wo ist die nächste Kneipe?

Charles: Können Sie mir bitte sagen, wo der nächste Pub ist?
Frau: Der nächste Pub ist The Queen's Larder, an der Ecke von Cosmo Place.
Charles: Vielen Dank.

4 Wo ist eine Bank?

Mann: Können Sie mir bitte sagen, wo die nächste Bank ist?
Charles: Tut mir sehr Leid, ich weiß es nicht. Ich bin fremd hier.

5 Und die U-Bahn?

Marion: Können Sie mir bitte sagen, wo der nächste Untergrundbahnhof ist?

Verkäufer: Gehen Sie aus dem Geschäft, biegen Sie links ab und er ist direkt vor Ihnen, zweihundert Meter die Straße hinunter.
Marion: Danke.

6 Marion in London

Marion: Entschuldigen Sie, können Sie mir sagen, wo Trafalgar Square ist?
Mann: Gehen Sie zur Vordertür hinaus, geradeaus bis zur Hauptstraße und dort ist Trafalgar Square.
Marion: Vielen Dank.

7 Im Fremdenverkehrsamt

Tourist: Können Sie uns sagen, wo Whitechapel High Street ist?
Angestellter: Ich zeige es Ihnen auf der Karte. Es ist ungefähr zwanzig Minuten zu Fuß.

8 Marion fragt noch einmal

Marion: Können Sie mir sagen, wie ich zur Nationalgalerie komme?
Angestellter: Ja. Von hier?
Marion: Ja, von St. Paul.
Angestellter: Von St. Paul. Sie müssen Bus Nr. sechs, neun, elf oder fünfzehn auf dieser Straßenseite nehmen. Und steigen Sie am Trafalgar Square aus. Oder wenn Sie zu Fuß gehen wollen, ist es direkt geradeaus die Fleet Street hinunter, vom Strand zum Trafalgar Square.
Marion: Vielen Dank.

9 Wie komme ich zu Harrods?

Tourist: Könnten Sie mir sagen, wie ich von hier zu Harrods komme?
Angestellter: Nehmen Sie einen Bus Nr. 9 auf dieser Straßenseite, steigen Sie in Knightsbridge aus und gehen Sie die Brompton Road hinunter und es sind nur ein paar Minuten zu Fuß zu Harrods.
Tourist: Danke.

10 Wie komme ich zum Tower?

Marion: Können Sie mir bitte sagen, wie ich zum Tower of London komme?
Angestellter: Nehmen Sie ab hier einen Bus Nr. 23 an der Haltestelle auf der anderen Straßenseite und der bringt Sie direkt hin.
Marion: Kann ich zu Fuß dahin gehen?
Angestellter: Ja. Sie müssen nur weitergehen, ungefähr zwanzig Minuten lang einfach diese Straße entlang und er ist am Ende der Straße.
Marion: Danke.

11 Campen in Schottland

Reisebüroangestellte: Wenn Sie auf der ... der Straße nach Kenmore ungefähr dreieinhalb Meilen fahren, finden Sie auf der rechten Seite einen Campingplatz und dort ist ein Hinweisschild mit dem Namen „Cruachan", sodass Sie ihn nicht verfehlen können. Sehen Sie, hier ... – Dann ist einer auf der rechten Seite, wenn Sie die Brücke überqueren, an dem Hotel hier vorbei, ungefähr eine Meile, eine halbe Meile. Und dann ist da noch einer auf der rechten Seite, ungefähr eine Viertelmeile weiter. Sie können sich diese drei ansehen, aber ich glaube, der „Cruachan" wird Ihnen am meisten zusagen. In Ordnung?
Tourist: Vielen Dank.
Reisebüroangestellte: Gut. Viel Glück! Schöne Ferien!

9 Do I have to change?

Wegweiser

	Dialoge 1–4: Hören Sie sich die Dialoge bei geschlossenem Buch an.
	Dialoge 1–4: Hören Sie jeden Dialog einzeln an, lesen Sie ihn und arbeiten Sie ihn durch.
	Dialoge 5–7: Hören Sie sich die Dialoge bei geschlossenem Buch an.
	Dialoge 5–7: Hören sie jeden Dialog einzeln an, lesen Sie ihn und arbeiten Sie ihn durch.
	Dialoge 8–9: Hören Sie sich die Dialoge bei geschlossenem Buch an.
	Dialoge 8–9: Hören Sie jeden Dialog einzeln an, lesen Sie ihn und arbeiten Sie ihn durch.
	Lernen sie die *Wichtigen Wörter und Ausdrücke*
	Bearbeiten Sie die *Übungen.*
	Arbeiten Sie die *Grammatik* durch.
	Bearbeiten Sie den Abschnitt *Lesen und Verstehen.*
	Lesen Sie den Abschnitt *Wissenswertes.*
	Jetzt haben Sie das Wort.
	Hören Sie sich alle Dialoge noch einmal ohne Buch an.
	Bearbeiten Sie das Wiederholungsprogramm zu den *Units* 7–9 im Lehrbuch Seite 226.

Lösungen

Übungen

Übung 1: 1) single to Oxford 2) two day returns to Reading 3) monthly return to Cardiff 4) ordinary return to Oxford 5) single to Didcot.

Übung 2: a) volltanken b) Premium c) Öl und Wasser d) England.

Übung 3: Dep. London 10.00 Arr. York 12.18; Dep. York 16.15 Arr. Leeds 16.54. Dep. Leeds

18.00. Arr. Manchester 19.00; Dep. Manchester 18.32 Arr. London 21.22. a) Richtig b) Richtig c) Falsch

Grammatik

Übung: a) off b) to c) out d) in e) on f) into

Lesen und Verstehen

Übung 1: a) vier b) 07.45, 10.00, 13.00, 15.30 c) vier d) 08.00, 10.00, 14.00, 16.00

Übung 2: a) 4 b) 5 c) 3 d) 1 e) 2

Wiederholung: *Unit* 7 bis 9

1 Erinnern Sie sich?
Die Buchstaben sollten vor den Antworten (rechte Seite) in folgender Reihenfolge auftreten: c, g, i, a, j, h, b, e, f, d

3 Ein Wortspiel
Die vier Monate heißen: February, September, October, December.

Übersetzungen

Muss ich umsteigen?

1 Eine einfache Fahrkarte

Frau Einfach nach Audley End, bitte.
Schalterbeamer: Eins zwanzig, bitte.
Frau: Danke.

2 London hin und zurück

Marion: Eine Tagesrückfahrkarte nach London, bitte.
Schalterbeamter: Fünf Pfund sechzig, bitte.
Marion: Danke.

3 Der nächste Zug nach London

Beamter: Ja, meine Dame?
Marion: Können Sie mir bitte sagen, wann der nächste Zug nach London fährt?
Beamter: Er geht nach Liverpool Street um siebzehn Uhr, und er kommt um achtzehn Uhr fünf in Liverpool Street an.
Marion: Danke. Und, äh, auf welchem Bahnsteig fährt er ab?
Beamter: Gleis eins.
Marion: Danke.
Beamter: Danke schön.

4 Eine Ansage

Ansagerin: Der 17.16-Uhr-Zug nach Norwich fährt von Bahnsteig sechs ab; der Zug hält in Waterbeach, Ely, Shippey Hill, Brandon, Thetford, Harling Road, Eccles Road, Attleborough, Wymondham und Norwich. Reisende nach Kings Lynn bitte in Ely umsteigen.

5 In der Auskunft

Auskunftsbeamter: Ja, meine Dame?
Frau: Em, könnten Sie mir bitte die Zeit für den Zug, äh, am Freitag morgen nach Tottenham Hale sagen?
Auskunftsbeamter: Ab hier gibt es einen um acht Uhr neun. Es ist eine Direktverbindung, er kommt um neun Uhr achtundzwanzig an.
Frau: Gibt es einen gegen zehn?
Auskunftsbeamter: Von hier?
Frau: M-hm.
Auskunftsbeamter: Zehn Uhr neununddreißig.
Frau: (...) Zehn Uhr neununddreißig. Und der kommt an um ...?
Auskunftsbeamter: Um elf Uhr achtundfünfzig. Ein langsamer Zug.
Frau: Und ohne Umsteigen?
Auskunftsbeamter: Nein, es sind Direktverbindungen.
Frau: Schön. Vielen Dank.
Auskunftsbeamter: Danke sehr.

6 Eine weitere Auskunft

Auskunftsbeamter: Ja, meine Dame?
Frau: Ich möchte morgen von Ely nach Leuchars, äh, in Schottland fahren.

Auskunftsbeamter: Um wie viel Uhr ungefähr wollen Sie abfahren?
Frau: Em, neun Uhr, zehn Uhr.
Auskunftsbeamter: Also der beste Zug von Ely fährt um acht Uhr einundfünfzig, nur einmal umsteigen, in Peterborough.
Frau: Acht Uhr einundfünfzig.
Auskunftsbeamter: Ankunft in Peterborough neun Uhr zweiunddreißig, Abfahrt neun Uhr zweiundfünfzig, in Leuchars um drei Uhr vierzig.
Frau: Und ich brauche sonst nicht umzusteigen?
Auskunftsbeamter: Äh, Verzeihung, Sie müssen in Edinburgh umsteigen. Zwei Uhr eins . . .
Frau: Zwei Uhr eins.
Auskunftsbeamter: . . . bis zwei Uhr fünfundzwanzig.
Frau Zwei Uhr fünfundzwanzig. Vielen Dank.
Auskunftsbeamter: Danke.

7 Marion erkundigt sich nach Fähren

Marion: Ich möchte nach Mull fahren, zur Insel Mull. Können Sie mir die Abfahrtszeiten der Fähren sagen?
Auskunftsbeamter: Von wo aus wollen Sie abfahren?
Marion: Gut, ich fahre mit dem Auto, ich möchte also eine Autofähre von Oban nach Mull.
Auskunftsbeamter: Gut. Einen Augenblick, bitte. (Lassen) Sie mich mal nachsehen. Wann wollen Sie reisen?
Marion: Äh, am vierundzwanzigsten.
Auskunftsbeamter: Em, von Oban würden Sie abfahren um, äh, zehn Uhr vormittags und kommen in Craignure um zehn Uhr fünfundvierzig an oder zwei Uhr nachmittags und Sie kommen um zwei Uhr fünfundvierzig in Craignure an. Oder wenn Sie wollen vier Uhr nachmittags, Ankunft in Craignure vier Uhr fünfundvierzig. Danach gibt es nichts mehr. Das ist die letzte Fähre.

8 Mit dem Auto nach Schottland

Marion: Was ist die beste Strecke von London nach Edinburgh mit dem Auto?
Auskunftsbeamter: Immer die M1 entlang, em, bis (auf diese Seite von) Birmingham, auf die M6 bis Carlisle und dann von Carlisle nach Edinburgh auf der A74. Praktisch die ganze Strecke Autobahn.
Marion: Und wie lange wird es dauern?
Auskunftsbeamter: Fünf Stunden? Vielleicht fünfeinhalb Stunden?
Marion: Wieviel Meilen sind es von London nach Edinburgh?
Auskunftsbeamter: Vierhundert. Knapp unter vierhundert Meilen.
Marion: Danke.

9 An der Tankstelle

Tankwart: Ja, bitte, meine Dame. Was möchten Sie?
Marion: Könnten Sie bitte volltanken? Premium.
Tankwart: Danke.
Marion: Und könnten Sie das Öl und das Wasser kontrollieren? Oh, und die Reifen bitte auch.
Tankwart: Selbstverständlich, meine Dame.

10 I'd like to book a table.

Wegweiser

	Dialoge 1–3: Hören Sie sich die Dialoge bei geschlossenem Buch an.
	Dialog 1–3: Hören Sie jeden Dialog einzeln an, lesen Sie ihn und arbeiten Sie ihn durch.
	Dialoge 4–7: Hören Sie sich die Dialoge bei geschlossenem Buch an.
	Dialoge 4–7: Hören Sie jeden Dialog einzeln an, lesen Sie ihn und arbeiten Sie ihn durch.
	Dialoge 8–12: Hören Sie sich die Dialoge bei geschlossenem Buch an.
	Dialoge 8–12: Hören Sie jeden Dialog einzeln an, lesen Sie ihn und arbeiten Sie ihn durch.
	Lernen Sie die *Wichtigen Wörter und Ausdrücke.*
	Bearbeiten Sie die *Übungen.*
	Arbeiten Sie die *Grammatik* durch.
	Bearbeiten Sie den Abschnitt *Lesen und Verstehen.*
	Lesen Sie den Abschnitt *Wissenswertes.*
	Jetzt haben Sie das Wort.
	Hören Sie sich alle Dialoge noch einmal ohne Buch an.

Lösungen

Übung

Übung 1: a) heute Abend b) vier Personen c) 20.30 d) Goodwell

Übung 2: Die Dame möchte Fisch, ein Glas Rotwein und eine Tasse Kaffee (schwarz). Der Herr möchte Huhn, hausgemachte Suppe, ein halbes pint lager und chocolate gateau. Der Kaffee und der Kuchen sind falsch zugeordnet.

Übung 3: Eine Flasche Rotwein der Hausmarke.

Lesen und Verstehen

3 × Menü à £25	£75.00
1 × Aufpreis	£ 3.00
Wein	£ 8.45
Summe	£86.45

Übersetzungen

Ich möchte einen Tisch reservieren

1 Ein englisches Restaurant

Marion: Entschuldigung, wo kann ich hier in der Nähe ein englisches Restaurant finden?
Mann: Tut mir Leid, ich weiß nicht. Ich würde jemand anderen fragen.
Marion: Danke.

2 Tischbestellung per Telefon

Mann: Aunties' Restaurant.
Rachel: Oh, guten Tag. Em, ich möchte bitte einen Tisch für heute Abend reservieren.
Mann: Ja. Für wie viele Personen?
Rachel: Äh, für drei, bitte.
Mann: Ja. Und wie ist der Name?
Rachel: Äh, der Name ist Belgrave. Äh, das ist B-E-L-G-R-A-V-E.
Mann: Und für welche Zeit?
Rachel: Wir würden gerne gegen sieben Uhr dreißig kommen.
Mann: Ja, das geht in Ordnung. Ein Tisch für drei für heute Abend, sieben Uhr dreißig. Danke.
Rachel: Danke sehr. Auf Wiedersehen.
Mann: Auf Wiedersehen.

3 Ankunft im Restaurant

Rachel: Guten Abend.
Ober: Guten Abend.
Rachel: Äh, wir haben einen Tisch für drei reserviert. Der Name war Belgrave.
Ober: Ja, gut. Darf ich Ihnen bitte Ihre Mäntel abnehmen?

4 Beim Bestellen

Kellnerin: Nun, was möchten Sie haben?
Gill: Ich nehme Chicken Treat, bitte.
Kellnerin: Ja. Möchten Sie eine Vorspeise?
Gill: Em, ja, gerne. Ich möchte, äh, die geräucherte Makrele, bitte.
Rachel: Und ich hätte gerne zu Beginn hausgemachte Suppe. Und dann nehme ich die Viktorianische Pastete, bitte. Gibt es Kartoffeln als Beilage?
Kellnerin: Ja, Kartoffeln, Rosenkohl und heute, glaube ich, Pastinakenwurzeln.
Rachel: Das ist gut.
Marion: Und ich nehme als Vorspeise Pilz Vinaigrette und dann . . . ich glaube, ich möchte Hunter's Chicken.
Kellnerin: Und nehmen Sie alle Gemüse, oder hätte jemand lieber einen Salat?
Gill: Ich nehme Gemüse, bitte.
Rachel: Ja, ich auch. Ich nehme Gemüse.
Marion: Ich möchte einen Salat, bitte.
Kellnerin: Gut. In Ordnung, möchten Sie Wein?
Marion: Ja, bitte.

5 Eine Flasche Wein

Gill: Mm, die Weinkarte. Richtig. Em, such Du aus, Rachel.
Rachel: Also, es gibt Hauswein, rot oder weiß. Das macht £6.50. Oder offen. Das macht zwei Pfund, zwei Pfund das Glas. Heh! Es gibt auch englischen Wein aus Colchester, Essex!
Gill: Oh! Langham!
Rachel: Es gibt Langham 1975. Können wir uns das leisten? Er kostet acht Pfund fünfundvierzig. Ich glaube schon, meinst du nicht? Wir sind schließlich zu dritt.

6 Der Wein wird bestellt

Ober: Welchen Wein hätten Sie gerne?
Rachel: Wir nehmen, em, eine Flasche Langham 1979, englischen Wein aus Colchester.
Ober: Danke.

7 Der erste Schluck

Kellnerin: Ihr Wein, meine Dame. Möchten Sie ihn probieren?
Marion: Probier du, Rachel.
Rachel: Ja, gut. Ich probiere ihn. Danke. – Mm, der ist köstlich.

8 Die Vorspeise kommt

Kellnerin: So. Für wen ist die Suppe?
Rachel: Die ist für mich, bitte. Danke.
Kellnerin: Und Pilze?
Marion: Ja, bitte.
Kellnerin: Und die Makrele.
Gill: Das bekomme ich.

9 Alles in Ordnung?

Ober: Ist alles in Ordnung?
Gill: Mm. Sehr gut. Vielen Dank. Es ist köstlich.
Rachel: Ja, es ist sehr schön.
Marion: Ja, es ist wirklich gut.
Ober: Gut. Danke.

10 Wie wär's mit einer Nachspeise?

Kellnerin: Möchten Sie jetzt einen Nachtisch haben, oder möchten Sie eine Pause machen?
Gill: Ich möchte einen Nachtisch, bitte.
Kellnerin: Wir haben Sherry trifle, Weißbrotpudding, em, Schokoladentorte und heiße Minzpastete.
Rachel: Em, ich nehme Sherry trifle, bitte.
Gill: Und ich möchte auch Sherry trifle, bitte.
Marion: Und ich möchte Sherry trifle. Das ist also dreimal Sherry trifle, bitte.
Kellnerin: In Ordnung.

11 Drei Kaffee, bitte

Kellnerin: Möchten Sie jetzt Kaffee?
Marion: Ja, bitte. Dreimal Kaffee?
Rachel: Ja, bitte. Für mich bitte schwarz.
Gill: Und auch für mich bitte schwarz.
Marion: Dann dreimal schwarz.

12 Die Rechnung, bitte

Marion: Können wir bitte die Rechnung haben?
Kellnerin: Ja, natürlich. – Hier bitte.
Marion: Kann ich mit der Barclaycard zahlen?
Kellnerin: Ja.
Marion: Ist das inklusive Bedienung?
Kellnerin: Ja.
Marion: Danke.

11 Do you like it?

Wegweiser

	Dialoge 1–6: Hören Sie sich die Dialoge bei geschlossenem Buch an.
	Dialoge: 1–6: Hören sie jeden Dialog einzeln an, lesen Sie ihn und arbeiten Sie ihn durch.
	Dialoge: 7–10: Hören Sie sich die Dialoge bei geschlossenem Buch an.

	Dialoge: 7–10: Hören Sie jeden Dialog einzeln an, lesen Sie ihn und arbeiten Sie ihn durch.
	Dialog: 11 Hören Sie sich den Dialog bei geschlossenem Buch an.
	Dialog: 11: Hören Sie sich den Dialog an, lesen Sie ihn und arbeiten Sie ihn durch.
	Lernen Sie die *Wichtigen Wörter und Ausdrücke.*
	Bearbeiten Sie die *Übungen.*
	Arbeiten Sie die *Grammatik* durch.
	Bearbeiten Sie den Abschnitt *Lesen und Verstehen.*
	Lesen Sie den Abschnitt *Wissenswertes.*
	Jetzt haben Sie das Wort.
	Hören Sie sich alle Dialoge noch einmal ohne Buch an.

Lösungen

Übungen

Übung 1: David: swimming (✓✓), skiing (✓) cycling (xx), playing tennis (✓). Carol: swimming (✓), skiing (✓), cycling (✓✓), playing tennis (x).

Übung 2: a) a man – 3; b) some homemade wine – 4; c) a dress – 1; d) a book – 2. 1) a book 2) a man 3) a dress 4) some homemade wine

Übung 3: a) Ski fahren b) sehr aufregend c) vier Monate im Jahr d) in die Schweiz e) Wandern lieber als Rad fahren f) nicht besonders gern g) den Wintersport.

Grammatik

Übung 1: a) isn't she? b) don't you? c) can't you? d) doesn't he? e) wouldn't they? f) hasn't he?

Übung 2: a) Drawing b) swimming c) playing d) Having e) staying f) being

Lesen und Verstehen

1) Sie sollen die Karten besorgen 2) Im Parkett 3) £7.90 pro Karte, insgesamt £15.80 4) fünfzehn Minuten 5) anderthalb Stunden

Übersetzungen

Mögen Sie es?

1 Lieblingsgerichte

Marion: Welches englische Gericht essen Sie am liebsten?
Elizabeth: Em, Leber und Schinken.
Marion: Und essen Sie auch gerne Steak- und Nierenpastete?
Elizabeth: Oh ja, sehr, sehr gerne.

2 Was Tony gern isst

Marion: Tony, welches englische Gericht essen Sie am liebsten?

Tony: Em, ich glaube, mein englisches Lieblingsessen ist, em. Roastbeef.
Marion: Und mögen Sie Steak- und Nierenpastete?
Tony: Nicht besonders. Ich mag Pasteten überhaupt nicht besonders. Nein, keine Steak- und Nierenpastete.

3 Johns Essgewohnheiten

Marion: Welches englische Gericht essen Sie am liebsten?
John: Mein englisches Lieblingsgericht ist ... ich glaube, ich habe kein englisches Lieblingsgericht.
Marion: Mögen Sie Steak- und Nierenpastete?
John: Ja, ich liebe Steak- und Nierenpastete. Ich glaube, dass eigentlich sogar Steak- und Nierenpastete mein englisches Lieblingsgericht ist.
Marion: Mögen Sie Trifle?
John: Nein, nicht besonders.

4 Janets Lieblingsnachtisch

Marion: Welche englische Nachspeise essen Sie am liebsten?
Janet: Apfelstreusel mit Vanillesauce.
Marion: Dann essen Sie sicher auch gerne Trifle?
Janet: Ja. Ja, ich mag Trifle ganz gern.

5 Mutter kocht am besten

Marion: Welche englische Nachspeise isst du am liebsten?
Jane: Ich glaube, Siruptörtchen.
Marion: Und magst du Trifle?
Jane: Ja, wenn es besonders gut gemacht ist.
Marion: Und magst du Apfelstreusel?
Jane: Ja, wenn er sehr gut gemacht ist, besonders von meiner Mutter!

6 David isst Götterspeise

Marion: Welches englische Gericht essen Sie am liebsten?
David: Steak- und Nierenpastete.
Marion: Und welches ist Ihr Lieblingsnachtisch?
David: Götterspeise.
Marion: Mögen Sie Trifle?
David: Em, nur wenn Sherry darin ist. Und viel Sherry!

7 Was Galya in ihrer Freizeit macht

Marion: Was machst du gern in deiner Freizeit, wenn du nicht in der Schule bist?
Galya: Ich spiele gern Fußball, und ... oh, Zeichnen macht ziemlich viel Spaß. Das mache ich manchmal. Und manchmal gehe ich im Wald spazieren. Und ich liebe Rad fahren. Und Schlittschuh laufen. Und Ski laufen.
Marion: Du magst also Wintersport sehr?
Galya: Ja.

8 Sarah und Damon sprechen über ihre Hobbys

Marion: Äh, Sarah, darf ich euch nach euren Hobbys fragen? Was habt Ihr für Hobbys?
Sarah: Gut, ich schreibe gern und lese gern spannende Bücher, interessante Bücher. Und ich nähe gern.
Marion: Du sagst, du schreibst auch gern. Was schreibst du gern?
Sarah: Geschichten.
Marion: Und wovon handeln die Geschichten?
Sarah: Em, Detektivgeschichten, em, oder wie Leute schiffbrüchig werden oder andere spannende Sachen.
Marion: Und was hast du für Hobbys, Damon?
Damon: Gut, ich wandere gern und gehe viel schwimmen. Und, em, ich fahre auch gern Rad.

9 Ist Devon schön?

Marion: Ihre Eltern wohnen in Devon, nicht wahr?
Lesley: Ja, das stimmt.
Marion: Ist Devon schön?
Lesley: O ja, es ist sehr schön!

10 Balmoral Castle

Marion: Sie sind aus Aberdeen, nicht wahr?
Claire: Ja, ich bin aus Aberdeen.
Marion: Und Balmoral ist in der Nähe von Aberdeen, nicht wahr?
Claire: Es liegt ungefähr vierzig Meilen westlich von Aberdeen.
Marion: Ist Balmoral schön?
Claire: Sie meinen wahrscheinlich das Schloss.

Es ist ein großes viktorianisches Schloss. Einige Leute finden es sehr ansprechend.

Marion: Gefällt es Ihnen?

Claire: Nein, nicht besonders.

11 Ein Theaterbesuch wird vorbereitet

Marion: Kannst du die Karten besorgen, Rachel?

Rachel: Was ist dir lieber, Parkett oder Rang?

Marion: Mir ist Parkett lieber. Ist das in Ordnung?

Rachel: Ja, das ist gut. Welcher Tag passt dir?

Marion: Em, ich kann am Montag oder am Mittwoch. Montag oder Mittwoch.

Rachel: Gut, mir ist der Mittwoch lieber.

Marion: Gut. Also dann Mittwoch, also Mittwoch zwei Karten im Parkett.

Rachel: Ja, und das ist am Abend, nicht wahr?

Marion: Ja, ja. Am Abend.

12 It's a lovely day.

Wegweiser

	Dialoge 1–4: Hören Sie sich die Dialoge bei geschlossenem Buch an.
	Dialoge 1–4: Hören Sie jeden Dialog einzeln an, lesen Sie ihn und arbeiten Sie ihn durch.
	Dialoge 5–6: Hören Sie sich die Dialoge bei geschlossenem Buch an.
	Dialoge 5–6: Hören Sie jeden Dialog einzeln an, lesen Sie ihn und arbeiten Sie ihn durch.
	Dialog 7–10: Hören Sie sich die Dialoge bei geschlossenem Buch an.
	Dialog 7–10: Hören Sie jeden Dialog einzeln an, lesen Sie ihn und arbeiten Sie ihn durch.
	Lernen Sie die *Wichtigen Wörter und Ausdrücke.*
	Bearbeiten Sie die *Übungen.*
	Arbeiten Sie die *Grammatik* durch.
	Bearbeiten Sie den Abschnitt *Lesen und Verstehen.*

	Lesen Sie den Abschnitt *Wissenswertes.*
	Jetzt haben Sie das Wort.
	Hören Sie sich alle Dialoge noch einmal ohne Buch an.
	Bearbeiten Sie das Wiederholungsprogramm zu den *Units* 10–12 im Lehrbuch Seite 227.

Lösungen

Übungen

Übung 1: a) It's a windy day, isn't it? b) Awful day, isn't it? c) It's a lovely day, isn't it? d) It's a cold day, isn't it?

Übung 2: Mr Clark sollte seinen Mantel am Dienstag und am Mittwoch mitnehmen.

Übung 3: visit the cathedral; walk along the river; visit the university; go to a concert.

Übung 4: a) as interesting as b) smaller than c) quieter than d) as old as e) as beautiful as

Lesen und Verstehen

1) Richtig 2) Falsch 3) Falsch 4) Richtig 5) Richtig 6) Falsch 7) Falsch 8) Richtig

Wiederholung: *Unit* 10 bis 12

3 Ein Wortspiel

a. up	e. quite	i. vegetables
b. as	f. delicious	j. north
c. more	g. summer	k. like
d. table	h. bill	l. playing

Das versteckte Wort heißt: particularly.

Übersetzungen

Es ist ein schöner Tag

1 Marion trifft eine Kollegin

Sara: Morgen! Schönes Wetter heute, nicht wahr?
Marion: Ja.

2 Immer nur schlechtes Wetter

Anna: Glauben Sie, dass es morgen aufklart?
Mann: Nein.

3 Ein Regentag

Marion: Wie ist es heute draußen, Rachel?
Rachel: Es ist maßlos scheußlich, es gießt und es ist kalt, nass und mies.
Marion: Glaubst du, dass es am Nachmittag aufklart?
Rachel: Nein, ich glaube nicht.

4 Es klart auf

Alison: Heh, Mutti. Glaubst du, ich sollte meine Stiefel und meinen Mantel mitnehmen?
Liz: Nein. Schau mal, es klart auf. Es ist schon ganz sonnig.

5 Das Wetter in Schanghai

Sumei: Ich komme aus Schanghai und es ist viel heißer als hier in Großbritannien. Im Sommer ist es wirklich heiß, und manchmal regnet es tagelang, wochenlang nicht.
Marion: Wenn jemand im Sommer China besucht und vielleicht Schanghai im Sommer besucht, was für Kleidung sollten sie mitnehmen?
Sumei: Oh, ganz leicht, äh, Jacken und Hemden und (solche) Sachen.
Marion: Und wie ist es im Winter?
Sumei: Oh, es kann sehr kalt werden. Darum brauchen Sie eine Menge warme Kleidung.

6 Eine Wettervorhersage

Radioansager:
Guten Morgen. Es ist sieben Uhr und hier ist der Wetterbericht für heute, Montag, den achtzehnten Juni, für London und den Südosten. Der Tag wird in allen Gegenden warm und sonnig sein, mit einem leichten Nordwestwind. Am Abend werden Wolken aus dem Westen in östlicher Richtung über das Land ziehen und während der Nacht wird es an einigen Orten etwas Regen geben. Die Aussichten für morgen: Der Himmel wird sich bis zum frühen Morgen aufklaren und es dürfte in allen Gegenden wieder einen warmen, sonnigen Tag geben.

7 Über Cambridge und York

Marion: John, wie ist es in Cambridge?
John: Em, am Fluss sehr schön. Es ist sehr grün. Em, im Winter regnet es dort sehr viel, aber im Sommer ist es sehr schön.
Marion: Was ist die beste Jahreszeit um Cambridge zu besuchen?
John: Der Sommer, Juni, Juli und August.
Marion: Und wie ist es in York?
John: Sehr kalt den meisten Teil des Jahres. Sehr windig.
Marion: Welche magst du am liebsten, Cambridge oder York?
John: Ich glaube Cambridge.

8 Zwei weitere Städte

Marion: Welche Stadt ist Ihnen lieber, Edinburgh oder Aberdeen?
Claire: Ich glaube, ich ziehe Aberdeen vor.
Marion: Warum?
Claire: Aberdeen ist eine viel kleinere Stadt, mit weniger Verkehr, weniger Hin und Her.
Marion: Und was gibt es dort in Aberdeen zu sehen?
Claire: Nun, da ist der Hafen, da ist die alte Universität und dann ist da die alte St. Machar Kathedrale.
Marion: Und wie ist die Landschaft bei Aberdeen? Ist sie schön?
Claire: Oh, die Landschaft bei Aberdeen ist sehr schön!

9 Auch Kathy mag Cambridge

Marion: Welche (Stadt) ist interessanter, York oder Cambridge?
Kathy: Ich glaube, Cambridge ist der interessantere Ort. Dort ist mehr los. Es gibt mehr Kinos und man kann in mehr Konzerte gehen. Allerdings ist die Landschaft um York viel schöner.

10 Lesley mag Kleinstädte

Marion: Lesley, warum ziehen Sie nach Bath um?
Lesley: Ich möchte London verlassen, weil London eine so große und geschäftige Stadt ist und ich lieber in einer kleineren Stadt wohnen und auf dem Land wohnen möchte.
Marion: Und ist Bath ein sehr ruhiger Ort?
Lesley: Bath ist eine ziemlich kleine Stadt. Man kann zu Fuß um das ganze Zentrum herumgehen, man braucht keine Busse und U-Bahnen im Zentrum. Und es ist eine sehr schöne Stadt, mit Parks, einem Fluss und Bäumen.
Marion: Und ist es eine saubere Stadt?
Lesley: Bath ist eine sehr saubere Stadt. Die Luft ist frischer und da gibt es einfach nicht so viel Lärm und so viel Trubel.
Marion: Sie wollen also ein ruhigeres Leben.
Lesley: Ja.

13 What did you do yesterday?

Wegweiser

	Dialoge 1–2: Hören Sie sich die Dialoge bei geschlossenem Buch an.
	Dialoge 1–2: Hören Sie jeden Dialog einzeln an, lesen Sie ihn und arbeiten Sie ihn durch.
	Dialoge 3–4: Hören Sie sich die Dialoge bei geschlossenem Buch an.
	Dialoge 3–4: Hören Sie jeden Dialog einzeln an, lesen Sie ihn und arbeiten Sie ihn durch.
	Dialog 5–6: Hören Sie sich die Dialoge bei geschlossenem Buch an.
	Dialog 5–6: Hören Sie jeden Dialog einzeln an, lesen Sie ihn und arbeiten Sie ihn durch.
	Lernen Sie die *Wichtigen Wörter und Ausdrücke.*
	Bearbeiten Sie die *Übungen.*
	Arbeiten Sie die *Grammatik* durch.
	Bearbeiten Sie den Abschnitt *Lesen und Verstehen.*
	Lesen Sie den Abschnitt *Wissenswertes.*
	Jetzt haben Sie das Wort.
	Hören Sie sich alle Dialoge noch einmal ohne Buch an.

Lösungen

Übungen

Übung 1: a) ... the Bass Rock b) ... the Crown Jewels c) ... Edinburgh Castle d) ... played ... children e) ... went swimming

Übung 2: Die Reihenfolge ist: 9, 3, 1, 8, 2, 5, 6, 4, 7.

Übung 3: Norge 1979; Bundesrepublik Deutschland 1982; France 1981; Suisse/Schweiz 1975; United States of America 1980; Russia 1994. Mr Jones visited Germany, France and the States on business. He visited Norway, Switzerland and the Soviet Union on holiday.

Grammatik

Übung: a) I went to Glasgow on Sunday. b) I stayed for three nights. c) The plane got to London at 10.15. d) The children played at home. e) We walked about six miles. f) He lived in Switzerland.

Lesen und Verstehen

Ihr Brief hätte so aussehen können: ... On Sunday it was very windy. We visited an old ruined castle in the south of Skye. The countryside was beautiful! On Monday it was warm and sunny. We went swimming. The water was <u>very</u> cold. In the evening we went to a nice restaurant in Portree and had haggis. We didn't like it at all!

Übersetzung

Was haben Sie gestern gemacht?

1 Weihnachtsferien

Marion: Tanvi, was hast du während der Weihnachtsferien gemacht?
Tanvi: Ich bin in die Nussknackersuite (das Ballett) gegangen. Und wir haben die Schlittschuhpantomime Aladin gesehen, auf dem Eis.
Marion: Und was habt ihr zu Hause gemacht?
Tanvi: Manchmal haben wir ferngesehen.

2 Ein Geburtstagsgeschenk

Marion: Was hast du in den Ferien gemacht, Nuala? Bist du mit Tanvi im Aladin und in der Nussknackersuite gewesen?
Nuala: Ja.
Marion: Und hast du sonst noch etwas gemacht?
Nuala: An meinem Geburtstag bin ich in Dornröschen gegangen.
Marion: Ah! Weil du am zweiten Januar Geburtstag hattest, nicht wahr?
Nuala: Ja.

3 Tomers Ausflug

Marion: Tomer, was habt ihr gestern gemacht?
Tomer: Wir sind mit dem Boot zum Bass Rock gefahren und dann ...
Marion: Was ist der Bass Rock?
Tomer: Es ist ein Naturschutzgebiet und es gibt Tausende von Vögeln. Und so sind wir hingefahren um uns die Vögel anzusehen.
Marion: Und habt ihr sonst noch etwas gemacht?
Tomer: Ja, danach haben wir uns eine Schlossruine angesehen.
Marion: Und was habt ihr dort gemacht?
Tomer: Nun, wir haben ein bisschen gespielt. Em, ich habe so getan, als sei ich ein Ritter.
Marion: Und was habt ihr heute gemacht?
Tomer: Heute sind wir zum Edinburgher Schloss gefahren.
Marion: Und fandest Du es interessant?
Tomer: Ja, ziemlich.
Marion: Nur ziemlich?
Tomer: Also, es hat schon Spaß gemacht die Kronjuwelen zu besichtigen und ... oh, es war sehr interessant.

4 Colin in Oslo

Marion: Sie waren diesen Sommer in Oslo, nicht wahr?
Colin: Ja, das war ich.
Marion: Und was haben Sie dort gemacht?
Colin: Ich trug Zeitungen aus.
Marion: Zeitungen! Sind Sie früh aufgestanden?
Colin: Ich musste sehr früh aufstehen, Marion. Um zwei Uhr am Morgen war ich auf.
Marion: Du meine Güte! Und um wie viel Uhr waren Sie fertig?
Colin: Ich hörte um sechs Uhr auf.
Marion: M-hm. Sie haben also von zwei bis sechs (Uhr) gearbeitet. Und was haben Sie danach gemacht?
Colin: Ich habe etwas gefrühstückt und dann ging ich ins Bett.
Marion: Und wann Sind Sie aufgestanden?
Colin: Ich stand gegen Mittag auf und ging wieder arbeiten, weil ich am Nachmittag Zeitungen austrug.
Marion: Ach so. Wie viele Stunden haben Sie also am Nachmittag gearbeitet?
Colin: Ungefähr drei Stunden morgens und drei Stunden nachmittags.

Marion: Und hat die Arbeit Spaß gemacht? War sie interessant?
Colin: Es ist eine Arbeit, die ich sehr gern mache. Es macht Spaß.

5 Wendys Urlaub in Schottland

Marion: Hat Ihnen Ihr Segelflugurlaub Spaß gemacht, Wendy?
Wendy: O ja, es war ein wahnsinniger Spaß. Er hat mir sehr gut gefallen. Em, es war ein Kurs, eine Sommerschule, und sie wurde von einigen sehr waghalsigen Männern betrieben, Bauern vom Ort und, em, Piloten. Ich hatte einfach panische Angst und, äh, konnte lange Zeit nicht über die Seite des Flugzeugs blicken.
Marion: Wie lange hat der Kurs gedauert?
Wendy: Äh, ich glaube, es war eine Woche. Ja, so war es. Und es war ziemlich teuer.
Marion: Und wo hat der Kurs stattgefunden?
Wendy: Das war in den Cairngorms, in Schottland. Ein herrlicher Platz. Es war von großen Wäldern und Bergen umgeben.

6 Ein echter Waliser

Marion: Sprechen Sie Walisisch, Eddie?
Eddie: Ja.
Marion: Wann haben Sie es gelernt?
Eddie: Em, ich habe es, em, als Kind gelernt. Es war meine Muttersprache.
Marion: Ah, Englisch ist also Ihre Zweitsprache?
Eddie: Ja. Insofern, als ich Englisch nach Walisisch gelernt habe.
Marion: Und welche Sprache haben Sie in der Schule gesprochen?
Eddie: Em, also, in der allerersten Schule, die ich besucht habe, haben wir Walisisch gesprochen, em, und dann zogen wir in einen Teil von Wales, wo überhaupt kein Walisisch gesprochen wurde, deshalb musste ich dann Englisch sprechen.
Marion: Und wie viele Menschen in Wales sprechen Walisisch?
Eddie: Em, zur Zeit ungefähr zwanzig Prozent der Bevölkerung, das sind, em, ungefähr fünfhunderttausend Menschen, so ungefähr.

14 I'm going to stay at home.

Wegweiser

	Dialoge 1–4: Hören Sie sich die Dialoge bei geschlossenem Buch an.
	Dialoge 1–4: Hören Sie jeden Dialog einzeln an, lesen Sie ihn und arbeiten Sie ihn durch.
	Dialoge 5–6: Hören Sie sich die Dialoge bei geschlossenem Buch an.
	Dialoge 5–6: Hören Sie jeden Dialog einzeln an, lesen Sie ihn und arbeiten Sie ihn durch.
	Lernen Sie die *Wichtigen Wörter und Ausdrücke.*

	Bearbeiten Sie die *Übungen.*
	Arbeiten Sie die *Grammatik* durch.
	Bearbeiten Sie den Abschnitt *Lesen und Verstehen.*
	Lesen Sie den Abschnitt *Wissenswertes.*
	Jetzt haben Sie das Wort.
	Hören Sie sich alle Dialoge noch einmal ohne Buch an.

Lösungen

Übungen

Übung 1: a) Watch television b) Speak English e) Read books . . . d) . . . newspapers e) . . . cinema f) . . . radio g) Write letters . . . He is also going to visit England in the summer.

Übung 2: Feldstecher – Thomas; Angelrute – Hazel; Wanderstiefel – David; Cricketschläger – Martin; Geige – Alison; Buch – Barbara; Fahrrad – Jane.

Übung 3: King's Theatre – Il Barbiere di Siviglia – Friday; Playhouse Theatre – Romeo and Juliet – Wednesday; Usher Hall – St. Matthew Passion – Tuesday; Assembly Hall – As You Like It – Saturday afternoon; The Castle – Military Tattoo – Monday.

Grammatik

Übung: 1) . . . she is not going to go to it on Saturday. 2) . . . I am going to visit it this year. 3) . . . it is going to clear up today. 4) . . . it isn't going to rain today. 5) . . . I am not going to go swimming tomorrow morning.

Lesen und Verstehen

Ihre Postkarte hätte so aussehen können: . . . I'm meeting him at the Castle pub for a drink at 6 o'clock. I have to wear a warm coat because it's going to be cold. I'm taking my camera . . .

Übersetzungen

Ich werde zu Hause bleiben

1 Pläne für die Osterferien

Marion: Was habt ihr in den Osterferien vor?
Tanvi: Also, wir fahren in den Ferien in unser Haus nach Frankreich.
Marion: Oh! Wie schön! Für wie lange?
Tanvi: Wir wissen es noch nicht. Wahrscheinlich zwei oder drei Wochen.

2 Ein Spaziergang

Marion: Was haben Sie heute vor, Colin?
Colin: Ich weiß nicht. Ich weiß es noch nicht.
Marion: Claire und ich wollen spazierengehen. Wollen Sie mit uns kommen?
Colin: Oh, da würde ich gern auch mitkommen.
Marion: Schön. Gut.

3 Sara will Freunde besuchen

Marion: Sara, was hast du dir für heute vorgenommen?
Sara: Ich werde mit Vic und Barbara zu Mittag essen und werde dann später bei Martin und Jill übernachten.
Marion: Ach, weil Martin und Jill in der Nähe von Vic und Barbara wohnen, nicht wahr?
Sara: Sie wohnen ungefähr drei Häuser entfernt.

4 Was wollen Sie sehen?

Marion: Wie lange bleiben Sie in London?
Pauline: Fünf Wochen, oder sechs.
Marion: Und was, was wollen Sie sich anschauen?
Pauline: Äh, die Wachablösung.
Marion: Hazel, wissen Sie, was Sie vielleicht sonst noch in London sehen möchten?
Hazel: Ja, ich möchte ein paar Eichhörnchen sehen.
Marion: Haben Sie in Neuseeland keine Eichhörnchen?
Hazel: Nein.
Marion: Ist London der beste Ort um Eichhörnchen zu sehen oder ist es auf dem Land besser?
Hazel: Ich weiß es wirklich nicht.

5 Was möchtest du einmal werden?

Marion: Tanvi, was willst du einmal werden, wenn du erwachsen bist?
Tanvi: Ich weiß es noch nicht, aber ich habe daran gedacht Theaterstücke zu schreiben, em, in denen Gedichte vorkommen.
Marion: Oh! Das klingt interessant! Und wie ist es mit dir, Nuala? Was möchtest du einmal werden?
Nuala: Ich weiß nicht.
Marion: Willst du Geigerin werden?
Nuala: Ich bin mir nicht sicher.
Marion: Und Euer Bruder, Sven, was will der mal werden?
Tanvi: Er möchte in jeder Jahreszeit etwas anderes machen. Im Winter will er Ingenieur sein. Im Frühling will er Vögel beobachten. Im Sommer will er Poplieder singen. Und im Herbst will er Wissenschaftler oder Erfinder sein.
Marion: Das ist eine sehr originelle Idee, nicht wahr!

6 Svens berufliche Zukunft

Marion: Was willst du einmal werden, wenn du erwachsen bist, Sven?
Sven: Erfinder!
Marion: Erfinder! Was willst du erfinden?
Sven: Och . . . weiß nicht.
Marion: Und willst du die ganze Zeit Erfinder sein?
Sven: Mm, nein.
Marion: Was willst du also noch sein?
Sven: Fischer, Cricketspieler, Bergsteiger. Das wär's.
Marion: Fischer, Cricketspieler, Bergsteiger und Erfinder?
Sven: Ja!
Marion: Wirst du Zeit haben das alles zu tun?
Sven: Ja.
Marion: Aber willst du das alles zur gleichen Zeit machen?
Sven: Nein!
Marion: Wie willst du das also schaffen?
Sven: Mach's in verschiedenen Jahren.
Marion: Du meinst also, in einem Jahr bist du Erfinder . . . ja?
Sven: Ja.
Marion: Und im nächsten Jahr . . .
Sven: Cricket.
Marion: Und dann?
Sven: Fischen.
Marion: Und dann?
Sven: Bergsteigen.
Marion: Und dann?
Sven: Wieder von vorn anfangen.
Marion: Wieder mit Erfinden anfangen?
Sven: Ja.
Marion: Na gut, du wirst ein sehr interessantes Leben haben, nicht wahr?
Sven: Ja!

15 Where do you work?

Wegweiser

	Dialoge 1–4: Hören Sie sich die Dialoge bei geschlossenem Buch an.
	Dialoge 1–4: Hören Sie jeden Dialog einzeln an, lesen Sie ihn und arbeiten Sie ihn durch.
	Dialoge 5–6: Hören Sie sich die Dialoge bei geschlossenem Buch an.
	Dialoge 5–6: Hören Sie jeden Dialog einzeln an, lesen Sie ihn und arbeiten Sie ihn durch.
	Dialoge 7–8: Hören Sie sich die Dialoge bei geschlossenem Buch an.
	Dialoge 7–8: Hören Sie jeden Dialog einzeln an, lesen Sie ihn und arbeiten Sie ihn durch.
	Lernen Sie die *Wichtigen Wörter und Ausdrücke.*
	Bearbeiten Sie die *Übungen.*
	Arbeiten Sie die *Grammatik* durch.
	Bearbeiten Sie den Abschnitt *Lesen und Verstehen.*
	Lesen Sie den Abschnitt *Wissenswertes.*
	Jetzt haben Sie das Wort.
	Hören Sie sich alle Dialoge noch einmal ohne Buch an.
	Bearbeiten Sie das Wiederholungsprogramm zu den *Units* 13–15 im Lehrbuch, Seite 228.

Lösungen

Übungen

Übung 1: a) Lucio Mariano was born in Milan, Italy, in 1952. He has worked as a waiter for eleven years. He came to Britain in 1979 and has lived in London since January. b) Sushma Bahl was born in Simla, a small town in the north of India. She is a secretary in a small office in London. She came to Britain in 1965 but she has only lived in London since 1980.

Übung 2: a) He doesn't like musicals. b) He has seen the play. c) He has read the book.

Übung 3: a) . . . factory b) . . . apples c) . . . office d) . . . cinema e) . . . violin f) . . . waitress. Carol has done four of the jobs. She has worked in a factory, she has been a waitress, she has picked apples and she has played the violin in the London Underground.

Grammatik

Übung 1: 1) He has worked in Scotland since September. 2) They have been at university for two years. 3) He has been in England for a week. 4) I have had my car for two years. 5) She has lived in Scotland since 1933.

Übung 2: 1) He worked in Norway in 1979. 2) She has been in America twice. 3) Colin moved to London in 1980. 4) Rachel wrote three letters yesterday.

Lesen und Verstehen

1) Richtig 2) Falsch 3) Richtig 4) Richtig 5) Falsch

Wiederholung: *Unit* 13 bis 15

3 Ein Wortspiel

1 A	2 M	■	3 L	■	■	4 A	N	■	5 B
6 T	O	N	I	G	H	T	■	7 D	O
■	V	■	Y	■	■	■	■	8 O	R
9 T	E	10 L	E	V	I	11 S	I	O	N
■	12 D	O	■	■	■	I	■	R	■
13 U	■	V	■	14 F	I	N	I	S	15 H
16 S	E	E	17 N	■	■	C	■	■	E
E	■	■	O	■	18 G	E	19 T	■	■
D	■	20 O	■	■	O	■	21 E	G	22 G
■	23 W	R	I	T	T	E	N	■	O

Übersetzungen

Wo arbeiten Sie?

1 Kathys Leben

Marion: Wo sind Sie geboren, Kathy?
Kathy: Ich bin in Cambridge geboren.
Marion: Und wie lange wohnten Sie dort?
Kathy: Ich habe dort achtzehn Jahre gewohnt, ehe ich die Universität Edinburgh besuchte.
Marion: Oh, Sie gingen also nach Edinburgh. Wie lange waren Sie in Edinburgh?
Kathy: Drei Jahre.
Marion: Und wie lange wohnen Sie jetzt in London?
Kathy: Ich wohne seit zwei Jahren in London.
Marion: Und wo arbeiten Sie?
Kathy: Im Britischen Museum. Ich bin Bibliothekarin.

2 Eine Französin in Schottland

Marion: Sie sind Französin, nicht wahr?
Frau Collins: Ja, ich bin Französin.
Marion: Und wie lange wohnen Sie schon in Großbritannien?
Frau Collins: Ich wohne seit fünfzig Jahren oder noch länger in Großbritannien.
Marion: Fünfzig Jahre! Und wo? Sie haben in Edinburgh gewohnt?
Frau Collins: Ich habe in Schottland gewohnt.
Marion: Aha. In Edinburgh?
Frau Collins: In Edinburgh. Meistens.

3 Colins Sommerjobs

Marion: Im letzten Sommer haben Sie in Oslo Zeitungen ausgetragen. Haben Sie noch andere Jobs im Ausland gehabt?
Colin: In einem Jahr war ich zur Weinlese in Frankreich. Und das hat mir sehr gut gefallen.
Marion: Arbeiten Sie also gerne draußen?

Colin: Das ist richtig. Ja.

Marion: Haben Sie noch andere Arbeiten im Freien ausgeübt?

Colin: In einem Jahr war ich in Schottland beim Heidebrennen dabei. Aber zu Hause in Leeds kann ich nur Fabrikarbeit bekommen.

Marion: Ah. Dann haben Sie also schon ziemlich oft in Fabriken gearbeitet.

4 Eine Kinoverabredung

Rachel: Hast du „Die Frau des französischen Leutnants" gesehen?

Marion: Nein, noch nicht, aber eigentlich . . . ich will ihn gar nicht sehen, weil ich das Buch gelesen habe und ich fand das Buch wunderbar, aber, em, nein, ich . . . ich will mir den Film nicht ansehen. Wie ist es mit, em, „Othello"? Hast du „Othello" schon gesehen? Das ist der, der Film über das Stück von Shakespeare.

Rachel: Nein, ich habe den Film nicht gesehen. Ich habe das Stück gesehen, aber ich möchte den Film gern sehen.

Marion: Ah, gut, dann lass uns doch dorthin gehen. Das ist um 7.30 und um 9.40. Welche (Zeit) ist dir lieber?

Rachel: Mir ist 9.40 lieber, wenn dir das passt.

Marion: Ja, in Ordnung. 9.40. Es ist sehr spät, aber, ja, 9.40. Gut.

5 Andere Völker, andere Sitten

Sumei: Hier in England, in London, treffe ich gewöhnlich Leute, und die Leute sagen: „Oh, ein schöner Tag heute, nicht wahr?" Aber in China kann man die Leute sagen hören: „Haben Sie gegessen?" oder „Haben Sie schon gefrühstückt?" Und es ist genau dasselbe, wie wenn die Engländer über das Wetter reden.

6 Ein Engländer in Schottland

Marion: Wie ist deine neue Arbeit?

Martin: Macht großen Spaß.

Marion: Und bist du, bist du schon zu einem Schotten geworden?

Martin: Ja. Tatsächlich werden viele Engländer zu Schotten, wenn sie nach Schottland gehen, wenn man das so sagen kann, denn sie tragen Schottenröcke und . . .

Marion: Hast du einen Schottenrock gekauft?

Martin: Ja, ich habe einen Schottenrock gekauft, mit einem Sporran.

Marion: Hast du einige schottische Tänze gelernt?

Martin: Ja, Volkstänze, schottische Volkstänze. Äh, es macht Spaß. Viel Spaß. Und dazu trage ich einen Schottenrock. Äh, übrigens tragen die Lehrer an meiner Schule dort ziemlich oft einen Schottenrock, jeden Tag bei der Arbeit.

Marion: Dann trägst du also im Klassenzimmer einen Schottenrock?

Martin: Ja, wir tragen in der Schule einen Schottenrock, und es, und es macht ziemlich viel Spaß, für einen Engländer!

7 Martin spielt Dudelsack

Marion: Und du bist Musiklehrer, nicht wahr?

Martin: Ja, ich unterrichte Musik.

Marion: Hast du dann schon Dudelsack spielen gelernt?

Martin: O ja! Aber sicher! Ich spiele jetzt schon drei Monate und ich glaube, ich kann das Instrument recht gut spielen.

Marion: Dann kannst du jetzt schon schottische Volkstänze spielen, nicht wahr?

Martin: Ja, allerdings besitze ich noch keinen Dudelsack, denn er ist ziemlich teuer.

Marion: So, wirklich? Was kostet er denn?
Martin: Etwa dreihundert Pfund. Vielleicht sogar vierhundert Pfund. für einen sehr guten Dudelsack.
Marion: Du meine Güte!
Martin: Aber man kann auch einen billigen bekommen, importiert, aus Pakistan.
Marion: Aus Pakistan!

8 Martin schreibt eine Oper

Marion: Du hast jetzt ein Semester dort unterrichtet. Em, hast du irgendwelche Pläne für das nächste Semester?
Martin: Ja, auf jeden Fall. Ich will mit den Kindern eine Oper einüben.
Marion: Wirklich! Komponierst du die Oper?
Martin: Ja. Ich komponiere sie und schreibe den Text. Und es werden Tiere und Monster aus den Bergen rund um die Schule darin vorkommen. Ziemlich dramatisch, glaube ich. Und die Kinder werden wohl ihren Spaß daran haben.
Marion: Ja, ja. Schön.

Kurzgrammatik

Grammatische Begriffe

Verb

Ein **Verb** (Zeitwort) gibt eine Handlung an oder bezeichnet einen Zustand, z. B.

Der Mann **geht fort.**
Helmut **lacht**.
Ich **bin**.
Maria **hasst** Fußballspielen.

Beachten Sie: Wenn Sie ein Verb im Wörterbuch nachschlagen, finden Sie es im **Infinitiv** verzeichnet, z. B.

gehen
lachen
to go
to laugh

Die **Grundform** von *to go* ist *go,* d. h. also der Infinitiv ohne *to.*

Subjekt

Das **Subjekt** des Verbs ist die Person oder Sache, die etwas tut oder ist, z. B.

Der Mann geht fort.
Helmut lacht.
Ich bin.
Maria hasst Fußballspielen.

Objekt

Das **Objekt** des Verbs ist die Person oder Sache, mit der etwas geschieht, z. B.

Maria hasst **Fußballspielen.**
Claudia liebt **Peter.**
Helmut mag **es.**

Substantiv

Ein **Substantiv** oder **Hauptwort** *(noun)* ist der Name einer Person oder die Bezeichnung einer Sache, z. B.

Maria
Herr Schmidt
Fräulein Elsner
Kind
Hund
Regen

Artikel

Die deutschen **Artikel** sind:

der, die, das
ein, eine

Adjektiv

Ein **Adjektiv** (Eigenschaftswort) beschreibt ein Substantiv oder Pronomen, z. B.

schön, grün, klein, albern, komfortabel

Pronomen

Ein **Pronomen** kann an die Stelle eines Substantivs treten, z. B.

Claudia liebt Peter.
Sie liebt **ihn.**
Peter ist Claudias Verlobter.
Er ist **ihr** Verlobter.

Er und **sie** *(he, she)* sind Personalpronomen. **Sein** und **ihr** *(his, her)* sind Possessivpronomen (besitzanzeigende Fürwörter).

Pronomen können sich sowohl auf Menschen als auch auf Sachen beziehen, z. B.

Der Mann erschreckte die Kinder.
Er erschreckte **sie.**
Die Autos ruinierten den Rasen.
Sie ruinierten **ihn**.
Die nassen Hundepfoten hinterließen Spuren auf Marias Teppich.
Seine nassen Hundepfoten hinterließen Spuren auf **ihrem** Teppich.

Die Grundregeln der englischen Grammatik

Verben

Die Verben, die in diesem Kurs auftreten, lassen sich in drei Gruppen einteilen:

1. Normale Verben, z. B. *to go, to play, to work, to visit*
2. Unvollständige Hilfsverben, z. B. *will, would, must, ought to, should, can, could*
3. Hilfsverben, z. B. *to be, to have, to do.* Diese drei Verben können auch als normale Verben verwendet werden.

1. Normale Verben

Die deutsche Gegenwartsform – z. B. **Ich arbeite** – kann im Englischen auf zweierlei Weise auftreten:
I work und
I am working

Die **Gewohnheitsform** der Gegenwart *(habitual present)* wird verwendet, wenn man Ereignisse beschreibt, die sich wiederholen oder gewohnheitsmäßig ablaufen: *I work.*

Die Grundform des Verbs tritt bei allen Pronomen außer bei *he, she* und *it* auf; in diesen Fällen wird ein *-s* angehängt:

I work	aber	*he works*
you work		*she works*
we work		*it works*
they work		

Verneinende Aussagen und Fragen werden mit dem Hilfsverb *do* bzw. *does* gebildet:

I do not work.	*Do you work?*
He does not play.	*Where does he live?*

Weitere Erklärungen können in im Lehrbuch, *Unit* 2, Seite 35–36, und *Unit* 7, Seite 105–106, nachgelesen werden.

Die **Verlaufsform** der Gegenwart *(present progressive)* wird verwendet, wenn man Ereignisse beschreibt, die gerade ablaufen: *I am working.* Die Verlaufsform wird gebildet, indem man eine Form von *be* verwendet und *-ing* an die Grundform des Verbs anhängt:

He is going.
We are reading.

Verneinende Aussagen entstehen, indem *not* hinzugefügt wird:

He is not working.

Fragen werden gebildet, indem man die Reihenfolge der Wörter vertauscht:

Are you working?
Where is he staying?

Weitere Einzelheiten finden Sie in *Unit* 7, Seite 105–106.

Die **Gewohnheitsform** der Gegenwart wird auch in Verbindung mit Fahrplänen verwendet, z. B. *The train leaves at 6.15.* Vgl. *Unit* 9, Seite 132. Die **Verlaufsform** der Gegenwart kann auch herangezogen werden, wenn man über zukünftige Ereignisse spricht. Vgl. Sie dazu die Ausführungen über die **Zukunft.**

Das **Perfekt** *(present perfect)* wird mit *have* + Partizip Perfekt *(past participle)* gebildet. Ein Partizip Perfekt entsteht, indem *-ed* an die Grundform des Verbs angehängt wird:

I have worked.

Das **Perfekt** wird verwendet,

a) wenn man über Handlungen und Situationen spricht, die in der Vergangenheit begonnen haben und gegenwärtig noch andauern, z. B.
   She has lived here since 1976.
   He has lived in London for ten years (und wohnt immer noch in London).
b) wenn man über Handlungen und Ereignisse spricht, die irgendeinen Bezug zur Gegenwart aufweisen, z. B.
   I haven't visited the Tower of London (aber ich möchte ihn gern besuchen).
   They have not had supper (d. h. sie müssen Hunger haben; sie wollen essen).

Weitere Erläuterungen finden Sie in *Unit* 15, Seite 219–220.

Einige Verben bilden ihr Partizip Perfekt auf unregelmäßige Weise; sie sind auf Seite 49 angeführt.

Wenn man über Ereignisse spricht, die in der Vergangenheit stattgefunden haben, dann verwendet man gewöhnlich die **einfache Vergangenheitsform** *(simple past)*. Diese Zeit wird gebildet, indem man an die Grundform des Verbs *-ed* anhängt, z. B.

I worked
he visited

Einige Verben richten sich allerdings nicht nach dieser Regel; Sie finden sie auf Seite 49.
Verneinende Aussagen und Fragen werden mit *did* gebildet, z. B.

They did not work.
Did he visit the museum?
What did you do?

Die Verwendung der einfachen Vergangenheitsform ist in *Unit* 13, Seite 189, erklärt worden.

Wenn man Anweisungen oder **Befehle** geben möchte, verwendet man die Grundform des Verbs, z. B.

Turn left.

Die verneinende Form wird mit *do not* gebildet:

Do not turn right.

Mehr darüber finden Sie in *Unit* 8, Seite 120.

Die **Zukunft** *(future time)* kann man auf dreierlei Weise zum Ausdruck bringen:

a) *be going to* + Grundform des Verbs (vgl. *Unit* 14, Seite 204)
   Beispiel: *I am going to see the Tower of London tomorrow.*
b) Verlaufsform der Gegenwart (vgl. *Unit* 7, Seite 106)
   Beispiel: *Mr Smith is flying to Hamburg on 16th April.*
c) Einfache Zukunftsform: *will* + Grundform des Verbs (vgl. *Unit* 12, Seite 175)
   Beispiel: *I'll see you on Monday.*

2. Unvollständige Hilfsverben

Ein unvollständiges Hilfsverb *(modal verb)* verändert niemals seine Form und steht immer vor der Grundform eines Verbs, z. B.

I can come.
He will stay.
We ought to go.
I would like a beer.

Fragen werden gebildet, indem man die Reihenfolge der Wörter vertauscht:

Could I have a black coffee please?
Where can he stay?

Verneinende Aussagen entstehen, indem *not* hinzugefügt wird, z. B.

You should not work.

Weitere Einzelheiten finden Sie über
can in *Unit* 4 (Seite 65)
must in *Unit* 8 (Seite 120)
should und *ought to* in *Unit* 12 (Seite 175).

3. Hilfsverben

Das Verb *to be* wird unregelmäßig gebildet.

Gegenwart *(present tense)*	Vergangenheit *(past tense)*
I am	*I was*
you are	*you were*
he/she/it is	*he/she/it was*
we are	*we were*
they are	*they were*

There is und *there are* heißen auf deutsch: **Es gibt.** Mehr dazu in *Unit* 4, Seite 65.

Das Hilfsverb *to have* bildet die dritte Person Einzahl unregelmäßig: *he/she/it has.* Auch in der einfachen Vergangenheit werden unregelmäßige Formen verwendet: *I had. He had. They had,* usw.
Wenn *to have* als normales Verb gebraucht wird, kann man meistens auch *have got* sagen, z. B.

I have three brothers.
I have got three brothers.

Kurzformen der gesprochenen Sprache

Im gesprochenen Englisch werden viele Verbformen verkürzt, z. B.

I am ⟶ *I'm*
we are ⟶ *we're*
he has visited ⟶ *he's visited*
they do not ⟶ *they don't*
what is . . .? ⟶ *what's . . .?*
we will ⟶ *we'll*
I will not ⟶ *I won't*

Frageanhängsel

Am Ende von Fragen treten im Englischen häufig Frageanhängsel (*question tags*) auf; sie entsprechen den deutschen Formulierungen

. . . , nicht wahr?
. . . , oder?

Während die Frageanhängsel im Deutschen stets gleichbleiben, wird ihre Form im Englischen immer vom voranstehenden Verb bestimmt, z. B.

You **are** *English,* **aren't you?**
He **lives** *in London,* **doesn't he?**
You **work** *in a bank,* **don't you?**

Die Frageanhängsel sind in *Unit* 11, Seite 160, näher erläutert worden.

Substantive

Englische Substantive verfügen über kein Geschlecht, d. h. es wird nicht wie im Deutschen zwischen **der, die, das** unterschieden. In der Regel wird die Mehrzahl gebildet, indem ein *-s* angehängt wird:

table *tables*
boy *boys*

Folgende Ausnahmen sollten Sie sich merken:

1. Substantive, die auf *-y* enden, bilden die Mehrzahl auf *-ies:*
   facility – facilities
   vacancy – vacancies
2. Substantive, die auf *-o* enden, fügen in der Mehrzahl *-es* an:
   potato – potatoes
   tomato – tomatoes
3. Einige Substantive fallen bei der Bildung der Mehrzahl völlig aus der Reihe:
   child – children
   man – men
   woman – women

Das Stützwort „one"

Die Stützwörter *one* und *ones* werden verwendet, wenn man die Wiederholung eines Substantivs vermeiden möchte:

Here are two dresses.
The green one is £25.
I'd like some eggs – large ones, please.

Weitere Beispiele finden sich in *Unit* 5, Seite 78, und in *Unit* 6, Seite 93.

Aus Verben können Substantive gebildet werden, indem man *-ing* an die Grundform des Verbs anhängt:

to ski – skiing
I like skiing. Skiing is fun.

Vgl. dazu *Unit* 11, Seite 161.

Der Artikel

Da englische Substantive „geschlechtslos" sind, heißen **der, die** und **das** immer *the,* und zwar sowohl in der Einzahl als auch in der Mehrzahl, z. B.

the boy, the boys
the girl, the girls

Der unbestimmte Artikel **ein** bzw. **eine** lautet auf Englisch *a:*

a boy, a girl, a newspaper

Beginnt ein Substantiv mit einem Vokal *(a, e, i, o* oder *u),* verändert sich der unbestimmte Artikel in *an:*

an apple, an egg

Oft werden *some* und *any* in der Bedeutung von **etwas** bzw. **einige** verwendet. Vgl. Sie dazu bitte *Unit* 3, Seite 50.

Adjektive

Ein Eigenschaftswort *(adjective)* braucht sich im Englischen nicht – wie im Deutschen – dem Substantiv oder Pronomen anzupassen, mit dem zusammen es auftritt. Im Deutschen treten Adjektive immer in verschiedenen Formen auf:

ein kleiner Junge
ein kleines Mädchen
kleine Kinder

Auf Englisch heißt es in diesen Fällen immer *small:*

a small boy
a small girl
small children

Nur bei *this* und *that* müssen Mehrzahlformen verwendet werden:

this book – these books
that man – those men

Adjektive stehen immer <u>vor</u> dem Substantiv oder Pronomen, das sie näher beschreiben.

Die Steigerung

Die Steigerung von Adjektiven vollzieht sich im Englischen auf zweierlei Weise:

1. Adjektive mit einer Silbe bzw. mit zwei Silben: Es werden *-er* und *-est* angehängt, z. B.
   a small hotel–a smaller hotel–the smallest hotel
   Vgl. *Unit* 6, Seite 93.
2. Adjektive mit mehr als zwei Silben: Vor dem Adjektiv treten *more* und *most* auf, z. B. *a beautiful dress – a more beautiful dress – the most beautiful dress*
   Vgl. *Unit* 12, Seite 175.

Aber auch hier gibt es wieder Ausnahmen:

good – better – best

Wenn man zwei Dinge miteinander vergleichen will, die gleichwertig sind, verwendet man *as ... as:*

Cambridge is as beautiful as Oxford.

Mehr dazu können Sie nachlesen in *Unit* 12, Seite 175.

Pronomen

Die Personalpronomen lauten:

im 1. Fall	im 4. Fall
I	*me*
you	*you*
he	*him*
she	*her*
it	*it*
we	*us*
they	*them*

Beachten Sie: *you* heißt sowohl **du** als auch **Sie,** und es kennzeichnet auch die Mehrzahl **(ihr).** Die Possessivpronomen (besitzanzeigende Fürwörter) lauten:

my your his her its our their

Zu *someone, anyone – something, anything* vgl. *Unit* 10, Seite 147.

Doppelfragen

Wenn eine Frage innerhalb einer anderen Frage auftritt, muss man besonders darauf achten, in welcher Reihenfolge die Wörter auftreten, z. B.

Where is the Tower of London?
Could you tell me where the Tower of London is?

Vgl. *Unit* 8, Seite 119.

Brian Hill • Marion Geddes

ENGLISCH
ganz leicht

Deutsche Bearbeitung
Reinhold Freudenstein

Max Hueber Verlag

Bildnachweis

SuperStock, München: Coverfoto • N. Laredo: Seite 34 • Antony Edwards (The Image Bank): Seite 53 • E. Friedrich, Ismaning: Seite 80, 81 (rechts), 114, 150, 174 • S. Kuttig, Lüneburg: Seite 81 (links), 185, 187 (rechts unten), 190, 205 • B. Müller, London: Seite 135 • Barnabys Picture Library, London: Seite 157, 187 (rechts oben) • J. Modrow (Visum): Seite 187 (links oben) • M. Grindt (plus 49): Seite 187 (links unten) • dpa-Bildarchiv: Seite 187 (rechts Mitte) • Süddeutscher Verlag: Seite 192, 193, 207 • J. Röttger (Visum): Seite 206 • K. Sawabe (Visum): Seite 207 (oben) • H. Große, München: Seite 217.

Dieses Werk folgt der seit dem 1. August 1998 gültigen Rechtschreibreform.

E 3. 2. 1. | Die letzten Ziffern bezeichnen
2005 04 03 02 01 | Zahl und Jahr des Druckes.
Alle Drucke dieser Auflage können, da unverändert,
nebeneinander benutzt werden.
1. Auflage

Lizenzausgabe von Palgrave Publishers Ltd, Basingstoke, England
Titel der deutschen Originalausgabe: Hueber-Selbstlernkurs Englisch
für Beruf und Urlaub, © 1984 Max Hueber Verlag
Titel der englischen Originalausgabe: Breakthrough English, Pan Books,
London 1982
Umschlaggestaltung: Atelier Kontraste, München
Zeichnungen: Riccardo Rinaldi, München
Druck und Bindung: Friedrich Pustet, Regensburg
Printed in Germany
ISBN 3-19-002707-2 (Package)
1.2707 (Übungsbuch)

Inhalt

Symbole und Abkürzungen

(1/12) Die erste Zahl gibt an, um welche der vier CDs es sich handelt, die zweite den Track, den Sie ansteuern können.

▶ Dieses Zeichen weist auf wichtige Wörter und Ausdrücke hin.

f. = feminin (weiblich)
m. = maskulin (männlich)
Sing. = Singular (Einzahl)
Pl. = Plural (Mehrzahl)
wörtl. = wörtlich
Adj. = Adjektiv (Eigenschaftswort)
Adv. = Adverb (Umstandswort)

Vorwort

Bevor Sie mit dem Lernen anfangen, sollten Sie zunächst diese Einführung in den Kurs durchlesen. Es ist zwar verständlich, dass Sie sich so schnell wie möglich mit dem ersten Kapitel beschäftigen wollen, um festzustellen, was mit diesem Sprachkurs auf Sie zukommt. Nehmen Sie sich dennoch vorher ein wenig Zeit, denn wir möchten Ihnen einige allgemeine Hinweise geben, die Ihnen die Arbeit erleichtern können.
Dieser Sprachkurs will Ihnen dazu verhelfen, die englische Sprache verstehen, selbst zu sprechen und lesen zu können. Wenn Sie den Lernstoff gewissenhaft durcharbeiten, werden Sie schließlich genug Englisch können, um in den meisten Alltagssituationen zurechtzukommen. Es wird Ihnen dann Spaß machen, mit Engländern Kontakt aufzunehmen, wenn sich in Beruf und Freizeit Gelegenheit dazu ergibt.

Was zeichnet diesen Sprachkurs besonders aus?

● Wir haben sorgfältig darauf geachtet, dass Sie sich nicht langweilen. Jedes Kapitel – das wir *Unit* nennen – beginnt mit einer echten Tonaufnahme im Reportagestil. Die Aufnahmen stammen aus Großbritannien, und die Personen, die Sie hören werden, sind „Menschen wie du und ich", also keine besonders ausgewählten Sprecher oder Schauspieler. Auch Dialektsprecher und Amerikaner sind darunter.

● Die Sprache, die Sie lernen werden, ist sehr genau ausgewählt worden, damit Sie sich nichts Überflüssiges aneignen. Wir möchten Ihnen nur solche Wörter und Ausdrücke beibringen, die Sie während der Ferien oder auf kurzen Geschäftsreisen tatsächlich brauchen.

● Jede der 15 *Units* beschäftigt sich mit einem ganz bestimmten Thema, z.B. wie man Bestellungen aufgibt, wie man sich begrüßt und verabschiedet oder wie man sagt, dass einem etwas gefällt – oder auch nicht. Am Anfang steht neben der Nummer einer *Unit* immer ein für das jeweilige Thema typischer Satz; Sie werden ihm innerhalb der *Unit* wieder begegnen und dann auch erfahren, was er bedeutet. Gleich nach der Überschrift einer jeden *Unit* können Sie übrigens im Einzelnen nachlesen, was Sie auf den folgenden Seiten jeweils lernen werden.

● Einer Sprache zuhören und sie verstehen können ist einfacher, als sie selbst zu sprechen. Darum werden Sie auch in jeder *Unit* dieses Sprachkurses zunächst nur zuzuhören brauchen; als Nächstes folgen dann die Erklärungen der Dialoge und Unterhaltungen, ehe Sie zum Lesen und schließlich auch zum Sprechen übergehen. Die Sprechübungen werden Ihnen sicherlich gefallen, weil Sie Ihnen Aufgaben stellen, mit denen Sie auch im Ausland beim Sprechen konfrontiert werden.

● Wir unterscheiden sehr genau zwischen dem, was Sie nur **verstehen** sollen, und solchen Äußerungen, die Sie unbedingt beherrschen müssen, wenn Sie mit Engländern **sprechen** wollen.

● Ehe dieser Sprachkurs entstanden ist, haben wir Hunderte von Erwachsenen danach gefragt, warum sie Fremdsprachen lernen und wie sie dabei vorgehen. Nach ihren Antworten und Wünschen haben wir uns bei der Erarbeitung der Materialien gerichtet. Auf diese Weise ist ein sehr praktischer Sprachkurs entstanden, der Ihnen all das vermittelt, was Sie als Besucher eines englischsprachigen Landes wissen müssen.

Ein paar Tipps zum Sprachenlernen

● Vertrauen Sie sich unserer Führung an! Die menschliche Sprache ist eine komplizierte Sache, und Sie werden darum in jeder *Unit* immer wieder auf Erscheinungen stoßen, die nicht bis in die letzte Einzelheit hinein erklärt werden. Machen Sie sich deswegen keine Sorgen! Wir möchten Ihre Englischkenntnisse stufenweise aufbauen und wir lassen Sie auf jeder Stufe nur das lernen, was wirklich wichtig ist.

● Wenn Sie einmal eine Erklärung, eine Äußerung oder auch nur ein Wort nicht verstehen, dann arbeiten Sie ruhig weiter. Das Lernen einer Sprache hat nämlich viel mit einem Puzzlespiel gemeinsam: man muss immer wieder ausprobieren, welche Stücke zusammenpassen könnten, bis man schließlich zum Ziel gelangt.

● Versuchen Sie, möglichst regelmäßig zu arbeiten, am besten häufig und kurz. In der Regel sind 20 bis 30 Minuten pro Tag Erfolg versprechender, als wenn Sie sich nur einmal in der Woche drei oder vier Stunden hintereinander mit dem Englischen befassen.

● Benutzen Sie dieses Lehrbuch als Arbeitsmaterial – schreiben Sie ruhig hinein und machen Sie sich Notizen, wo Sie das für nötig halten. Scheuen Sie sich auch nicht davor, die englischen Wörter und Sätze laut auszusprechen; das gehört zum Sprachenlernen einfach dazu, denn Ihre Sprechwerkzeuge – vor allem die Zunge – müssen sich an die neuen Laute gewöhnen.

● Nach jeder dritten *Unit* finden Sie eine Wiederholungslektion. Zusätzlich sollten Sie bereits erarbeitete *Units* in regelmäßigen Abständen noch einmal durchnehmen, damit sich der Stoff im Gedächtnis festsetzen kann. Bei solchen Wiederholungen werden Sie übrigens häufig überrascht sein, an wie vieles Sie sich tatsächlich ohne weiteres erinnern können.

● Es wäre ganz gut, wenn Sie jemand abhören könnte; diese Person braucht nicht unbedingt Englisch zu können. Wenn möglich, sollten Sie zu zweit oder in einer kleinen Gruppe lernen, denn dann können Sie sich gut gegenseitig helfen.

● Das Erlernen der englischen Sprache kann länger dauern, als Sie es sich vorgestellt haben. Haben Sie darum Geduld und werden Sie nicht nervös, wenn es Ihnen nicht schnell genug geht.

● Am Beginn einer jeden *Unit* schlagen wir Ihnen jeweils vor, in welcher Reihenfolge Sie das Material erarbeiten sollen; an diesen Vorschlag brauchen Sie sich nicht unbedingt zu halten, wenn Sie den Eindruck haben, dass Sie anders besser vorankommen.

Zum Aufbau des Selbstlernkurses

In der Regel enthält jede *Unit* die folgenden Abschnitte:

1. Dialoge, Unterhaltungen, Gespräche oder „Laute“, die in England aufgenommen worden sind: Sie befinden sich auf CD und

dauern jeweils etwa fünf Minuten. Der vollständige Text, erklärende Hinweise sowie wichtige Wörter und Ausdrücke sind im Übungsbuch zu finden.

2. Hörübungen: Sie dauern ungefähr vier Minuten, und Sie brauchen dazu sowohl das Buch als auch die CD.

3. Grammatik: In diesem Abschnitt werden wichtige sprachliche Erscheinungen erklärt und eingeübt. Dazu brauchen Sie nur das Buch.

4. Lese- und Schreibübungen: Im Anschluss daran erhalten Sie wissenswerte Informationen über Großbritannien. Die CDs werden dazu nicht benötigt.

5. Sprechübungen: Hier erhalten Sie Gelegenheit, Englisch (laut) zu sprechen; die Übungen befinden sich nur auf der CD und dauern jeweils etwa zwei Minuten.

6. Wiederholungslektion: Nach jeder dritten *Unit* wird eine Wiederholungslektion eingeschoben. Dazu brauchen Sie die CD; einen Wegweiser durch diese Lektionen finden Sie am Ende des Buchs (Seite 224).

Woran Sie sich halten sollten

Dialoge

Hören Sie sich die Dialoge zunächst immer erst einmal von Anfang bis Ende an, ohne die CD anzuhalten. Auf diese Weise können Sie sich am besten in das „einhören", was Sie erarbeiten sollen. Danach gehen Sie die Dialoge abschnittsweise durch, und zwar in Verbindung mit den erklärenden Hinweisen und dem Wörterverzeichnis. Alle wichtigen Angaben zur richtigen Benutzung des Sprachkurses werden in diesem Übungsbuch gegeben. Auf der CD wird Ihnen Axel sagen, was Sie tun sollen und wie Sie die einzelnen Abschnitte am besten durcharbeiten können. Machen Sie häufig von der Pausen- und Rücklauftaste an Ihrem CD-Player Gebrauch; so erhalten Sie Zeit zum Nachdenken und Sie können sich die einzelnen Äußerungen mehrfach anhören. Im Buch finden Sie überall dort, wo Sie mit der CD arbeiten sollen, ein Piktogramm mit zwei Zahlen. Die erste Zahl gibt an, um welche der vier CDs es sich handelt, die zweite den Track, den Sie ansteuern können.

Wir teilen Ihnen in diesem Sprachkurs sicherlich nichts Unwichtiges mit, aber wenn Sie auf das Zeichen ▶ stoßen, dann sollen Sie wissen: dieses Wort oder dieser Ausdruck ist ganz besonders wichtig. Sie finden die wichtigen Wörter und Ausdrücke zusammengefasst am Ende des Dialogteils. Diese Wörter und Ausdrücke sollten Sie lernen.

Gelegentlich verweisen wir Sie auf eine andere Stelle im Buch, an der eine bestimmte Erscheinung im Einzelnen erklärt wird. Diese Einzelerklärungen brauchen Sie nicht unbedingt durchzulesen; schlagen Sie nur dann nach, wenn Sie glauben, auf diese Weise etwas besser verstehen zu können. Beschäftigen Sie sich mit jedem einzelnen Dialog mindestens so lange, bis Sie ihn verstanden haben. Ab Seite 230 finden Sie ein englisch-deutsches Wörterverzeichnis, während das Begleitheft eine Zusammenstellung grammatischer Begriffe enthält.

Hörübungen

Wenn Sie sich mit den Dialogen vertraut gemacht haben, gehen Sie zu den Hörübungen über. Sie lenken Ihre Aufmerksamkeit auf die wichtigsten sprachlichen Erscheinungen der *Unit*. Bei den Hörübungen brauchen Sie immer das Übungsbuch – manchmal müssen Sie etwas aufschreiben und hören anschließend die Lösungen auf der CD, manchmal müssen Sie auch zunächst zuhören und danach eine Buchübung durchführen. Jede Übung wird im Buch genau erklärt, und auf der CD helfen Ihnen die Sprecher. Sie können die Hörübungen übrigens auch dazu verwenden, eigene Ausspracheübungen durchzuführen. Zu diesem Zweck stoppen Sie die CD und sprechen nach, was Sie jeweils gerade gehört haben.

Grammatik

Grammatische Erklärungen geben wir Ihnen immer dann, wenn Sie im Gebrauch bestimmter Formen bereits einigermaßen sicher sind und zusätzliche Erklärungen eine Lernhilfe darstellen können. Wenn Sie Grammatik absolut nicht mögen, dann brauchen Sie diesen Teil nicht durchzuarbeiten; Sie lernen dann immer noch genug. Sehr viele Menschen sind allerdings daran interessiert, näher zu erfahren, wie Sprache funktioniert, wie sie sich im Einzelnen zusammensetzt und welchen Gesetzmäßigkeiten sie folgt. In jeder *Unit* werden immer nur ein oder zwei grammatische Erscheinungen aufgegriffen. Als Nachschlagewerk empfehlen wir Ihnen die *Große Lerngrammatik Englisch* (Max Hueber Verlag, Bestell-Nr. 2657).

Lesen und Verstehen

Weil es nützlich und hilfreich ist, Schilder, Formulare, Überschriften und Speisekarten lesen zu können, haben wir einen entsprechenden Abschnitt in den Sprachkurs aufgenommen. Hier lernen Sie vor allem diejenigen Wörter und Wendungen kennen, mit denen Sie bei einem Aufenthalt in Großbritannien in Berührung kommen. Zusammen mit den Informationen des folgenden Abschnitts *Wissenswertes* können diese Wörter und Wendungen dazu beitragen, Ihre Auslandsreise interessant und anregend werden zu lassen.

Jetzt haben Sie das Wort

Ihre Sprechübungen werden von der CD gesteuert. Sie erfolgen gegen Ende einer jeden *Unit*, und Sie sollen nun die wichtigsten Wörter und Ausdrücke, die Sie gehört, verstanden und erklärt bekommen haben, selbst anwenden. Im Übungsbuch finden Sie lediglich die Übungsanweisung; beim Sprechen sind Sie im Wesentlichen auf die CD angewiesen. Bei den meisten Übungen werden Sie aufgefordert, sich an einer Unterhaltung zu beteiligen. Sie hören eine Aussage oder eine Frage auf Englisch, und anschließend wird Ihnen auf Deutsch gesagt, was Sie sagen oder antworten sollen. Dann sprechen Sie auf Englisch, und sofort im Anschluss daran hören Sie, was Sie hätten sagen sollen – Sie wissen also immer, ob Sie etwas Richtiges oder Falsches gesagt haben. Wahrscheinlich werden Sie die Übungen ein paarmal wiederholen müssen, bis Sie absolut fehlerlos sind. Regen Sie sich darüber nicht auf – das ist völlig normal!

Das Begleitheft

Im Begleitheft finden Sie:

1. Eine ausführliche Übersicht über die einzelnen Lernschritte einer jeden *Unit*. In diesem *Wegweiser* haken Sie am besten jeden Schritt ab, nachdem Sie ihn erarbeitet haben: dann wissen Sie immer, wo Sie weiterarbeiten sollen.

2. Die Lösungen zu den Übungen in den Abschnitten *Übungen, Grammatik* und *Lesen und Verstehen.*

3. Eine Kurzgrammatik mit einer Zusammenstellung wichtiger grammatischer Begriffe und einigen Erläuterungen zu Strukturen, die im Abschnitt *Grammatik* besprochen worden sind.

4. Übersetzungen der Dialoge. Sollten Sie einmal mit den Erklärungen und Anmerkungen zu den Dialogen nicht zu Rande kommen, können Sie hier lesen, was die englischen Sätze bedeuten. Wir möchten Sie aber um eines nachdrücklich bitten: Legen Sie die Übersetzungen beim Erarbeiten der Dialoge *nicht* neben das Buch! Versuchen Sie lieber, den Inhalt der Dialoge durch mehrmaliges Anhören und intensive Beschäftigung mit den Erklärungen zu erfassen – nur dadurch erreichen Sie, dass Sie wirklich behalten, was Sie gelernt haben.

Die CDs

CDs spielen in einem Selbstlernkurs eine besonders wichtige Rolle. Die ersten drei CDs enthalten die Dialoge, die Hörübungen und die Übungen zum Abschnitt *Jetzt haben Sie das Wort.* Axel, unser Sprecher, wird Sie durch die *Units* führen: Er wird Ihnen Erklärungen zu einzelnen Fragen geben und Ihnen jeweils sagen, wie Sie weiterarbeiten sollen. Die vierte CD, die wir „Trainings-CD" nennen, sollten Sie sich so oft wie möglich anhören. Sie enthält alle wichtigen Wörter und Ausdrücke des Kurses. Sie sollten sie sich besonders intensiv einprägen.

Zu guter Letzt

- Das Erlernen der englischen Sprache soll Ihnen Freude bereiten – vergessen Sie das nicht! Lassen Sie sich Zeit und machen Sie sich nicht nervös!

- Wenn Sie bisher noch nicht mit einem CD-Player gearbeitet haben, dann machen Sie sich zunächst mit diesem Gerät vertraut.

Und nun wünschen wir Ihnen viel Erfolg.

1 What's your name?

Bevor Sie anfangen

Lesen Sie bitte zuerst das Vorwort auf Seite 5. Dort finden Sie einige nützliche Hinweise, wie man selbständig lernen kann, und wir sagen Ihnen auch, wie Sie diesen Kurs am besten durcharbeiten können. Als Nächstes schauen Sie sich bitte den *Wegweiser* durch die *Unit* an. Wenn Sie ihm folgen, können Sie davon ausgehen, dass Sie beim Erarbeiten der *Unit* keine Zeit verschwenden. Er führt Sie vom sinngemäßen Verstehen der Dialoge zum Verstehen von Einzelheiten, und dann werden Sie dazu angeleitet, wie Sie die wichtigsten Wörter, Ausdrücke und Sätze auch selbst sprechen können. Im Begleitheft ist der *Wegweiser* auch abgedruckt; hier können Sie die einzelnen Arbeitsschritte abhaken. Sie wissen dann immer, bis wohin Sie bereits gearbeitet haben.

Sie lernen in dieser Unit

- wie Sie jemanden begrüßen
- wie Sie sich verabschieden
- wie Sie einfache Fragen über sich selbst beantworten
- wie Sie sich mit einfachen Fragen über andere erkundigen
- wie Sie sich dafür entschuldigen, dass Sie noch nicht viel Englisch sprechen können
- wie Sie auf Englisch buchstabieren

Wegweiser

Dialoge: Hören Sie sich die Dialoge oder Dialoggruppen in der unten aufgeführten Reihenfolge bei geschlossenem Buch an. Nach jeder Dialoggruppe hören Sie dann jeden Dialog einzeln an, lesen Sie ihn und arbeiten Sie ihn durch.

Reihenfolge: 1–3; 4–6; 7–9; 10–11; 12

Lernen Sie *Wichtige Wörter und Ausdrücke* (S. 18).

Bearbeiten Sie die *Übungen* (S. 19).

Arbeiten Sie die *Grammatik* (S. 21) durch.

Bearbeiten Sie den Abschnitt *Lesen und Verstehen* (S. 22).

Lesen Sie den Abschnitt *Wissenswertes* (S. 23).

Jetzt haben Sie das Wort (S. 24).

Hören Sie sich alle Dialoge noch einmal ohne Buch an.

Dialoge

Dialoge

Damit Sie die wichtigen von den weniger wichtigen Ausdrücken unterscheiden können, verwenden wir das Zeichen ▶. Versuchen Sie bitte, alle Ausdrücke, die damit gekennzeichnet sind, besonders sorgfältig zu lernen und zu wiederholen. Eine Zusammenstellung der wichtigen Ausdrücke finden Sie auf Seite 18.

1 (1/1)

Vormittags. Marion trifft einen Bekannten

Marion: Good morning.
Martin: Good morning.

▶ **Good morning** – Guten Morgen. Dieser Gruß wird bis zum Mittagessen verwendet. Wie im Deutschen beantwortet man ihn, indem man **good morning** einfach wiederholt.

2 (1/2)

Nachmittags. In einem Reisebüro

Travel agent: Good afternoon. Can I help you?
Man: Good afternoon.

travel agent	Reisebürokaufmann/ -kauffrau
man	Mann

▶ **Good afternoon** – Guten Tag (wörtlich: guten Nachmittag). Dieser Gruß wird von 12 Uhr mittags bis zum frühen Abend verwendet.
Can I help you? – bitte schön? Was kann ich für Sie tun? (wörtlich: kann ich Ihnen helfen?) Mit diesem Ausdruck werden Sie oft von jemandem begrüßt, der Sie bedienen will, z.B. von einem Verkäufer.

3 (1/3)

Abends. Am Hotelempfang

Receptionist: Good evening.
Man: Good evening.

▶ **Good evening** – Guten Abend. Diesen Ausdruck verwendet man vom frühen Abend an. Wenn man ins Bett geht, sagt man **good night** (gute Nacht).

Dialoge

4 (1/4)

Wie heißt du?

Marion: What's your name?
Boy: Tomer Shalit.
Marion: How do you spell that?
Boy: TOMER SHALIT.
Marion: And where are you from?
Boy: Sweden.

boy	Junge
and	und
Sweden	Schweden

▶ **What's your name?** – Wie heißt du? (Wörtlich: Was ist dein Name?) **What's** ist die Kurzform für **What is** und kommt sehr oft in der gesprochenen Sprache vor. Solche Kurzformen sind Ihnen aus dem Deutschen bekannt: wir sagen z. B. auch „Mir geht's gut" für „Mir geht es gut". Auf die Frage **What's your name?** hätte Tomer auch antworten können **My name is Tomer Shalit** (Mein Name ist Tomer Shalit) oder **My name 's Tomer Shalit.**

Dialoge

▶ **How do you spell that?** – Wie buchstabiert man das? (Wörtlich: Wie buchstabierst du das?). Marion hätte auch fragen können **How do you spell your name?** (Wie buchstabierst du deinen Namen?) Versuchen Sie nicht, **How do you spell that?** wortwörtlich zu übersetzen, sondern lernen Sie diese Wendung als zusammenhängenden Ausdruck. In Dialog 12 hören Sie, wie zwei Kinder das englische Alphabet aufsagen. Wenn Sie es nachgesprochen und gelernt haben, können Sie auf Englisch buchstabieren – am besten fangen Sie mit Ihrem eigenen Namen damit an.

▶ **where are you from?** – woher kommst du? (wörtlich: Wo bist du her?) Da Tomer nicht aus Großbritannien kommt, meint Marion: Aus welchem Land kommst du?

Tomer – Tomer lebt jetzt in Schweden, aber er wurde in Israel geboren und hat darum einen hebräischen Namen.

5 (1/5)

Colins genaue Anschrift

Marion: Where are you from, Colin?
Colin: I'm from Leeds.
Marion: And what's your address?
Colin: My address is one hundred and eleven Harehills Avenue.
Marion: How do you spell Harehills?
Colin: H A R E H I double L S.

double	doppel(t)

▶ **Where are you from?** – Woher kommen Sie? (wörtlich: Wo sind Sie her?). Da Colin aus Großbritannien kommt, meint Marion: Aus welcher Stadt oder aus welchem Teil Großbritanniens kommen Sie?

▶ **I'm from Leeds** – Ich komme aus Leeds (wörtlich: Ich bin von Leeds). **I'm** ist die gesprochene Kurzform von **I am** (ich bin). Leeds ist eine Stadt im Norden Englands. Sie ist auf der Karte (Seite 39) eingetragen.

▶ **what's your address?** – wo wohnen Sie? (wörtlich: Was ist Ihre Anschrift?)

▶ **My address is . . .** – Ich wohne . . . (wörtlich: Meine Anschrift ist . . .).

one hundred and eleven – einhundertelf. Die Zahlen werden Sie in späteren *Units* lernen, zunächst vor allem in den *Units* 2 und 3. Vorläufig brauchen Sie nur diese eine Zahl zu verstehen.

6 (1/6)

Eine Besucherin aus den Vereinigten Staaten

Marion: Excuse me, where are you from?
Woman: I'm from the States.
Marion: Which city are you from?
Woman: From Greenfield, Ohio. It's a very small town.

woman	Frau
very	sehr
small	klein
town	Stadt

▶ **Excuse me** – Entschuldigen Sie, Entschuldigung, Verzeihung (wörtlich: Entschuldigen Sie mich). So spricht man jemanden an, den man etwas fragen oder mit dem man sich unterhalten möchte.

the States – die Staaten. Die Dame meint **The United States** (die Vereinigten Staaten). Haben Sie bemerkt, dass das amerikanische Englisch etwas anders klingt?

▶ **Which city are you from?** – In welcher Stadt wohnen Sie? (Wörtlich: Aus welcher Stadt kommen Sie?)
City bezeichnet normalerweise eine Großstadt. Eine Stadt ist **town**. Marion hätte also auch fragen können **Which town are you from?**

It's – Das ist (wörtlich: es ist). **It's** ist die gesprochene Kurzform von **it is**.

7 (1/7)

Noch ein paar Fragen

Marion: And what's your name?
Woman: Carolina Barnett.
Marion: Barnett? How do you spell that?
Woman: B A R N E T T.
Marion: And are you here on holiday or on business?
Woman: I'm here on business.

here	hier

▶ **are you here on holiday or on business?** – sind Sie auf Urlaub oder geschäftlich hier?

8 (1/8)

Eine junge Besucherin aus Neuseeland

Marion: Where are you from?
Girl: New Zealand.
Marion: And what's your name?
Girl: Pauline.
Marion: How do you spell that?
Girl: P A U L I N E.

girl	Mädchen
New Zealand	Neuseeland

Pauline und ihre Schwester Hazel, die Sie im nächsten Dialog hören, sprechen wieder mit einem Akzent, aber anders als die Amerikanerin in Dialog 6.

9 (1/9)

Pauline hat eine Schwester

Marion: And are you also from New Zealand? Are you Pauline's sister?
Girl: Yes.
Marion: And what's your name?
Girl: Hazel.
Marion: How do you spell Hazel?
Girl: HAZEL.
Marion: Are you here on holiday?
Girl: Yes.
Marion: Well, have a very good stay here. Thank you. Goodbye.
Girl: Goodbye.

also	auch
well	nun
thank you	vielen Dank

Pauline's sister – Paulines Schwester. **'s** ist hier nicht die Kurzform von **is**, sondern zeigt einen Besitz an, z.B. **Colin's address** (die Anschrift von Colin); **the girl's name** (der Name des Mädchens).

▶ **Yes** – Ja. „Nein" heißt auf Englisch **no**.

have a very good stay here – Ich wünsche Ihnen hier einen schönen Aufenthalt (wörtlich: haben Sie einen sehr guten Aufenthalt hier).

▶ **Goodbye** – Auf Wiedersehen. Oft sagt man einfach auch nur **bye** oder **bye bye.**

Dialoge

10 (1/10)

Jemand kann nur wenig Englisch

Marion: Excuse me, where are you from?
Man: I am from Brazil.
Marion: And how long are you going to stay in England?
Man: I'm sorry, I can only speak a little English.

Brazil	Brasilien

how long are you going to stay in England? – wie lange werden Sie sich in England aufhalten?

▶ **I'm sorry** – Es tut mir Leid. Dieser Ausdruck wird oft als Entschuldigung verwendet.

▶ **I can only speak a little English** – Ich kann nur wenig Englisch (wörtlich: Ich kann nur ein bisschen Englisch sprechen.). Die beiden letzten Ausdrücke sollten Sie zusammen lernen: **I'm sorry, I can only speak a little English.**

11 (1/11)

Jemand spricht sehr gut Englisch

Woman: You speak excellent English. Where are you from?
Man: I'm from Denmark.
Woman: Oh! And are you here on business or on holiday?
Man: Well, I'm here on business.

You speak excellent English – Ihr Englisch ist ausgezeichnet (wörtlich: Sie sprechen ausgezeichnetes Englisch.).

12 (1/12)

Tanvi und Nuala können das Alphabet

Marion: Tanvi, do you know the alphabet?
Tanvi: Yes.
Marion: Can you say it?
Tanvi: A B C D E F G H I J K L M N O P Q R S T U V W X Y Z.
Marion: Good. And can you sing the alphabet song?
Tanvi: Yes.
T and N: A B C D E F G H I J K L M N O P Q R S T U V W X Y Z.

good	gut

Do you know the alphabet? – Kannst du das Alphabet? (wörtlich: Kennst du das Alphabet?).

Can you say it? – Kannst du es (auf-) sagen?

Can you sing the alphabet song? – Kannst du das Alphabet-Lied singen? Halten Sie die CD nach jedem Buchstaben an und üben Sie die Aussprache. Dann spulen Sie zurück und versuchen das Alphabet gemeinsam mit Tanvi zu sprechen.

Wichtige Wörter und Ausdrücke

Im folgenden Abschnitt finden Sie die wichtigen Wörter und Ausdrücke, die Sie in den Dialogen bereits gehört haben. Am Anfang sollten Sie fast alle Ausdrücke sowohl verstehen als auch sprechen können; später werden wir zwischen den Ausdrücken, die Sie nur zu verstehen brauchen und denen, die Sie selber sprechen sollen, unterscheiden. Diese Ausdrücke sind auch auf der vierten CD.

4/1

Jemanden begrüßen, sich von jemandem verabschieden

good morning	guten Morgen
good afternoon	guten Tag
good evening	guten Abend
good night	gute Nacht
goodbye	auf Wiedersehen
bye/bye bye	tschüs

Jemandem Fragen zur Person stellen

What's your name?	Wie heißen Sie?
What's your address?	Wo wohnen Sie?
Where are you from?	Woher kommen Sie?
Which town/city are you from?	Aus welcher Stadt/Großstadt kommen Sie?
Are you here on holiday/on business?	Sind Sie auf Urlaub/geschäftlich hier?
How do you spell that?	Wie buchstabieren Sie das?

Fragen über sich selbst beantworten

my name 's	ich heiße
my address is	ich wohne
I'm from	ich komme aus
I'm here on holiday/on business	ich bin hier auf Urlaub/geschäftlich

Jemanden ansprechen

Excuse me	Entschuldigung

Sich entschuldigen

I'm sorry (I can only speak a little English	Es tut mir Leid (ich kann nur wenig Englisch)

Andere nützliche Wörter

yes	ja
no	nein
thank you	vielen Dank

Lernen Sie das Alphabet mit Hilfe von Dialog 12, bis Sie es sicher beherrschen.

 Übungen

Diese Übungen sollen dazu beitragen, dass Sie bei der eigenen Anwendung der englischen Sprache, die Sie in den Dialogen gehört haben, Sicherheit gewinnen. Sie brauchen sowohl das Buch als auch die CD. Die Übungsanweisungen stehen immer im Buch.

1 (1/13)

Auf der CD hören Sie, wie sich zwei Personen unterhalten. Sie kennen sich nicht und wollen wissen, wie sie heißen. Hören Sie sich das Gespräch bitte an und schreiben Sie dann unter das Bild, wie sie heißen.

Sarah + Denein

2 (1/14)

Jetzt folgt ein Buchstabenspiel. Wenn Sie möchten, können Sie sich zunächst noch einmal Dialog 12 anhören, in dem Tanvi das Alphabet aufsagt. Dann gehen Sie zu dieser Aufgabe über: Auf der CD hören Sie, wie sieben Wörter bzw. Ausdrücke buchstabiert werden. Diese Wörter sollen Sie nacheinander in die Felder des Rätsels eintragen. Fangen Sie mit dem ersten Wort in Zeile 1 an, dann folgt Zeile 2 usw. Halten Sie die CD an, wenn Sie mehr Zeit zum Schreiben brauchen. Wenn Sie alle sieben Wörter eingetragen haben, finden Sie in der dick umrandeten waagrechten Spalte ein neues Wort. Wie heißt es?

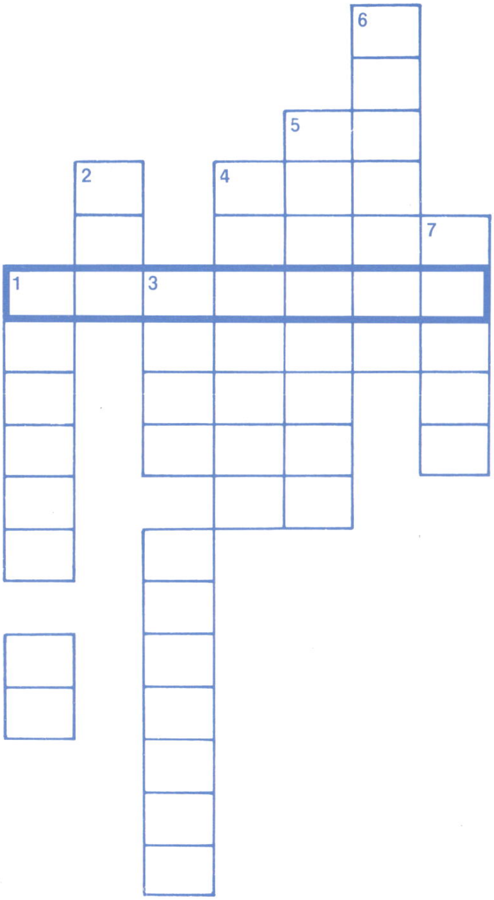

3 (1/15)

Auf der CD hören Sie, wie sich einige Touristen unterhalten. Sie stammen aus den folgenden Ländern:

Sweden	Canada
Germany	The States
Switzerland	Austria
Japan	Australia

Jeder sagt, woher er kommt. Schreiben Sie bitte das jeweilige Land neben den entsprechenden Namen.

Mr Muller ______________________

Mrs Izaha ______________________

Mr and Mrs Preuß ______________________

Miss Hardy ______________________

Mr and Mrs King ______________________

Ms Jolly ______________________

Mr Peter ______________________

Mrs Erikson ______________________

4 (1/16)

Das Gespräch dieser Aufgabe können Sie sich so oft auf der CD anhören, bis Sie glauben, dass Sie die richtigen Antworten ankreuzen können.

a. Sie kommt aus
- ☒ der Bundesrepublik Deutschland.
- ☐ Österreich.

b. Sie ist in England
- ☐ auf Urlaub.
- ☒ geschäftlich.

c. Sie sagt, dass sie
- ☐ sehr gut
- ☒ nur wenig
Englisch kann.

d. Er kommt aus
- ☐ Kanada.
- ☐ den Vereinigten Staaten.

e. Er ist in England
- ☐ auf Urlaub.
- ☐ geschäftlich.

Grammatik

In den Dialogen haben Sie die folgenden Kurzformen des Verbs *to be* (sein) gehört:
I'm (from the States)
You're (here on business)
It's (a very small town)
What's (your name?)

Diese Kurzformen kommen in der gesprochenen Sprache vor. In der geschriebenen Sprache werden sie normalerweise nicht verwendet, sondern werden voll ausgeschrieben: *I'm = I am, you're = you are, it's = it is, what's = what is*

I'm = I am (ich bin)
you're = you are (du bist/ihr seid/Sie sind)
he's/she's/it's = he is/she is/it is (er/sie/es ist)
we're = we are (wir sind)
you're = you are (du bist/ihr seid/Sie sind)
they're = they are (sie sind)

Beachten Sie, dass *you* auf Deutsch sowohl „du" als auch „Sie" und „ihr" heißen kann.

Aufgabe 1

Setzen Sie die richtige Form von *to be* (*am, are* oder *is*) in die Lücken ein. Verwenden Sie keine Kurzformen, da diese in der Regel nur in der gesprochenen Sprache vorkommen.

a. I ______ from Germany.
b. My address ______ 16 Mesmer Street.
c. Mr and Mrs Gardener ______ from Canada.
d. Mrs Barnett ______ from the States.
e. You ______ here on holiday.
f. We ______ here on business.

Um einen Satz zu verneinen, schreibt man *not* hinter das Verb:
I am English.
I am not English oder *I'm not English.*

You are from Sweden.
You are not from Sweden oder *You're not from Sweden.*

Um eine Frage zu bilden, wird das Verb vor das Pronomen (*I, you, he* usw.) oder vor das Substantiv (*Mrs Thomas* usw.) gestellt:
You're here on holiday.
Are you here on holiday?

Mrs Thomas is from the States.
Is Mrs Thomas from the States?
Auch nach den Fragewörtern *what* (was?) und *where* (wo?) erscheint das Verb vor dem Pronomen oder dem Substantiv:
What is your name? (My name is . . .)
Where are you from? (I'm from . . .)
Where is Mrs Thomas? (Mrs Thomas is . . .)

Aufgabe 2

Tragen Sie jetzt die richtige Form von *to be* in die Lücken ein. Verwenden Sie keine Kurzformen.

a. Excuse me, ______ you from England?
b. No, we ______ not English. We ______ from Scotland (Schottland).
c. Where ______ Glasgow? It ______ not in England.
d. I ______ not a tourist. I ______ in London on business.
e. ______ Pauline and her sister from New Zealand or Australia?
f. What ______ your address?
g. My name ______ not Marion.

 Lesen und Verstehen

Family name (in block letters)
Nom de famille en letters majuscules
Familienname in Großbuchstaben .... SCHWARZ

Forenames
Prénoms
Vornamen .... PETER

Occupation
Profession
Beruf .... BUSINESSMAN

Date and place of birth
Date et lieu de naissance
Geburtsdatum und Geburtsort .... 15.6.42 VIENNA

Sex
Sexe
Geschlecht .... MALE

Nationality
Nationalité
Staatsangehörigkeit .... AUSTRIAN

Signature
Signature
Unterschrift .... P. Schwarz

Full address in the United Kingdom
Addresse complete en Grande Bretagne
Volle Adresse in Großbritannien .... C/O REGENT HOTEL
10 HILLS ROAD, EDINBURGH EH4 3AD

Wenn Sie in Großbritannien sind, ob im Urlaub oder geschäftlich, werden Sie hin und wieder einige Formulare ausfüllen müssen. Die Auskünfte, um die man Sie bittet, werden wahrscheinlich jedesmal mehr oder weniger die gleichen sein: Name, Adresse usw., aber sie können auf verschiedene Art und Weise erfragt werden. Beachten Sie die Informationen auf S. 23. Dann beantworten Sie diese Fragen:

1. Welche beiden Ausdrücke für „in Großbuchstaben" gibt es im Englischen?
2. Wie heißen die beiden Ausdrücke für „Familienname"?
3. Welche beiden Ausdrücke kann man für „Vorname" benutzen?

Sie können dem Formular entnehmen, dass Herr Schwarz im Regent Hotel in Edinburgh wohnen wird. Am 29. Juli ist er dort angekommen und wird am 4. August wieder abreisen. Füllen Sie jetzt bitte das Anmeldeformular für Herrn Schwarz beim Empfang aus. Seine Anschrift lautet: Pilsener Straße 10, 1010 Wien.

Wissenswertes

Einreiseformalitäten

Wenn Sie in Großbritannien ankommen, werden Sie bei der Passkontrolle vermutlich diese Schilder sehen:

EU and other passport holders

British passport holders

REGISTRATION FORM

Regent Hotel, 10 Hills Road, Edinburgh EH4 3AD

Surname : ______________________ (Mr, Mrs, Miss, Ms)

(PLEASE PRINT)

First name : ______________________

Home address : ______________________

Nationality ______________________

Arrival date : July 29th

Departure Date : August 4th

Signature : ______________________

Wenn Sie aus einem Land der EU (*EU* ist die Abkürzung für *European Union*) oder aus einem anderen Land kommen, müssen Sie dem links abgebildeten Schild folgen.
Eigentlich heißt Großbritannien *The United Kingdom of Great Britain and Northern Ireland*. Beim Schreiben kann Großbritannien „GB" abgekürzt werden. Das Vereinte Königreich (*United Kingdom*) kann sowohl in gesprochener als auch in geschriebener Sprache als *the UK* bezeichnet werden.

Anredeformen

Mr wird verwendet, wenn man einen Mann anredet.
Mrs bezeichnet eine verheiratete Frau.
Miss ist das deutsche „Fräulein".
Ms wird von Frauen vorgezogen, die nicht möchten, dass die Anredeform ihren Familienstand angibt. Sie wird nur in der geschriebenen Sprache verwendet.
Diese Anredeformen werden immer zusammen mit dem Familiennamen gebraucht, also **Mrs Brown, Mr Young, Miss Golden** usw.

Begrüßungen

Es ist nicht üblich, sich die Hand zu geben, wenn man jemanden trifft oder sich verabschiedet.

Jetzt haben Sie das Wort

1/17

Sie erhalten nun die Möglichkeit, die wichtigsten Wörter und Ausdrücke noch einmal selbst anzuwenden und einzuüben. Dazu können Sie das Buch beiseite legen. Sie brauchen das Buch nur dann, wenn Sie etwas nachschlagen möchten.
Ehe Sie Ihren CD-Player einschalten, lesen Sie bitte noch die folgenden kurzen Hinweise.

Bei den CD-Übungen sollen Sie an einem Gespräch teilnehmen. Ein Sprecher wird Ihnen jeweils mitteilen, was Sie zu sagen haben. Halten Sie dann die CD an und sprechen Sie laut auf Englisch, was Sie sagen sollen. Danach können Sie sich die richtige Antwort auf der CD anhören.

Stellen Sie sich vor, dass die Gespräche am Empfang Ihres Hotels in Edinburgh, auf der Bank und in der Hotelbar stattfinden. Sie üben Begrüßungen, Sie sagen, dass Sie noch nicht viel Englisch können, nennen Ihren Namen und sagen, woher Sie kommen, Sie buchstabieren Ihren Namen und geben an, warum Sie in England sind.

Zum Schluss hören Sie sich alle Dialoge noch einmal an ohne dabei im Buch mitzulesen. Prüfen Sie nach, dass Sie alle Lernschritte durchgenommen haben; die gleichen Schritte werden sich in jeder *Unit* wiederholen.

2 How are you?

Bevor Sie anfangen

Denken Sie bitte daran, dass es wichtig ist, sich die Dialoge zunächst immer nur anzuhören ohne dabei im Buch mitzulesen. Sicherlich werden Sie dabei nicht alles sofort verstehen; das macht nichts. Es kommt beim Sprachenlernen sehr darauf an die bekannten Wörter und Ausdrücke aus unbekannten Aussagen herauszuhören und wenn Ihnen das gelingt, können Sie meist ein wenig kombinieren und dann doch mehr verstehen, als Sie zunächst geglaubt haben. Beim Anhören der Dialoge erhalten Sie außerdem einen Eindruck vom Klang der Sprache.

Sie lernen in dieser Unit

- wie Sie jemanden informell begrüßen
- wie Sie Personen miteinander bekannt machen
- wie Sie einfache Fragen über Ihre Familie und Ihren Beruf beantworten
- wie Sie von 0 bis 20 zählen

Wegweiser

Dialoge: Hören Sie sich die Dialoge oder Dialoggruppen in der unten aufgeführten Reihenfolge bei geschlossenem Buch an. Nach jeder Dialoggruppe hören Sie dann jeden Dialog einzeln an, lesen Sie ihn und arbeiten Sie ihn durch.

Reihenfolge: 1–3; 4–5; 6–7; 8–11; 12

Lernen Sie *Wichtige Wörter und Ausdrücke* (S. 32).

Bearbeiten Sie die *Übungen* (S. 33).

Arbeiten Sie die *Grammatik* (S. 35) durch.

Bearbeiten Sie den Abschnitt *Lesen und Verstehen* (S. 36).

Lesen Sie den Abschnitt *Wissenswertes* (S. 38).

Jetzt haben Sie das Wort (S. 40).

Hören Sie sich alle Dialoge noch einmal ohne Buch an.

1 (1/18)

Rückwärts zählen

Child: Ready for countdown! Ten, nine, eight, seven, six, five, four, three, two, one. Zero, blast-off!

child	Kind	five	fünf
ten	zehn	four	vier
nine	neun	three	drei
eight	acht	two	zwei
seven	sieben	one	eins
six	sechs	zero	null

Ready for countdown – Fertig machen zum Start! **Countdown** besteht aus den Wörtern **count** (zählen) und **down** (herunter).
Zero, blast-off – Null, Feuer!

Can you count forwards? – Kannst du vorwärts zählen?

I can't do it – Ich kann es nicht (tun). **Can't** ist die Kurzform für **cannot. Cannot** wird als ein Wort geschrieben.

Zahlen sind wichtig. Sie kommen nicht weit, wenn Sie sie nicht beherrschen. Üben Sie die Zahlen von eins bis zehn, indem Sie dem Kind nachsprechen, und dann zählen Sie allein. Zählen Sie auch rückwärts, wie das Kind im ersten Dialog.

Excellent – Ausgezeichnet. Dieses Wort kann für sich allein stehen, wenn man eine Person oder eine Sache besonders loben will. Sie kennen es bereits aus *Unit* 1; dort wurde es als Adjektiv vor einem Substantiv verwendet: **excellent English.**

2 (1/19)

Vorwärts zählen

Marion: Can you count forwards?
Child: One. No, I can't do it.
Marion: Try.
Child: One, two, three, four, five, six, seven, eight, nine, ten.
Marion: Excellent.
Child: One, two, three, four, five, six, seven, eight, nine, ten.

3 (1/20)

Am Telefon

Marion: Hallo.
Sara: Hallo. Is that Marion? This is Sara.
Marion: Hallo Sara! How are you?
Sara: I'm fine, thanks. And you?
Marion: Oh fine, thank you.

Dialoge

Hallo – Am Telefon sagen Sie einfach **Hallo**. Mit **Hallo** begrüßen sich auch gute Freunde, wie in den Zeilen 2 und 3 des Dialogs.

Is that Marion? – Ist das Marion? (Bist du's, Marion?)

This is – Hier ist ...; dies ist ... Mit diesem Ausdruck können Sie sich am Telefon melden. Er wird auch dazu verwendet, jemanden vorzustellen (siehe Dialog 5).

How are you? – Wie geht es dir?

I'm fine, thanks – (Es geht mir) gut, danke. **Thanks** ist eine umgangssprachliche Form für **Thank you.**

And you? Und dir? Es reicht hier völlig aus, einfach **And you?** zu sagen anstelle des vollständigen Satzes **And how are you?** Achten Sie darauf, wie Sara **you** betont; sie hebt ihre Stimme, um damit anzuzeigen, dass sie eine Frage stellt.

4 (1/21)

Anne kommt bei ihrer Freundin an

Anne: Hallo.
Liz: Hallo. Lovely to see you.

Lovely to see you – Schön, dich zu sehen. Der vollständige Satz hieße: **It is lovely to see you.**

5 (1/22)

Anne und Liz stellen ihre Kinder vor

Liz: This is Alison. She's the oldest. And this is Thomas. And this is Ben. He's only two.
Anne: These are my children. This is Tomer and this is Galya.

the oldest	die Älteste
only	nur

This is – dies ist der einfachste Ausdruck, um jemanden vorzustellen. Wenn Sie zwei oder mehr Personen gleichzeitig vorstellen, müssen Sie **these are** sagen und danach die Mehrzahl verwenden: **these are my children** (dies sind meine Kinder).

He's two – Er ist zwei. Wie im Deutschen gibt man auch im Englischen das Alter mit dem Verb **be** (sein) an: **I'm ten** (ich bin zehn).

6 (1/23)

Einige Fragen über die Familie

Marion: Tomer, how old are you?
Tomer: Nine.
Marion: And have you got brothers and sisters?
Tomer: Yes. One brother and one sister.
Marion: And how old is your brother and how old is your sister?
Tomer: My brother is seventeen and my sister is fourteen.

seventeen	siebzehn
fourteen	vierzehn

how old are you? – wie alt bist du?

have you got brothers and sisters? – hast du Geschwister? Die Engländer sagen „hast du Brüder und Schwestern?", weil sie kein Wort für „Geschwister" haben. Die vollständige Antwort auf diese Frage wäre **I have got**... oder **I've got**... Erläuterungen zu **have got** finden Sie nach Dialog 7 auf der nächsten Seite.

one brother – brothers – ein Bruder – Brüder. Die meisten Substantive bilden im Englischen ihre Mehrzahl mit **-s; a child – children** ist eine Ausnahme. Siehe dazu den Abschnitt *Grammatik* auf Seite 35.

Tomer hat Schwierigkeiten mit der Aussprache von **r**. Er ist aus Schweden; seine Mutter Anne ist Schottin.

Dialoge

7 (1/24)

Mehr über die Familie

Damon: How many sisters have you got?
Marion: Er, I've got two sisters and one brother. How many sisters have you got?
Damon: One. No brothers.

How many ... have you got? – Wie viele ... hast du? **Got** wird oft zusammen mit **have** gebraucht, um einen persönlichen „Besitz" anzuzeigen: **I have (got) a friend in Sweden; have you (got) a telephone?**

No brothers – Keine Brüder. Auch hier genügt in der Antwort wieder ein unvollständiger Satz: **no brothers** anstelle von **I haven't got any brothers** (ich habe keine Brüder).

8 (1/25)

Nach dem Beruf fragen

Marion: Martin, what do you do?
Martin: I'm a teacher.
Marion: And what do your parents do?
Martin: My father's retired, but my mother's an engineer.
Marion: An engineer! Oh!

parents	Eltern
retired	pensioniert
but	aber

what do you do? – was machen Sie? Mit diesem Ausdruck können Sie jemanden nach seinem Beruf fragen.

I'm a teacher – ich bin Lehrer. Achten Sie darauf, dass man im Englischen **I'm a teacher** (ich bin ein Lehrer) sagt. **An** steht anstelle von **a,** wenn das nächste Wort mit einem **a, e, i, o** oder **u** anfängt: **my mother is an engineer** – meine Mutter ist Ingenieurin.

my father's . . . Dies ist wiederum eine Kurzaussage anstelle von **my father is** . . . – mein Vater ist . . .

9 (1/26)

Weitere Fragen zum Beruf

Marion: Colin, what do you do?
Colin: I haven't got a job, Marion, I'm unemployed. What do you do?
Marion: I'm a teacher. And are you married?
Colin: I'm not married. I'm single.

a job	eine Arbeit
unemployed	arbeitslos

are you married? – sind Sie verheiratet?

I'm single – ich bin ledig. **I'm** wird in der Umgangssprache anstelle von **I am** (ich bin) verwendet.

Dialoge

10 (1/27)

Woher kommen Sie?

Marion: Lynn, where are you from?
Lynn: I'm from the States, but I live in England.
Marion: Oh? Why do you live in England?
Lynn: Well, my husband's an Englishman, so we live here.

Da Lynn Amerikanerin ist, klingt ihr Englisch wie das ihrer Landsmännin in *Unit* 1, Dialog 6.

I live in England – ich wohne in England. **In** kann man auch bei Städtenamen verwenden: **I live in London.**

Why do you live in England? – Warum wohnen Sie in England? **do** ist hier für die Fragebildung erforderlich, ebenso wie auch schon im Dialog 8: **what do you do?** Siehe dazu den Abschnitt *Grammatik* auf Seite 36.

my husband's an Englishman – mein Mann ist Engländer. **My husband's** ist die abgekürzte Form für **my husband is.** Beachten Sie, dass geographische Namen und andere von ihnen abgeleitete Wörter immer großgeschrieben werden: **England, an Englishman, an American, a German.**

11 (1/28)

Und was machen Sie?

Marion: And what do you do?
Lynn: Well, I'm a piano teacher.
Marion: And do you work at home or do you teach in a school?
Lynn: Well, I teach at a school.

piano teacher	Klavierlehrerin
work	arbeiten
or	oder
teach	unterrichten

in a school, at a school – in einer Schule. In diesem Falle sind sowohl **in,** als auch **at** möglich. **In** entspricht normalerweise dem deutschen **in; at** kann manchmal mit *an,* aber auch mit *in, zu* oder *bei* übersetzt werden.

at home – zu Hause

 Dialoge

12 (1/29)

Ein Bauer und seine Familie

Marion: What's your name?
Farmer: My name's Jimmy Campbell.
Marion: Campbell? How do you spell that?
Farmer: C A M P B E double L
Marion: And what do you do?
Farmer: Farm.
Marion: And um, are you married?
Farmer: Yes, (I'm) married. (I've) got, eh, three boys and a girl.
Marion: How old are the children?
Farmer: Oh, the youngest one's twenty-four, and the oldest one's thirty-three.
Marion: So are they married too?
Farmer: Two of the boys are married. One lives in Edinburgh, one in Glasgow, and one's out in Australia. And our daughter's at home with us here.

to farm	Landwirtschaft betreiben
twenty-four	vierundzwanzig
thirty-three	dreiunddreißig
our	unser
daughter	Tochter
with	mit
us	uns

Herr Campbell hat einen ziemlich starken schottischen Akzent. Er spricht manche Wörter nicht immer ganz klar aus, z. B. **I'm** und **I've.**

the youngest one, the oldest one – der Jüngste, der Älteste. **one** wird gebraucht, um ein Substantiv nicht wiederholen zu müssen, in diesem Falle, um die Wiederholung von **child** (Kind) zu vermeiden. Man könnte hier das **one** auch auslassen und einfach sagen: **the youngest is . . . the oldest is . . .** Siehe dazu *Grammatik,* Seite 78.

two of the boys – zwei der Jungen

out in Australia – drüben in Australien. **Out** heißt in der Regel *draußen, außerhalb* und bedeutet hier „außerhalb Großbritanniens".

at home – zu Hause. In diesem Falle heißt das, dass seine Tochter zu Hause wohnt. **At home** kann auch bedeuten, dass jemand gerade zu Hause (und nicht ausgegangen) ist oder dass er daheim (und nicht anderswo) arbeitet. Vgl. dazu Dialog 11.

Wichtige Wörter und Ausdrücke

4/2

Jemanden informell begrüßen

Hallo	Hallo; Guten Tag (auch am Telefon)
How are you?	Wie geht's?
I'm fine, thank you	Gut, danke
And you?	Und dir/Ihnen?

Personen miteinander bekannt machen

this is (Alison)	dies ist (Alison)
I'm (Alison	Ich bin (Alison)

Jemandem Fragen zur Person stellen

How old are you?	Wie alt bist du/sind Sie?
Have you got brothers and sisters?	Hast du/haben Sie Geschwister?
Are you married?	Bist du/sind Sie verheiratet?
Where do you live?	Wo wohnst du/ wohnen Sie?

Fragen über sich selbst beantworten

I'm twenty	Ich bin zwanzig
My sister is ten	Meine Schwester ist zehn
I haven't got any brothers or sisters	Ich habe keine Geschwister
I'm not married. I'm single.	Ich bin nicht verheiratet. Ich bin ledig.
I'm	Ich bin
a teacher	Lehrer
an engineer	Ingenieur
a farmer	Bauer
retired	pensioniert
unemployed	arbeitslos
I work	Ich arbeite
at home	zu Hause
in a school	in einer Schule
I live in Edinburgh/ England	Ich wohne in Edinburgh/England

Familienmitglieder

man	Mann	woman	Frau
boy	Junge	girl	Mädchen
father	Vater	mother	Mutter
son	Sohn	daughter	Tochter
brother	Bruder	sister	Schwester
husband	Ehemann	wife	Ehefrau
parent	Elternteil	child	Kind

Zahlen von 0 bis 20

o zero (auch oh)

1 one	8 eight	15 fifteen
2 two	9 nine	16 sixteen
3 three	10 ten	17 seventeen
4 four	11 eleven	18 eighteen
5 five	12 twelve	19 nineteen
6 six	13 thirteen	20 twenty
7 seven	14 fourteen	

Beachten Sie: Bei Telefonnummern wird jede Ziffer einzeln angegeben.

Übungen

Übungen

Üben ist unerlässlich, wenn Sie die Sätze und Ausdrücke aus den Dialogen lernen und im Gedächtnis behalten wollen. Für diesen Abschnitt brauchen Sie wieder sowohl das Buch als auch die CD. Am besten halten Sie die CD nach jedem Satz mit der Pausentaste an und sprechen die Ausdrücke und Wendungen, die Sie gehört haben, nach; auf diese Weise kann man gut die Aussprache üben und sich an das Sprachtempo gewöhnen.

1 (1/30)

Im Kasten rechts sind die Zahlen von 0 bis 20 aufgeführt. Diese Zahlen werden auf der CD jetzt vorgelesen. Zeigen Sie mit dem Finger oder mit einem Bleistift auf die Zahl, die Sie jeweils hören. Danach gehen Sie wieder zum Anfang der Übung zurück und hören sich die Zahlen noch einmal an; diesmal halten Sie die CD nach jeder Zahl an, damit Sie nachsprechen können.

2 (1/31)

Stellen Sie sich vor, Sie befänden sich in der Abflughalle eines Flughafens. Es werden Flüge (*flights*) nach verschiedenen europäischen Städten aufgerufen. Für jeden Flug wird außerdem die Flugsteignummer (*departure gate number*) angegeben. Hören Sie zu und tragen Sie dabei die Nummern der Flüge und die entsprechenden Flugsteignummern in die unten abgedruckte Tabelle ein.

Destination	Flight number	Departure gate number
Stockholm		
Amsterdam		
Strasbourg		
Munich		
Brussels		

 Übungen

3 (1/32)

Auf dem Bild sehen Sie Sallys Familie. Die Zahlen geben jeweils an, um welche Person es sich handelt. Sally wird Ihnen auf der CD sagen, wer die Personen sind und was sie machen. Sie sollen dabei die verschiedenen Familienmitglieder durch einen Strich mit ihren jeweiligen Berufen verbinden. Das erste Beispiel ist bereits eingetragen.

Sallys Familie	Was machen sie?
her father	a housewife
her mother	a nurse
her sister	a retired doctor
her sister's husband	an architect
her brother	a journalist
her brother's wife	a banker

4 (1/33)

Unter dem folgenden Dialog finden Sie die Äußerungen von Mr Clark, die Sie an den entsprechenden Stellen in die Lücken eintragen sollen. Danach hören Sie sich den Dialog auf der CD an und überprüfen, ob Sie den Dialog richtig vervollständigt haben. Mr Clark trifft eine Nachbarin, Mrs Brown, die einen Kinderwagen auf der Straße vor sich herschiebt.

Mr Clark	______________________
Mrs Brown	Fine thanks. And how are you?
Mr Clark	______________________
Mrs Brown	Yes. This is Margaret.
Mr Clark	______________________
Mrs Brown	She's two. How old is your daughter?
Mr Clark	______________________
Mrs Brown	And where's your wife?
Mr Clark	______________________
Mrs Brown	Well, nice to meet you.* Goodbye.
Mr Clark	______________________

* = nett, Sie getroffen zu haben

- Goodbye
- She's three
- How old is she?
- Good morning. How are you?
- I'm fine
  Is this your daughter?
- She's at home with the children

Singular und Plural

Die Pluralbildung erfolgt im Englischen in der Regel durch Anhängen von *-s:*
a boy – boys
a teacher – teachers
Einige wichtige Ausnahmen sind:
a child – children
a man – men
a woman – women.

Verben und die Gewohnheitsform im Präsens (Gegenwart)

In den Dialogen kamen die folgenden Verben vor: *to work* (arbeiten), *to live* (wohnen), *to teach* (unterrichten), *to do* (machen). Diese Form des Verbs ist der Infinitiv. Man sollte den Infinitiv eines jeden Verbs kennen, weil diese Form in Wörterbüchern verwendet wird. In unserem Kurs werden wir die Infinitivform ohne *to* als Grundform des Verbs bezeichnen.
Im Dialog 10 hörten Sie unter anderem die folgenden Sätze:
I live in England.
We live here.
Dic Grundform des Verbs (*live*) wird verwendet um anzudeuten, dass etwas immer gilt oder sich ständig ereignet. Wenn Lynn sagt *I live in England,* meint sie, dass sie ihren Wohnsitz in England hat; sie ist also nicht einfach nur in England zu Besuch.
Die Grundform wird unverändert bei allen Personalpronomen (Fürwörtern) mit Ausnahme von *he, she* und *it* verwendet. Nach diesen Fürwörtern wird ein *-s* angehängt:
He lives in London.
My son lives in Edinburgh.

I You We They	live work	in Glasgow in England
He She	lives works	

I teach: He/she teaches.
I do: He/she does.

Fragen

In den Dialogen haben Sie die folgenden Fragen gehört: *Do you work at home? Do you teach in a school? Why do you live in England? How do you spell that? What do you do? What do they do?* In Verbindung mit *he, she* oder *it* würden Sie jedoch sagen: *What does he do?* Beachten Sie, wie *do* oder *does* für die Fragebildung eingesetzt wird.

Do	I you we they	work live	in England? at home?
Does	he she		

Übung

Bilden Sie Fragen, z. B. You work (where) – Where do you work?

1. You do (what)
2. Tomer and Galya speak English (why)
3. John lives (where)
4. They do (what)
5. Mr Black works at home (why)

Nachdem sie ihre Freundin Liz in England besucht hatte (siehe Dialog 4), fuhr Anne Shalit mit ihren zwei Kindern nach Edinburgh, um ihre Mutter zu besuchen. Von dort aus schickte sie die auf Seite 37 abgedruckte Postkarte an Liz.

Beachten Sie:
Dear und der Name stehen am Anfang eines Briefes (privat oder geschäftlich).
c/o heißt *bei* und ist die Abkürzung von *care of*.
Yours ist die informelle Schlussformel eines Briefes oder einer Nachricht. Sie wird verwendet, wenn Sie an einen guten Bekannten schreiben. Wenn Sie an jemanden schreiben, den Sie nicht gut kennen, schließen Sie mit *Yours sincerely*.

Stellen Sie sich jetzt bitte vor, Sie seien Liz. Sie sind mit Ihrem Mann und Ihren Kindern zu Ihrer Mutter gefahren. Schreiben Sie Anne eine Postkarte und teilen Sie ihr Ihre jetzige Adresse (c/o Mrs Davies, 15 Hill Road, Aberystwyth) und Telefonnummer (0970 56913) mit. Die Anschrift lautet: Ann Clements, 5 Bridge Avenue, Edinburgh.

 Lesen und Verstehen

POSTCARD

Dear Liz,
How are you? I'm fine and
the children are fine too.
We're in Edinburgh.
Our address is:
c/o Mrs Collins
20 Castle Street
Edinburgh 2.
Our telephone number
is (031) 262-9510
Yours, Anne

Mrs L. Morton
16 Rose Avenue
Manchester 4.

POSTCARD

Großbritannien

Zu Großbritannien (*Great Britain*) zählen England, Schottland und Wales. Zum Vereinigten Königreich (*United Kingdom*) gehört zusätzlich auch noch Nordirland. Die Insel Man (*Isle of Man*) und die Kanalinseln (*Channel Islands*) sind streng genommen nicht Teile des Vereinigten Königreichs; sie sind Schutzgebiete der Krone. Schottland, Wales und Nordirland waren früher einmal von England unabhängig und viele Einwohner dieser Gebiete sind heute noch unendlich stolz auf ihre historischen Traditionen und Gebräuche, die sie von den Engländern unterscheiden. Es war nicht einfach für Großbritannien, seine ehemalige Rolle als Kolonialmacht aufzugeben und sich mit der einer europäischen Großmacht zufrieden geben zu müssen. Im Jahre 1973 trat Großbritannien der Europäischen Union (EU) bei.

Bevölkerung

Auf den britischen Inseln leben etwa 60 Millionen Menschen. Die Hauptstadt London hat über 7 Millionen Einwohner; sie ist damit die größte Stadt des Landes. Eine hohe Bevölkerungsdichte findet sich auch im Süden Englands und in den Industriegebieten des Nordens, vor allem in den Einzugsgebieten von Birmingham, Leeds, Liverpool, Manchester und Glasgow. Besonders in diesen Gebieten haben sich viele ethnische Minderheiten niedergelassen, die aus der Karibik, Indien, Pakistan, Zypern und aus anderen Ländern des Commonwealth (d. h. des früheren britischen Kolonialreichs) nach Großbritannien eingewandert sind.

England

Viele Besucher Englands kommen kaum über London hinaus. Naturschönheiten und historische Sehenswürdigkeiten sind jedoch auch außerhalb Londons nahezu überall zu finden – etwa in alten Bischofsstädten wie York oder Lincoln, in den Hügeln und im Seengebiet des Lake District im Nordwesten und in den hübschen Küstenorten Devon und Cornwall im Südwesten Englands. In anderen Gegenden hingegen überwiegt die Industrie; dort werden Chemikalien, Maschinen, Textilien und Flugzeuge hergestellt, die für den Export bestimmt sind. Aus ihrem Verkauf müssen die Nahrungsmittel und Rohstoffe bezahlt werden, auf deren Einfuhr das Land angewiesen ist.

Wales

Der Süden von Wales ist ein bedeutendes Industriegebiet; sein Mittelpunkt ist um die Hauptstadt Cardiff angesiedelt. Die schöne Gebirgslandschaft im Landesinneren und im Norden ist weniger dicht bevölkert; diese Landesteile werden vorwiegend für landwirtschaftliche Zwecke genutzt.

Nordirland

Die Geschichte Nordirlands ist durch politisch und religiös bedingte Streitigkeiten gekennzeichnet, die bis heute andauern. Der wichtigste Industriezweig der Hauptstadt Belfast ist der Schiffsbau. Im Übrigen wird der Boden des Landes vorwiegend landwirtschaftlich genutzt, ähnlich wie auch auf der anderen Seite der Grenze in der Republik Irland.

Wissenswertes

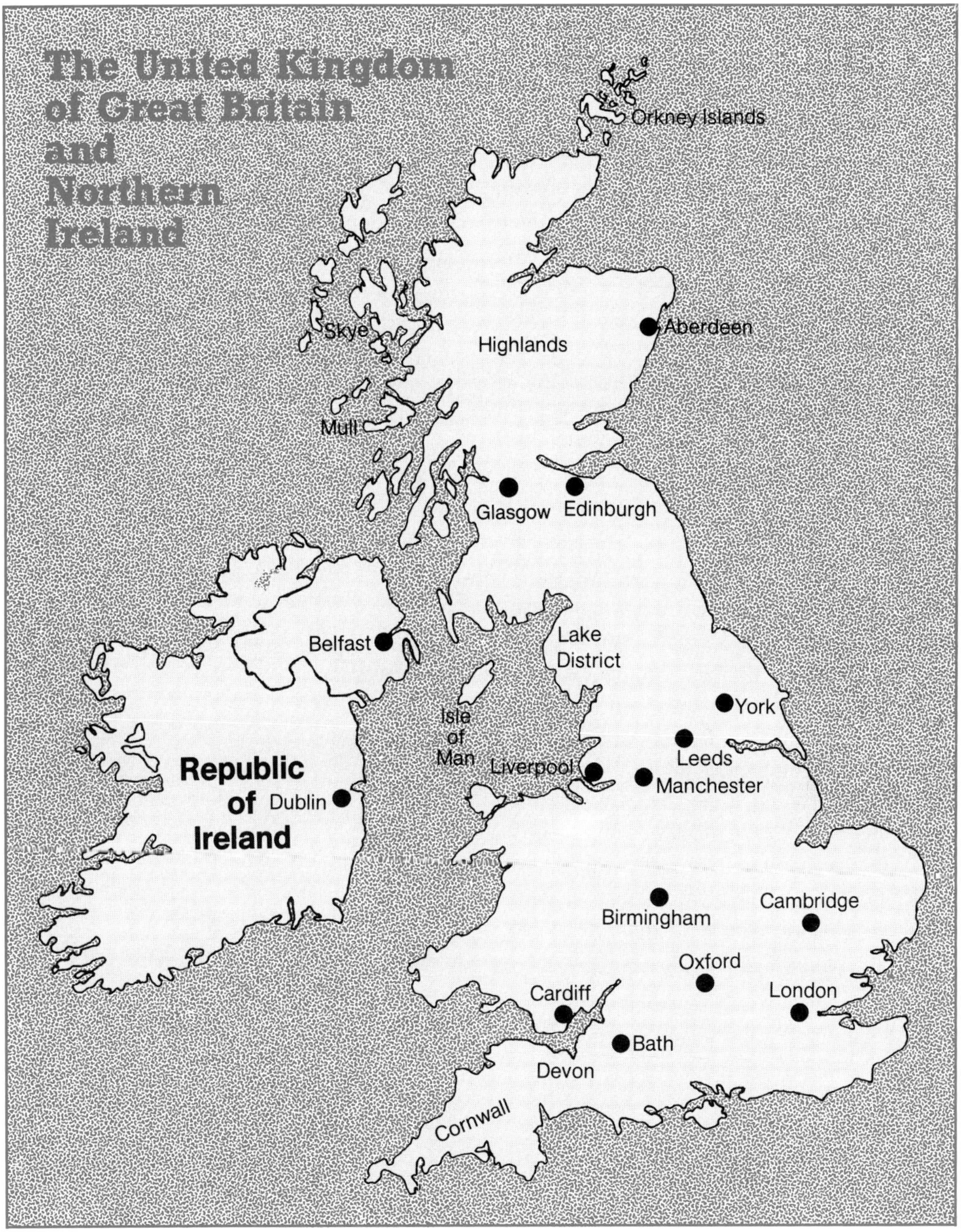

Schottland

Eigentlich ist dieser Hinweis überflüssig: Selbstverständlich ist Schottland durch seinen Whisky weltberühmt geworden. In Glasgow, der bedeutenden Metropole, wohnen die meisten Menschen; die historische Hauptstadt aber ist Edinburgh – sie wird manchmal als die schönste Stadt der Welt bezeichnet. Nördlich von Glasgow und Edinburgh liegen die Highlands, eine Gebirgs- und Seenlandschaft von außerordentlicher Schönheit. Der Osten Schottlands hat in den letzten Jahren infolge der Ölbohrungen in der Nordsee einen wirtschaftlichen Aufschwung erlebt.

Sprachen

Natürlich wird überall in Großbritannien Englisch gesprochen, aber es gibt sehr viele regionale Akzente (von denen Sie einige in den Dialogen auf den CDs hören werden). Hinzu kommen weitere Sprachen, beispielsweise das Walisische, das als gälische Sprache mit dem Englischen nicht verwandt ist und das neuerdings wieder an Bedeutung gewinnt: Viele Eltern schicken ihre Kinder in Schulen, in denen Walisisch als Unterrichtssprache gelehrt wird. Außer in Wales werden gälische Sprachen auch in Schottland und Irland gesprochen.

Jetzt haben Sie das Wort

1/34

Jetzt sollen Sie die wichtigsten Wörter und Ausdrücke dieser *Unit* üben. Dazu benötigen Sie lediglich Ihren CD-Player.
Das erste Gespräch findet in einer Hotelbar statt; dort begegnen Sie noch einmal Peter MacDonald. Sie sollen ihn begrüßen und danach sollen Sie ihm einige Fragen zu seiner Person und zu seiner Familie stellen. Anschließend werden Sie von Carol befragt – wie Sie heißen, wo Sie herkommen, wie ihre Anschrift lautet, was Sie beruflich machen, ob sie verheiratet sind und ob Sie Geschwister haben.

Vergessen Sie bitte nicht, sich zum Schluss noch einmal alle Dialoge der *Unit* 2 anzuhören, ohne dabei im Buch mitzulesen.

3 How much is it?

Bevor Sie anfangen

Versuchen Sie, möglichst oft laut zu sprechen. Es fällt Ihnen dann später bestimmt leichter, das richtige Wort zu sagen. Denken Sie daran, dass Sie nicht die ganze *Unit* auf einmal durchzunehmen brauchen. Wir empfehlen Ihnen, **kurz** und **häufig** zu arbeiten – zehn Minuten pro Tag sind besser als eine Stunde nur einmal in der Woche. Am Ende dieser *Unit* können Sie das in den *Units* 1 bis 3 Gelernte wiederholen; unabhängig davon aber sollten Sie sich angewöhnen, den Lernstoff auch selbständig immer wieder einmal durchzusehen und vor allem solche Übungen zu wiederholen, bei denen Sie sich noch nicht ganz sicher fühlen.

Sie lernen in dieser Unit

- wie man bis 100 zählt
- wie man nach einem Preis fragt
- wie man versteht, wie viel etwas kostet
- wie man jemandem etwas zu essen oder zu trinken anbietet
- wie man sagt, was man essen oder trinken möchte

Wegweiser

Dialoge: Hören Sie sich die Dialoge oder Dialoggruppen in der unten aufgeführten Reihenfolge bei geschlossenem Buch an. Nach jeder Dialoggruppe hören Sie dann jeden Dialog einzeln an, lesen Sie ihn und arbeiten Sie ihn durch.

Reihenfolge: 1–2; 3–5; 6–7; 8

Lernen Sie *Wichtige Wörter und Ausdrücke* (S. 48).

Bearbeiten Sie die *Übungen* (S. 49).

Arbeiten Sie die *Grammatik* (S. 50) durch.

Bearbeiten Sie den Abschnitt *Lesen und Verstehen* (S. 52).

Lesen Sie den Abschnitt *Wissenswertes* (S. 53).

Jetzt haben Sie das Wort (S. 54).

Hören Sie sich alle Dialoge noch einmal ohne Buch an.

Bearbeiten Sie das Wiederholungsprogramm zu den *Units* 1–3 (S. 224).

1 (1/35)

Galya und Tomer zählen ihr Geld

(G = Galya, T = Tomer)

G: How much have you got?
T: I have one pound, one pound fifty, one pound fifty-five, one pound sixty, one pound seventy, one pound seventy-two, one pound seventy-four. How much have you got?
G: I have one pound, one fifty, one sixty, one sixty-five, one sixty-seven, one sixty-eight.

how much	wie viel
fifty	fünfzig
sixty	sechzig
seventy	siebzig

I have und **I've got** bedeuten beide *ich habe,* z. B. **I have two brothers, I've got two brothers.**

one pound – ein Pfund. Das englische Pfund (£) hat 100 **pence:** £ 1 = 100 **p**. In Großbritannien gibt es folgende Münzen: £ 1, 50 **p**, 20 **p**, 10 **p**, 5 **p**, 2 **p**, 1 **p**. Noten gibt es für £ 50, £ 20, £ 10, £ 5. Das **p** ist die Abkürzung für **pence** (d. h. die Mehrzahl von **penny**) und wird wie der Buchstabe **p** ausgesprochen.

Beachten Sie, dass Sie das Wort **pound** auch auslassen können. £ 1.50 heißt entweder **one pound fifty** oder **one fifty** (wie im Deutschen ein Euro fünfzig oder eins fünfzig).

Die Zahlen von 30 bis 100 finden Sie im Abschnitt *Wichtige Wörter und Ausdrücke* auf Seite 48.

2 (1/36)

Galya kauft Schokolade

(SA = Shop Assistant, G = Galya)

SA: Can I help you?
G: Yes, I'd like two smarties, please.
SA: Thirty-five or seventy-five pence?
G: Thirty-five.
SA: That's seventy pence, please. (*Galya gibt ihr eine 1-£-Münze*) Thank you. (*Sie öffnet die Kasse*) That's eighty, one pound.
G: Thank you.
SA: Thank you.

shop assistant	Verkäufer(in)
please	bitte

▶ **I'd like . . .** – Ich möchte . . . oder – Ich hätte gern . . . **I'd like** ist die Kurzform von **I would like.** Mit diesem nützlichen Ausdruck können Sie in einem Geschäft, im Restaurant, am Bahnhof usw. nach etwas fragen.

Smarties sind Schokoladenbonbons, die auch bei uns in zwei verschieden großen Packungen verkauft werden. Galya wählt die kleinere Packung.

In der geschriebenen Sprache wird das ~y in der Mehrzahl zu **~ie: twenty – two twenties, fifty – four fifties, a city – cities**

That's ... – Das ist ... oder Das macht... **That's** ist die umgangssprachliche Form für **that is.**

▶ **Thank you** – Danke; danke schön. Beachten Sie, dass man auf **thank you** ebenfalls **thank you** sagt, nicht **please** oder eine andere Wendung, die dem deutschen „bitte schön" oder „keine Ursache" entspricht.

3 (1/37)

Im Speisewagen

(M = Man, A = Attendant)

M: Two hamburgers, please.
A: Two hamburgers. Thank you. That's four thirty, sir.
M: Five pounds. Keep the change.
A: Thank you, sir.
M: Thank you.

Two hamburgers, please – Zwei Hamburger, bitte. Wie im Deutschen („zwei Bier, bitte!") kann man nach etwas fragen oder etwas bestellen, indem man seinen Wunsch nennt und **please** hinzufügt, z. B. **four smarties, please.**

sir – mein Herr. Mit der Anrede **sir** ist ein gewisser Respekt verbunden, z. B. wenn ein Verkäufer einen Kunden, ein Schüler einen Lehrer oder ein Kellner einen Gast anspricht. Einer Frau gegenüber wird in vergleichbaren Situationen **madam** verwendet.

Dialoge

4 (1/38)

In einer Imbisshalle

(A = Attendant, G = Girl)

A: Yes, please?
G: Please could I have a ham sandwich?
A: One ham. Anything else?
G: No thanks.
A: That's £ 1.20, please.
G: Thank you very much.
A: Thank you.
G: Thank you.

ham sandwich | Schinkenbrot

▶ **Please could I have ...?** – Könnte ich bitte ... haben? **Please** kann auch am Ende eines Satzes stehen: **Could I have ... please? Could I have ... please?** kann anstelle von **I'd like ...** dazu benutzt werden um etwas in einem Restaurant oder anderswo zu bestellen.

Anything else? – Sonst noch etwas?

▶ **No thanks** – nein, danke. Erinnern Sie sich an *Unit* 2, in der wir Ihnen gesagt haben, dass **thanks** und **thank you** das gleiche bedeuten?

▶ **Thank you very much** – Vielen Dank.

5 (1/39)

Was kosten die Käsebrote?

(M = Marion, A = Attendant)

M: Have you got any cheese sandwiches?
A: Cheese. One cheese?
M: How much are they?
A: £ 1.20.
M: No, I won't have one, thanks.

Have you got any cheese sandwiches? – Haben Sie Käsesandwiches? Die Mehrzahl von **a sandwich** ist **sandwiches;** vor dem **-s** wird also ein **e** eingeschoben. Der Gebrauch von **any** wird im Abschnitt *Grammatik* auf Seite 50 erklärt.

▶ **How much are they?** – Wie viel kosten sie? Wenn es nur um eine einzelne Sache geht, z. B. um ein Auto oder um eine Uhr, fragt man **how much is it?**

▶ **I won't ...** Dies ist die gesprochene Form von **I will not ...** (ich werde nicht ...), z. B. **I won't have a ham sandwich.**

6 (1/40)

Tee oder Kaffee?

Susan: Would you like tea or coffee?
Hilary: Tea, please. Milk. No sugar.
Susan: Tea, milk, no sugar. Coffee?
Rachel: Yes, coffee, please.
Susan: Black or white?
Rachel: Er, white please.

Dialoge

Marion: And tea with milk, please.
Susan: Tea with milk. So, two teas with milk and a white coffee.

▶ **Would you like ...?** – Möchten Sie ...? Dies ist die Frageform von **I'd like (I would like)** aus Dialog 2. Es ist ein oft benutzter Ausdruck, um jemandem etwas anzubieten. Sie könnten aber auch fragen: **what would you like?**

Would you like tea or coffee? – Möchten Sie Tee oder Kaffee?

Black or white? Wortwörtlich: schwarz oder weiß, d. h. mit oder ohne Milch? Normalerweise spricht man von **black coffee** und **white coffee,** bei Tee jedoch von **tea without milk** (Tee ohne Milch) und von **tea with milk** (Tee mit Milch). Wenn man Tee oder Kaffee mit Zucker haben möchte, sagt man **tea** bzw. **coffee with sugar.** Kaffee mit Milch und Zucker heißt **white coffee with sugar.** Tee mit Zitrone ist **tea with lemon.**

7 (1/41)

Möchten Sie etwas zu trinken?

(W = Waitress, G = Gill, R = Rachel, M = Marion)

W: Would you like a drink to start with?
G: Um, I'd like a dry sherry actually.
R: Um, I think I'll have a whisky, please.
W: With ice?
R: Yes, please.
M: Could I have a martini, please?

waitress	Kellnerin
a drink	Getränk
actually	eigentlich

Would you like a drink to start with? – Möchten Sie zunächst etwas trinken? **To start** wird oft zusammen mit **with** verwendet, z. B. **I'd like to start with a sherry** – ich möchte mit einem Sherry beginnen; **let's start with a whisky** – lasst uns mit einem Whisky anfangen.

▶ **I'll have . . .** – Ich nehme . . . (wörtlich: ich werde . . . haben). **I'll have** ist die gesprochene Form von **I will have . . .** und ist das Gegenteil von **I won't have . . .** aus Dialog 5.

a sherry – ein trockener Sherry. Ein süßer Sherry ist **a sweet sherry.** Man kann Getränke auch **medium dry** (halbtrocken) und **medium sweet** (halbsüß) bestellen, z. B. **a medium dry white wine** – einen halbtrockenen Weißwein.

Dialoge

With ice? – Mit Eis? Ein Getränk mit Eis heißt manchmal auch **on the rocks** (wörtlich: auf Felsbrocken), z. B. **a whisky on the rocks.**

8 (1/42)

In einem Pub

(R = Roger, L = Liz, A = Ann, B = Barmaid)

R: Now, what are you having?
L: I'd like a tomato juice, please.
A: I'll have a cider, please.
R: Is there any cider?
B: Yes.
R: Well, a tomato juice, a cider and half a pint of bitter, please.
B: Which sort of bitter?
R: What's the choice?
B: Marston's or Thigston's.
R: Marston's please.
L: What about some lemonade for the kids?
R: And could we have two bottles of lemonade for the children please?
B: £ 5.40. (*Roger gibt ihr einen 10-£-Schein*) Six, seven, eight, nine, ten. Thank you.
R: Thank you very much.
B: Last orders!

now	jetzt
choice	Auswahl
bottles	Flaschen

Dialoge

▶ **what are you having?** – was möchten Sie (trinken)?

Is there any cider? – Haben Sie Apfelwein? Apfelwein ist nicht überall zu bekommen. Wenn es ihn gibt, kann man entweder **dry cider** oder **sweet cider** verlangen.

In einem Pub – dem englischen Bierlokal – werden Sie von einer Kellnerin (**barmaid**) oder einem Kellner (**barman**) an der Theke bedient. Das Personal bringt Ihnen die Getränke nicht an den Tisch. Sie müssen zur Theke gehen, Ihre Getränke bestellen und dann entweder dort trinken oder selbst zu Ihrem Tisch tragen.

tomato juice – Tomatensaft. Eine **tomato** ist eine Tomate; die Mehrzahl wird unregelmäßig gebildet: **three tomatoes.**

half a pint. In Pubs ist das Maß für Bier und Apfelwein entweder ein **pint** (= 0,568 Liter) oder ein halbes **pint;** wenn Sie ein großes Glas trinken wollen, verlangen Sie **a pint,** und wenn Sie nicht so viel vertragen können, lassen Sie sich **half a pint** oder **a half** geben.

Which sort of bitter? – Welches **bitter** möchten Sie? **Bitter** ist das beliebteste englische Bier (**beer**). Darum sollte man nicht nur sagen, dass man ein **bitter** haben möchte, sondern auch die Marke angeben. In vielen Pubs gibt es als besondere Biersorte „echtes Bier" (**real ale**). Es wird nicht über ein modernes Zapfsystem ausgeschenkt und enthält darum keine zusätzliche Kohlensäure. Diejenige englische Biersorte, die dem deutschen Bier ähnelt, heißt **lager.**

What about some lemonade for the kids? – Wie wär's mit etwas Limonade für die Kinder? **Kids** ist das umgangssprachliche Wort für **children.** Die Kinder sind nicht im **pub,** sondern zu Hause; Liz wird ihnen die Limonade mitbringen.

Last orders! – Letzte Bestellungen! Die Sperrstunde wird in Großbritannien sehr streng gehandhabt. Eine viertel Stunde vor Lokalschluss wird sie angezeigt, meist durch ein Glockenzeichen. Einige Minuten danach dürfen keine Getränke mehr verkauft werden. Im Abschnitt *Wissenswertes* auf Seite 53 erfahren Sie mehr über **pubs.**

4/3

Jemandem etwas zu trinken/essen anbieten

Would you like …	Möchten Sie …
a drink?	einen Drink?
tea or coffee?	Tee oder Kaffee?
a ham sandwich?	ein Schinkenbrot?
What would you like …	Was möchten Sie …
to drink?	zu trinken?
to start with?	am Anfang?

Sie sollten auch verstehen

Anything else?	Sonst noch etwas?
Can I help you?	Bitte schön? Was darf es sein?

Einen Wunsch angeben

a cheese sandwich, please	ein Käsebrot bitte
I'd like a beer	Ich möchte ein Bier
I'll have a sandwich	Ich nehme ein Sandwich

Etwas ablehnen

I won't have …	Ich möchte nicht …
a sandwich,	ein Sandwich,
a drink	einen Drink
thank you	danke
no milk	keine Milch
no sugar	kein Zucker
no thanks	nein danke

Nach dem Preis fragen

how much is it?	was kostet es?
are they?	kosten sie?

Geld und Preise

£ 1	a pound	ein Pfund
£ 2	two pounds	zwei Pfund
£ 1.10	one pound ten/one ten	ein Pfund zehn/eins zehn
80 p	eighty pence/eighty p	achtzig pence

Zahlen

30	thirty
40	forty
50	fifty
60	sixty
70	seventy
80	eighty
90	ninety
100	a hundred
31	thirty-one
32	thirty-two
33	thirty-three
34	thirty-four
35	thirty-five
36	thirty-six
37	thirty-seven
38	thirty-eight
39	thirty-nine

Übungen

1 (1/43)

Stellen Sie sich vor, Sie spielten Bingo. Auf der CD hören Sie, wie Zahlen ausgerufen werden. Wenn Sie eine Zahl hören, die auf einem der beiden Bingobretter steht, dann streichen Sie diese Zahl durch. Auf welchem Brett sind zuerst keine Zahlen mehr übrig?

BINGO!

a.

98	72	100
31	44	56

b.

66	80	99
22	15	83

2 (1/44)

Mr. und Mrs. Baker machen mit ihren beiden Kindern einen Ausflug. In einem *pub* auf dem Lande machen sie Rast. Hier gibt es einen schönen Garten, in dem sie zusammen mit den Kindern essen können. Die Bilder zeigen, was die Bakers bestellen. Auf der CD hören Sie, wie Mr. und Mrs. Baker an der Bar ihre Bestellung aufgeben. Schreiben Sie die einzelnen Preise bitte auf. Wie viel kostet alles zusammen?

3 (1/45)

Mark, Stephen und Anita wählen jeweils eines der folgenden Getränke:

tea with lemon	black coffee
tea with milk	white coffee with sugar
tea without milk	white coffee without sugar

Hören Sie Mark, Stephen und Anita auf der CD zu und vervollständigen Sie die folgenden Sätze:

Mark would like ________
Stephen would like ________
Anita would like ________

4 (1/46)

Auf der CD hören Sie, wie die abgebildeten Gerichte bestellt werden. Keiner der Gäste kann den genauen Betrag für seine Bestellung bezahlen. Achten Sie darum beim Hören darauf, ob die Gäste das richtige Wechselgeld zurückbekommen. Wenn der Betrag nicht stimmt, korrigieren Sie ihn bitte.

Bestellung

		Stimmt das Wechselgeld Ja	Nein
a)		☐	☐
b)		☐	☐
c)	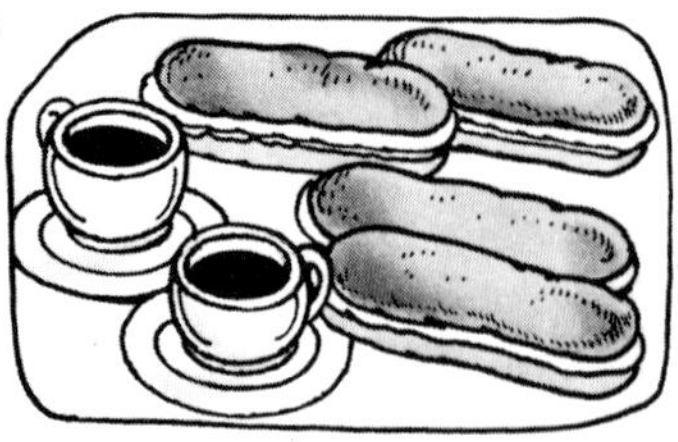	☐	☐

Some und any

In einigen Dialogen dieser *Unit* sind Ihnen die Wörter *some* und *any* begegnet, z. B. *What about some lemonade for the kids? Is there any cider?* Beide Wörter entsprechen im Deutschen der Vorstellung von *etwas* bzw. *einige*, die aber nicht immer benutzt werden müssen, z. B. *Ich möchte (etwas) Kaffee*. Im Englischen ist das anders. *Some* und *any* kommen sehr häufig vor. Manchmal spielt es keine Rolle, welches der beiden Wörter verwendet wird, in vielen Fällen aber doch. Prägen Sie sich darum die folgenden vier Regeln für ihren Gebrauch ein:

1. Wenn Sie eine positive Aussage machen, verwenden Sie *some*, z. B. *I have some coffee. I would like some beer. He has got some money*.

2. Wenn Sie eine Bitte aussprechen, verwenden Sie *some*, z. B. *Can I have some milk, please? Can I have some lemonade, please? Could we have some hamburgers, please?*

3. Wenn Sie eine negative Aussage machen, verwenden Sie *any*, z. B. *I have not any coffee. I do not want any beer. He has not got any brothers or sisters.*

4. Wenn Sie eine Frage stellen, verwenden Sie *any*, z. B. *Have you got any cheese sandwiches? Is there any cider?*

Übung 1

Wo heißt es *some* und wo *any?*

a. I would like . . . ham sandwiches.
b. The barman has not got . . . hamburgers.

Grammatik

c. Could we have ... sugar, please?
d. I have got ... ham, but I have not got ... cheese.
e. We would like ... tea, but we do not want ... wine at the moment.

Pronomen
My, your, his usw.

Betrachten Sie bitte die folgenden Sätze:
I am Marion – My name is Marion.
You live in Leeds – What's your address?
I, my, you, your usw. sind Pronomen (Fürwörter). Die folgende Aufstellung enthält alle persönlichen und besitzanzeigenden Fürwörter.

I – my	ich – mein
you – your	du/Sie – dein/Ihr
he – his	er – sein
she – her	sie – ihr
it – its	es – sein
we – our	wir – unser
you – your	ihr – euer
they – their	sie – ihr

Übung 2

Betrachten Sie bitte die Bilder (rechts) und vervollständigen Sie die Sätze mit *his, her, its, our* oder *their*.
a. This is my husband.
   ... name is Henry.
b. These are ... daughters.
   ... names are Mary and Margaret.
c. Mary and Margaret have got a dog.
   ... name is Tuffy.
d. This is my sister.
   ... name is Ann.

Lesen und Verstehen

Sie fliegen mit British Airways in der Economy Class von London nach San Francisco. Während des Fluges bestellen Sie die folgenden Getränke:
einen Sherry
eine Flasche Weißwein
einen süßen Wermut
einen Kognak
ein *lager* Bier
zwei Orangensaft
Schauen Sie sich die Preisliste an und errechnen Sie, wie viel Sie ausgegeben haben.

Duty Free on British Airways Flights

INTERNATIONAL

IN-FLIGHT
Bar Tariff

Wines	**1/4 bottle**
Red and White	£ 2.50
Champagne	£ 5.50
Spirits	**Miniatures**
American, Canadian, Irish Whiskeys, Scotch Whisky, Gin, Vodka, Cognac, Rum, Campari	£ 2.50
Liqueurs	
Cointreau, Drambuie	£ 2.50
Vermouth	
Dry or Sweet	£ 1.50
Sherry	£ 1.50
Beer/Lager (Bottle)	£ 1.50
All Soft Drinks	**Complimentary**

Britisches Geld

In den Erläuterungen zum Dialog 1 dieser *Unit* haben Sie etwas über das britische Geld erfahren. 1971 wurde vom alten, komplizierten System mit *pounds, shillings* und *pence* auf das Dezimalsystem mit *pounds* und *pence* umgestellt. Aus diesem Grunde tragen die Münzen die Inschrift *new* (neue) *pence.*

Wenn Sie Geld wechseln wollen

Den besten Wechselkurs, sowohl für Bargeld als auch für Reise- und Euroschecks, erhalten Sie bei einer der großen Banken (*Midland, Lloyds, National Westminster, Barclays*). Wie in anderen Ländern sind die Banken samstags, sonntags und feiertags geschlossen.

Sie können Geld und Schecks auch in großen Hotels, Wechselstuben und einigen Warenhäusern wechseln. Sie sollten sich dann aber vorher nach dem Wechselkurs und etwaigen Gebühren erkundigen. Die meisten Kreditkarten, die in der Bundesrepublik Deutschland, Österreich und der Schweiz gültig sind, können auch in Großbritannien verwendet werden.

Pubs

Sonntags haben die Pubs kürzere Öffnungszeiten und in einigen Gegenden von Wales sind sie den ganzen Tag über geschlossen.
Für die Briten ist der *pub* (Abkürzung für *public house*) vor allem ein Ort, an dem man sich entspannen, Bekannte treffen und Bekanntschaften machen kann. In einigen *pubs* kann man würfeln, Pfeile werfen (*darts*) oder Domino spielen, in anderen werden Jazz- oder Volksmusikabende angeboten. Alkoholische Getränke kann man nur dann kaufen, wenn man über achtzehn Jahre alt ist. Kinder unter 14 Jahren dürfen einen *pub* nicht betreten. Manche *pubs* haben aber einen Garten und hier können sich die Kinder bei schönem Wetter aufhalten – Sie erinnern sich sicherlich an die Bakers, die mit ihren Kindern im Garten eines *pub* gegessen haben.
Ein *pub* hat normalerweise zwei Räume: die *public bar* (öffentliche Schänke) und den *saloon* oder die *lounge bar*. In der *lounge bar* sind die Stühle meistens etwas bequemer und ein solcher Raum hat oft einen Teppichboden. Dafür muss man dann auch ein wenig mehr bezahlen. Die *public bar* wird oft von den *locals* (den Einheimischen) besucht, die in der Nähe des *pub* wohnen und sich regelmäßig, vielleicht sogar jeden Abend, dort einfinden.

Wenn Sie die Atmosphäre eines *pub* mögen, können Sie dort meist vorzüglich zu Mittag essen. Viele bieten *sandwiches* und kleine Gerichte an, z. B. Salate, kalte Fleischplatten, Suppen, *shepherd's pie* (ein Auflauf aus Hackfleisch und Kartoffelpüree) oder *ploughman's lunch* (eine Art „Bauernfrühstück", das normalerweise aus einem großen Stück Käse, Weißbrot mit Butter und Pickles besteht).
Das populärste Getränk im *pub* ist das Bier. Es wird in Flaschen verkauft, aber Sie können natürlich auch *draught beer* (Bier vom Fass) verlangen.

Jetzt haben Sie das Wort

1/47

Bei der ersten Übung auf der CD stellen Sie sich bitte vor, dass Sie einen Abend mit einem englischen Bekannten verbringen. Zuerst trinken Sie etwas in einem *pub*. Danach essen Sie in einem Restaurant und beenden Ihre Mahlzeit mit einer Tasse Tee oder einem Kaffee. Ihr Bekannter bietet Ihnen immer Verschiedenes an; Sie wählen jeweils die zweite der beiden Möglichkeiten, z. B.:

Ihr Bekannter	Would you like cider or beer?
Sie	I'd like beer, please.

Im ersten Dialog verwenden Sie bitte *I'd like … please.* Im zweiten Dialog sagen Sie *I'll have … please.* Schalten Sie jetzt Ihren CD-Player ein.

In der zweiten Übung sind Sie Kunde einer Imbissstube. Sie sollen einen *hamburger* verlangen, sich den Preis von Schinkensandwiches sagen lassen, eine Tasse Tee bestellen und sich dann danach erkundigen, wie viel Sie bezahlen müssen.

Vergessen Sie nicht sich alle Dialoge zum Schluss noch einmal ohne Unterbrechung anzuhören.

Wiederholung

1/48

Schlagen Sie jetzt bitte Seite 224 auf und bearbeiten Sie das Wiederholungsprogramm zu den *Units* 1 bis 3. Die CD-Übungen zu diesem Wiederholungsprogramm schließen sich unmittelbar an die Tonübungen von *Unit* 3 an. Auch nach dem Wiederholungsprogramm sollten Sie sich noch einmal alle Dialoge ohne Unterbrechung nacheinander anhören.

4 Have you got a room?

Bevor Sie anfangen

Bei Gesprächen geht es meist darum, Informationen irgendwelcher Art einzuholen und zu verstehen. Wenn man eine Fremdsprache lernt, muss man sich vor allem darauf konzentrieren, etwas *sinngemäß* zu verstehen. Viele Leute verzweifeln, wenn sie einer Äußerung nicht Wort für Wort folgen können, obwohl ihnen das, worauf es ankommt, eigentlich völlig klar ist. Versuchen Sie darum, immer nur das Wesentliche einer Äußerung zu erfassen.

Sie lernen in dieser Unit

- wie Sie bei der Suche nach einer Unterkunft um Hilfe bitten
- wie Sie im Hotel oder auf dem Campingplatz um Unterkunft nachsuchen
- wie Sie ein bestimmtes Hotelzimmer bestellen
- wie Sie Ihre Aufenthaltsdauer angeben
- wie Sie sich über die Einrichtung eines Hotels und die Ausstattung eines Campingplatzes informieren

Wegweiser

Dialoge: Hören Sie sich die Dialoge oder Dialoggruppen in der unten aufgeführten Reihenfolge bei geschlossenem Buch an. Nach jeder Dialoggruppe hören Sie dann jeden Dialog einzeln an, lesen Sie ihn und arbeiten Sie ihn durch.

Reihenfolge: 1–3; 4–7; 8–10

Lernen Sie *Wichtige Wörter und Ausdrücke* (S. 63).

Bearbeiten Sie die *Übungen* (S. 64).

Arbeiten Sie die *Grammatik* (S. 65) durch.

Bearbeiten Sie den Abschnitt *Lesen und Verstehen* (S. 66).

Lesen Sie den Abschnitt *Wissenswertes* (S. 67).

Jetzt haben Sie das Wort (S. 68).

Hören Sie sich alle Dialoge noch einmal ohne Buch an.

Dialoge

1 (1/49)

Im Hotel

(R = Receptionist, L = Mrs. Lindgren)

R: Good afternoon, madam.
L: Good afternoon. Er, have you got a room, a single room?
R: Yes. Would you like it with a bathroom or without a bathroom?
L: I'd like to have one with a shower.
R: All our rooms have showers, madam.
L: I see. Then, with.
R: That's twenty-eight pounds per night, including English breakfast and VAT.
L: All right. Fine.
R: Would you like to register, please?
L: Oh, all right.

receptionist	Empfangsdame, Empfangschef
then	dann
per night	pro Nacht
including	einschließlich

▶ **have you got a room?** – haben Sie ein Zimmer (frei)? **A single room** ist ein Einzelzimmer. Ein Zimmer mit einem Doppelbett heißt **a double room. A double room** könnte auch ein Zimmer mit zwei Betten sein, aber in einem solchen Fall spricht man normalerweise von **a twin room** (Zweibettzimmer).

Would you like it with a bathroom or without a bathroom? – Möchten Sie es mit oder ohne Bad? Mit **it** ist **the room** gemeint. **Bathroom** ist wörtlich zu verstehen, d. h. es ist ein Badezimmer mit einer Badewanne. Die meisten Briten ziehen das Bad einer Dusche (**shower**) vor. Wenn Sie, wie Mrs. Lindgren, darum ein Zimmer mit Dusche haben wollen, müssen Sie dies ausdrücklich sagen: **I'd like to have one with a shower** – ich möchte ein Zimmer mit Dusche. **One** steht hier anstelle von **a room**.

All our rooms have showers – alle unsere/sämtliche Zimmer haben eine Dusche. Beachten Sie: Im Englischen steht der Plural (**showers**).

▶ **I see** – ich sehe. In diesem Zusammenhang bedeutet es „Ich verstehe".

English breakfast – englisches Frühstück. Dies ist eine warme Mahlzeit, normalerweise mit Eiern und Speck oder Würstchen, mit Tee oder Kaffee, Toast und Cornflakes.

VAT – Mehrwertsteuer. Die Buchstaben sind die Abkürzung für **Value Added Tax**. Diese Steuer ist immer im Zimmerpreis enthalten.

▶ **all right, fine** –in Ordnung, klar. Mit dieser oft gebrauchten Wendung wird Zustimmung zum Ausdruck gebracht.

Would you like to register, please? – Würden Sie sich bitte eintragen?

Dialoge

2 (1/50)

Wo ist das Zimmer?

Hotel Receptionist: Your room number is 302, madam. It's on the third floor. The lift's just through the glass doors, there.

there	dort

Your room number ist 302 – Ihre Zimmernummer ist 302. Der Herr am Empfang sagt **three-oh-two**. Er könnte auch **three hundred and two** sagen.

on the third floor – im dritten Stock. In England werden die Stockwerke wie bei uns benannt; es beginnt mit dem **ground floor** (Erdgeschoss). Danach folgt der **first floor** (der erste Stock). In Amerika wird das Erdgeschoss als **first floor** bezeichnet; der erste Stock ist dann der **second floor** usw.

The lift's just through the glass doors – Der Aufzug ist gleich hinter den Glastüren. Das amerikanische Wort für **lift** ist **elevator**. **Just** heißt hier „gleich". In den meisten Fällen bedeutet es „nur" (**only**), z. B. im Dialog 4.

Dialoge

3 (1/51)

Ankunft auf dem Campingplatz

(A = Anne, C = Mr. Campbell)

A: Good evening.
C: Good evening to you.
A: Er, I'd like to camp here for a few nights with two children. I've got a tent.
C: Yes, certainly. How long do you want to stay?
A: Oh, three or four nights.
C: Ah yes.
A: How much does it cost per night?
C: It's, er, four fifty per night.
A: That'll be fine.

camp	zelten
tent	Zelt
certainly	selbstverständlich

Good evening to you: to you – (Ihnen, „für Sie") ist nicht unbedingt notwendig, wird aber vor allem in Schottland manchmal verwendet.

for a few nights – für ein paar Nächte. Beachten Sie den Ausdruck **a few** (ein paar); Sie können ihn oft gebrauchen: **a few sandwiches, a few hotels**.

How long do you want to stay? – Wie lange wollen Sie bleiben? **Do you want...?** (wollen Sie...?) bedeutet das gleiche wie **would you like...?** Mr. Campbell könnte also auch fragen **How long would you like to stay?**

▶ **How much does it cost?** – Wie viel kostet es? Diesen Ausdruck können Sie anstelle von **how much is it?** benutzen.

four fifty – vier fünfzig, d. h. vier Pfund fünfzig pro Nacht (siehe Dialog 1 auf Seite 42).

that'll be fine – das wird in Ordnung gehen (sein). **That'll be** ist die Abkürzung für **that will be** (das wird sein). Siehe auch *Grammatik*, Seite 175.

4 (1/52)

Noch einmal im Hotel

(L = Mrs Lindgren, R = Receptionist)

L: Er, I came by car. Can I park it anywhere? Have you got a car park?
R: There's an NCP car park just down the road, second road on the left. It's just about one hundred yards, just down the road.
L: Oh, I see. Nothing within, within the hotel?
R: No, we don't have a car park here.
L: All right.

car park	Parkplatz
anywhere	irgendwo
second	zweite(r, s)
on the left	links
nothing	nichts
within	innerhalb

Dialoge

I came by car – Ich bin mit dem Auto gekommen. Beachten Sie den Ausdruck **by car**. Ebenso sagt man **by train** (mit dem Zug), **by bus** (mit dem Bus), **by taxi** (mit dem Taxi), **by plane** (mit dem Flugzeug). „Zu Fuß" heißt jedoch **on foot**.

▶ **there's** – es gibt. **There's** ist die Abkürzung für **there is**. Diese Wendung wird im Abschnitt *Grammatik*, Seite 65, näher erläutert.

an NCP car park – ein NCP-Parkplatz. **NCP** ist die Abkürzung für **National Car Parks**, eine große Firma, die viele Parkplätze in Großbritannien unterhält.

It's just about one hundred yards – Es ist nur ungefähr einhundert Meter weit. In Großbritannien werden Längen noch manchmal in **inches, feet, yards** und **miles** angegeben. Ein **yard** beträgt ca. einen Meter. Das metrische System hat sich inzwischen durchgesetzt. Siehe dazu den Abschnitt *Wissenswertes* in *Unit* 6, Seite 95.

just down the road – nur die Straße 'runter. **Just** heißt hier „nur". Vergleichen Sie dazu etwas früher im Dialog **it's just about one hundred yards**.

we don't have a car park: don't ist die Kurzform für **do not** – **we don't have a car, I don't have a room with a bath**.

5 (1/53)

Weitere Fragen im Hotel

(L = Mrs Lindgren, R = Receptionist)

L: Is there a restaurant here?
R: Yes, we have a restaurant, madam. It's open for breakfast, lunch and dinner. If you just want snacks, we have the lounge here for coffee and biscuits and sandwiches or we have a bar on the right there.
L: Lovely.

restaurant	Restaurant
open	geöffnet
lunch	Mittagessen
dinner	Abendessen
if	wenn
snacks	Imbiss
lounge	Gesellschaftsraum
bar	Bar
on the right	rechts
lovely	schön

▶ **Is there a restaurant here?** – Gibt es hier ein Restaurant? **Is there . . .?** ist die Frageform von **there is . . .**, das Sie aus Dialog 4 kennen. Ähnliche Fragen sind **Is there a car park here? Is there a hotel here?**

biscuits – Kekse. Das amerikanische Wort für **biscuits** ist **cookies.**

if you just want snacks – wenn Sie nur einen Imbiss wollen.

6 (1/54)

Anne erkundigt sich über den Campingplatz

(A = Ann, C = Mr Campbell)

A: What facilities do you have on the campsite?
C: We have hot and cold water, flush toilets, showers.
A: Can I do any laundry in the showers?
C: Er, no. We don't allow laundry in the showers.

hot	heiß
cold	kalt
water	Wasser
flush toilets	Toiletten mit Wasserspülung

What facilities do you have? – Wie sind Sie hier ausgestattet? **Facilities** ist ein Sammelbegriff für Einrichtungen und Dienstleistungen, die z. B. in einem Hotel oder auf einem Campingplatz angeboten werden. In der Einzahl lautet das Wort **facility**; die Mehrzahl wird genau so gebildet wie bei **twenty – twenties** (vgl. *Unit* 3, Seite 43). **Facilities** wird jedoch meistens in der Mehrzahl verwendet.

on the campsite – auf dem Campingplatz. Man kann auch **in the campsite** sagen.

Can I do any laundry . . .? – Kann ich Wäsche waschen . . .? Eine **laundry** kann auch eine Wäscherei sein. Beachten Sie, daß **any** hier in einer Frage

Dialoge

verwendet wird. Vergleichen Sie dazu Regel 4 in der *Grammatik* auf Seite 50.

we don't allow laundry – wir erlauben kein Wäschewaschen.

7 (1/55)

Weitere Fragen auf dem Campingplatz

(A = Ann, C = Mr Campbell)

A: Is there a shop nearby where I can buy eggs and milk and things like that?
C: Well, we sell milk, eggs, rolls, potato crisps and soft drinks at the farmhouse here.
A: Mm, that's fine.

shop	Laden
nearby	in der Nähe
eggs	Eier
sell	verkaufen
rolls	Brötchen
soft drinks	alkoholfreie Getränke

Is there a shop nearby where I can buy eggs? – Gibt es einen Laden in der Nähe, wo ich Eier kaufen kann?

things like that – solche Sachen

potato crisps – Kartoffelchips. **A potato** ist eine Kartoffel; wie bei **tomatoes** wird die Mehrzahl unregelmäßig gebildet: **potatoes**.

at the farmhouse – im Bauernhaus.

Dialoge

8 (1/56)

Eine Zimmerbestellung im Verkehrsamt

(M = Marion, C = Clerk)

M: Er, good morning.
C: Good morning.
M: Er, I'd like to find a hotel in the centre of London, please.
C: The centre of London. Fine.

clerk	Angestellte(r)

I'd like to find a hotel in the centre of London – Ich möchte ein Hotel in der Londoner Innenstadt (im Zentrum Londons) finden.

9 (1/57)

Ein einfaches Zimmer

(C = Clerk, M = Marion)

C: I can offer you hotel accommodation in Earl's Court, nice cheap accommodation, basic room, for about £ 15 a night, with breakfast included, continental.
M: And is that with shower or without shower?
C: No, that's a basic room, meaning there's no private facilities in the room. It's outside in the corridor.
M: And how much is it with shower?
C: £ 25.
M: Mm. Yes, all right. So, with shower, please.

nice	schön, nett
cheap	billig
basic	*hier:* einfach, ohne Luxus

I can offer you hotel accommodation – Ich kann Ihnen eine Hotelunterkunft anbieten.
in Earl's Court – Earl's Court ist ein Stadtteil Londons, nicht weit von der Stadtmitte gelegen. Es lohnt sich etwas außerhalb des Stadtkerns zu wohnen, es sei denn, Sie wären bereit sehr viel Geld zu bezahlen.

for about £ 15 a night – für ungefähr fünfzehn Pfund pro Nacht. **A night** ist das gleiche wie **per night** (vgl. Dialog 1, Seite 56).

with breakfast included, continental – einschließlich Frühstück, kontinental. Ein **continental breakfast** besteht aus Kaffee oder Tee, Toast oder Brötchen sowie Butter und Konfitüre.

that's a basic room – das ist ein einfaches Zimmer. **That's** ist die abgekürzte Form für **that is.**

meaning there's no private facilities in the room – d. h. es gibt keine sanitären Einrichtungen im Zimmer. **Facilities** ist hier der Sammelbegriff für Bad und Toilette. Da **facilities** in der Mehrzahl steht, müsste die Angestellte eigentlich sagen **there are** anstelle von **there's** (der gesprochenen Form von **there is**).

Sie werden jedoch in solchen Fällen sehr häufig **there's** hören.

it's outside in the corridor – sie (d. h. die sanitären Einrichtungen) sind draußen auf dem Flur. **It's** steht für **it is**, und darum macht die Angestellte hier schon wieder einen grammatischen Fehler. Sie denkt wahrscheinlich entweder an die Toilette oder nur an die Dusche, nicht an beide zusammen, und verwendet deshalb die Einzahl.

10 (1/58)

Jetzt geht es um die Einzelheiten

(C = Clerk, M = Marion)

C: OK, fine. Can I take your name, please?
M: Yes, it's Geddes. G-E-D-D-E-S.
C: Fine. And it's for how many nights?
M: Er, for two nights.
C: For two nights. OK, fine. One moment and I'll see if they have any vacancies. (*Sie ruft das Hotel an*)

one moment	einen Augenblick

OK kann man auch **okay** buchstabieren. **OK** ist die umgangssprachliche Form für **all right** oder **right**.

can I take your name please? – kann ich bitte Ihren Namen notieren? **Take** heißt wörtlich „nehmen"; hier bedeutet es, dass die Angestellte den Namen „aufnehmen" (aufschreiben) will. Wenn es um die Anschrift geht, könnte man sagen **can I take your address, please**?

It's for how many nights? – Das ist für wie viele Nächte? Dass es sich um eine Frage handelt, wird hier nicht durch die Wortfolge angezeigt, sondern durch das Anheben der Stimme am Satzende und durch das Fragewort **how many**? Die Angestellte könnte übrigens auch sagen: **For how many nights is it?** oder **How many nights is it for?**

I'll see if they have any vacancies – Ich will sehen (fragen), ob sie etwas frei haben. Die Einzahl von **vacancies** ist **a vacancy**.

Wichtige Wörter und Ausdrücke

4/4

Diese *Unit* enthält ziemlich viele neue Wörter und Ausdrücke, die wichtig sind. Wenn Sie nicht alle auf einmal behalten, so ist das nicht weiter schlimm; viele werden in späteren *Units* noch einmal vorkommen.

Unterkunft finden

I'd like to find	Ich suche
a hotel	ein Hotel
accommodation in the centre of London	Unterkunft im Zentrum Londons
nice, cheap accommodation	nette, billige Unterkunft
a campsite	einen Campingplatz
Have you got a single room, please?	Haben Sie ein Einzelzimmer, bitte?
I'd like	Ich möchte
a double room	ein Doppelzimmer
a twin room	ein Zweibettzimmer
I'd like to camp here	Ich möchte hier zelten
I'd like to stay	Ich möchte bleiben
for a few nights	einige Nächte
for three or four nights	drei oder vier Nächte
I'd like a room	Ich möchte ein Zimmer
with a bathroom	mit Bad
with a shower	mit Dusche
How much is the room a night?	Wie viel ist das Zimmer pro Nacht?

Sie sollten verstehen

How long do you want to stay?	Wie lange wollen Sie bleiben?
(It's) for how many nights?	(Es ist) für wie viele Nächte?
we've got vacancies	wir haben etwas frei
we haven't got any vacancies	wir haben nichts frei
Would you like to register, please?	Würden Sie sich bitte eintragen?
your room number is	Ihre Zimmernummer ist

Wie man sich über ein Hotel/einen Campingplatz erkundigt

What facilities have you got?	Welche Einrichtungen haben Sie?
Is there a car park?	Gibt es einen Parkplatz?
have you got . . .	haben Sie . . .
a restaurant?	ein Restaurant?
a bar?	eine Bar?
a lift?	einen Aufzug?
a shop?	einen Laden?
hot and cold water?	heißes und kaltes Wasser?
a toilet?	eine Toilette?
a laundry?	eine Wäscherei?
can I	kann ich
do laundry here?	hier Wäsche waschen?
park my car?	mein Auto parken?
buy eggs?	Eier kaufen?

1 (1/59)

Herr Meyer ist mit seiner Frau in London. In einem Hotel versucht er, ein Zimmer zu bekommen. Lesen Sie zunächst die Sätze unter a bis e. Dann hören Sie sich das Gespräch zwischen Herrn Meyer und der Dame vom Hotelempfang an und kreuzen dabei die entsprechenden Kästchen an.

a. Mr Meyer would like a
   - ☐ single room
   - ☐ double room

b. He would like a room
   - ☐ with a bathroom
   - ☐ without a bathroom

c. The room is
   - ☐ £14 per night
   - ☐ £40 per night

d. That includes
   - ☐ English breakfast
   - ☐ continental breakfast

e. His room number is
   - ☐ 204
   - ☐ 304

2 (1/60)

Herr und Frau Parker haben sich gerade in einem Hotel angemeldet. Jetzt möchten sie etwas über die Einrichtungen und Dienstleistungen des Hotels erfahren. Hören Sie dem Gespräch mit der Empfangsdame zu. Sind die folgenden Sätze *true* (wahr) oder *false* (falsch)?

	t	f
a. There's a car park in the hotel.	☐	☐
b. The hotel hasn't got a restaurant.	☐	☐
c. There's a bar in the hotel.	☐	☐
d. There isn't a lift in the hotel.	☐	☐
e. There's a porter in the hotel.	☐	☐

3 (1/61)

Fräulein Hamilton ist gerade auf dem Flughafen in Heathrow angekommen und befindet sich jetzt in der Zimmervermittlungszentrale am Flughafen, wo sie für ein paar Nächte ein Hotelzimmer in London buchen möchte. Sie möchte pro Nacht nicht mehr als £ 32 für ein Zimmer mit Bad oder Dusche einschließlich *continental breakfast* ausgeben. Der Mann in der Zentrale kennt drei Hotels (zwei in Earl's Court und eines in Piccadilly), in denen er für Miss Hamilton ein Zimmer besorgen könnte. Hören Sie sich das Gespräch an und tragen Sie dabei die folgenden Angaben in die Tabelle ein:

- den Preis eines Zimmers mit Bad
- den Preis eines Zimmers ohne Bad
- die Lage des Hotels

Welches Hotel wird Fräulein Hamilton Ihrer Meinung nach wählen?

Name	**£ per night**	
	+ bathroom	**– bathroom**
Regent		
Victoria		
Palace		

Grammatik

Can, Cannot

Sie werden vielleicht schon bemerkt haben, dass *can* manchmal mit „dürfen" und manchmal mit „können" übersetzt werden muss: *Can I do any laundry? Can I park here?* und *I can only speak a little English; I can offer you accommodation in Earl's Court.*
Das Englische macht hier keinen Unterschied: ob Sie um Erlaubnis bitten oder sagen, dass Sie etwas tun können, immer wird *can* verwendet. Ähnliches gilt für alle Äußerungen, in denen man Ihnen mitteilt, dass Sie etwas nicht dürfen bzw. nicht können: *you can't park your car here; you can't buy eggs in the shop. Can't* ist die Kurzform von *cannot* (das in einem Wort geschrieben wird).

There is (es gibt) there are (es gibt).

There is wird mit Substantiven in der Einzahl verwendet: *There is a car park nearby.*
There are wird mit Substantiven in der Mehrzahl verwendet: *There are two bars in the hotel.*
Für die Frageform wird die Wortfolge umgestellt:

Is there a restaurant in the hotel? Are there showers in all the rooms?
Bei den Antworten kann man entweder die Kurzform wählen:

Yes, there is; Yes, there are oder
No, there isn't; No, there aren't.
oder längere Sätze bilden:

Yes, there's *No, there isn't*	*a restaurant in the hotel.*
Yes, there are *No, there aren't*	*showers in all the rooms.*

I'd like + Infinitiv des Verbs

In *Unit* 3 waren mehrere Sätze mit *I'd like/Would you like* + Substantiv angeführt: *I'd like a beer; Would you like coffee or tea?* In dieser *Unit* sind Sie Beispielen mit *I'd like/Would you like* + Infinitiv des Verbs begegnet:
I'd like to find hotel accomodation.
I'd like to have a room with a shower.
I'd like to camp here.
Would you like to register, please?

Übung

Während seines Urlaubs in Schottland übernachtet Colin ein paarmal in der Jugendherberge *(youth hostel)*. Vervollständigen Sie bitte die Postkarte an seinen Freund Jonathan mit *there is* und *there are.*

26/8
Dear Jonathan,
How are you? I'm fine. I'm on a camping holiday in Scotland, but tonight I'm at a youth hostel. HOT water in the hostel and laundry facilities. also a shop. And two pubs just a hundred yards down the road.
Best wishes,
Colin

 Lesen und Verstehen

Stellen Sie sich vor, Sie befänden sich mit Ihrer Familie in einem Wohnmobil (*a motor caravan*) auf einer Ferienreise in England. Sie suchen einen Campingplatz in oder in der Nähe von London, möglichst klein, aber mit einem gewissen Komfort: einem Geschäft zum Einkaufen, der Möglichkeit zum Wäschewaschen und mit Sport- und Freizeitanlagen zum Schwimmen (*swimming*), Reiten (*horse-riding*), Tennisspielen (*tennis*), vielleicht auch mit einem Kinderspielplatz (*children's play area*). Unterstreichen Sie diese Wünsche in der Legende (*key*) des folgenden Campingführers und dann entscheiden Sie sich für einen der beschriebenen Campingplätze

London Camping and Caravan sites

Prices are for 1982 and include VAT at 15 %

KEY

- 2 People + tent
- Tent and car
- Caravan and car
- Motor caravan
- Bar/Off Licence
- Cafe/Restaurant
- Children's play area
- Dogs accepted
- Electric points for shavers
- Electricity supply to caravans
- Facilities for disabled
- Food Shop
- Gas Cylinders available
- Horse Riding
- Laundry facilities
- Parking
- Showers
- Swimming
- TV Room
- Tennis

London – North of River Thames

EDMONTON
Picketts Lock Sports and Leisure Centre, Picketts Lock Lane, Edmonton, London N9.
Telephone: 01-803 4756

£ 12.75
£ 13.30
£ 13.30
£ 15.30
200

CHINGFORD
Lee Valley Leisure, Sewardstone Road, Chingford, London E4
Telephone: 01-529 2600

£ 12.50
£ 12.50
50

£ 12.50
£ 13.50
242

London – South of River Thames

ABBEY WOOD
Cooperative Woods Camping and Caravan Site, Federation Road, Abbey Wood, London SE2.
Telephone: 01-310 2233

£ 12.50
£ 12.50
200

£ 13.50
£ 15.40
200

Wo man wohnen kann

Für den Besucher stehen in Großbritannien sehr viele Übernachtungsmöglichkeiten zur Verfügung. Die Auswahl reicht von luxuriösen Hotels bis hin zu kleinen, aber bequemen Pensionen, von modernen Motels bis zu mittelalterlichen Gasthöfen, von Adelssitzen und Schlössern, die zu Hotels umgebaut worden sind, bis hin zu Bauernhöfen und einfachen Frühstückspensionen. Außerdem werden Ferienhäuser und Ferienwohnungen für Selbstversorger angeboten. Wer einen internationalen Jugendherbergsausweis besitzt, kann in den Jugendherbergen übernachten, die im ganzen Land zu finden sind.

Frühstückspensionen

Mit *bed and breakfast* (Abkürzung *B & B*) bietet sich eine gute Möglichkeit die Einwohner Großbritanniens kennen zu lernen und gleichzeitig preisgünstig zu wohnen. Sie können die Schilder mit der Aufschrift *bed & breakfast* in den Gärten oder Fenstern von Privathäusern sehen. Klopfen Sie einfach an – wenn etwas frei ist, bekommen Sie ein Schlafzimmer, dürfen das Bad mit benutzen und erhalten am nächsten Morgen ein großes englisches Frühstück, das vom Pensionsinhaber persönlich zubereitet wird.

Zimmerbestellung

Während der Haupturlaubszeit (Juli und August) ist es ratsam, die Unterkunft bereits vor der Abreise zu reservieren. Im Abschnitt *Wissenswertes* von *Unit* 8, Seite 121, werden dazu einige Hinweise gegeben. Sollten Sie nicht im voraus reserviert haben, können Sie bei Ihrer Ankunft die Dienste einer Vermittlungsagentur in Anspruch nehmen. In Flughäfen und auf größeren Bahnhöfen finden Sie Hotelreservierungszentralen. Das Londoner Fremdenverkehrsamt vermittelt Ihnen über seine *Tourist Information Centres* (TIC) im Victoria Bahnhof und an der U-Bahnstation im Flughafen Heathrow noch am Tag Ihrer Ankunft ein Hotel- oder Pensionszimmer in London. Diese Zentren geben auch über Unterkunftsmöglichkeiten in anderen Landesteilen Auskunft und können oft Reservierungen für Sie vornehmen.

Preise

Das Frühstück ist normalerweise im Übernachtungspreis enthalten. Bei einem längeren Aufenthalt gewähren viele Hotels oft Sonderpreise für *full-board* (Vollpension) und *half-board* (Halbpension). Die Preise stehen denen in anderen Ländern leider nicht nach. Am preiswertesten sind, wie vorhin erwähnt, die Pensionen mit *bed and breakfast*; hier kann man schon für fünfzehn Pfund eine gute Unterkunft finden.

Wohnwagen und Camping

Die British Tourist Authority (siehe *Nützliche Adressen* auf Seite 239) gibt einen informativen Führer heraus – *Britain: Camping and Caravan Sites*. In ihm sind Hunderte offiziell anerkannter Campingplätze mit Angaben über Preise, Lage usw. angezeigt; außerdem werden Organisationen benannt, die Campingausrüstung verleihen. Man braucht übrigens keinen internationalen Campingschein, wenn man auf einem Campingplatz in Großbritannien übernachten will.

1 (1/62)

Die erste Übung ist eine Art Gedächtnisspiel. Stellen Sie sich vor, Sie beschrieben einer Freundin den Campingplatz, den Sie gern finden möchten. Ihr erster Satz lautet: *I'd like to find a campsite with showers.*
Ihre Freundin schlägt weitere Einrichtungen und Möglichkeiten vor, die Sie Ihrem ersten Satz hinzufügen sollen. Auf diese Weise ergibt sich eine immer länger werdende Wunschliste:

Sie:	I'd like to find a campsite with showers.
Ihre Freundin:	And what about flush toilets? *(Pausentaste drücken)*
Sie (laut):	Yes, I'd like to find a campsite with showers and flush toilets.

Wenn Sie jetzt wieder die Starttaste drücken, hören Sie den Satz, den Sie sagen sollten.

2 (1/63)

Bei der zweiten Übung müssen Sie sich vorstellen, dass Sie am Hotelempfang nach einem Zimmer fragen. Sie wollen ein Doppelzimmer ohne Bad für vier Nächte. Außerdem wollen Sie wissen, ob das Hotel eine Bar hat.

3 (1/64)

In der letzten Übung stellt Ihnen die Empfangsdame im Hotel drei Fragen, die Sie so beantworten können, wie Sie es gern möchten. Zu dieser Übung gibt es natürlich keine „richtigen" Antworten auf der CD. Die Fragen sind:

Would you like a single room or a double room? *(Pausentaste drücken und antworten)*

Would you like it with shower or without? *(Pausentaste drücken und antworten)*

Would you like English breakfast or continental breakfast? *(Pausentaste drücken und antworten)*

Jetzt gehen Sie bitte zum Anfang der *Unit* zurück und hören sich noch einmal alle Dialoge an. Stoppen Sie die CD, wenn Sie auf Wörter stoßen, die Sie nicht mehr wissen. Diese Wörter sollten Sie nachschlagen. Überprüfen Sie, ob Sie alle wichtigen Wörter und Ausdrücke beherrschen, und ob Sie *can, there is/there are* und *I'd like* richtig anwenden, ehe Sie zur nächsten *Unit* übergehen.

5 Can I help you?

Bevor Sie anfangen

Wenn Sie Ihren Urlaub in England verbringen, wollen Sie sicherlich auch einmal nach Hause schreiben, wie es Ihnen geht, und darum müssen Sie wissen, wie man Postkarten und Briefmarken kauft. Möglicherweise müssen Sie sich auch etwas in der Apotheke besorgen. In beiden Fällen müssen Sie mit Geld umgehen. Dabei kann man leicht in Verwirrung geraten und nicht richtig verstehen, wie viel man bezahlen muss. In solchen Situationen kann es helfen, den Betrag zu wiederholen, den man verstanden hat. Achten Sie in dieser *Unit* besonders auf die Geldbeträge, die in den Dialogen genannt werden.

Sie lernen in dieser Unit:

- wie man auf dem Postamt Briefmarken und Luftpostbriefe kauft
- wie man einkauft
- wie man einfache Entschuldigungen versteht
- wie man Farben benennt

Wegweiser

Dialoge: Hören Sie sich die Dialoge oder Dialoggruppen in der unten aufgeführten Reihenfolge bei geschlossenem Buch an. Nach jeder Dialoggruppe hören Sie dann jeden Dialog einzeln an, lesen Sie ihn und arbeiten Sie ihn durch.

Reihenfolge: 1–2; 3–5; 6

Lernen Sie *Wichtige Wörter und Ausdrücke* (S. 75).

Bearbeiten Sie die *Übungen* (S. 76).

Arbeiten Sie die *Grammatik* (S. 78) durch.

Bearbeiten Sie den Abschnitt *Lesen und Verstehen* (S. 79).

Lesen Sie den Abschnitt *Wissenswertes* (S. 80).

Jetzt haben Sie das Wort (S. 82).

Hören Sie sich alle Dialoge noch einmal ohne Buch an.

1 (1/65)

Auf dem Postamt

(M = Marion, C = Clerk)

M: Could I have two twenty-five p stamps an three thirty p?
C: Two twenty-five and three thirty pence.
M: Yes, please.
C: Thank you. That's £ 1.40 altogether.
M: Oh, and two airletters, please.
C: Yes. That's er, eighty pence. Two pounds twenty, please.
M: Here you are.
C: Thank you.
M: Thank you very much.

Could I have two twenty-five p stamps and three thirty p? – Könnte ich zwei Briefmarken zu fünfundzwanzig **pence** und drei zu dreißig **pence** haben? Achten Sie darauf, dass zunächst der Wert angegeben und erst dann das Wort **stamp** gesagt wird (was auch im Deutschen möglich ist: „Drei achtziger Marken, bitte"). Wenn es klar ist, dass man von Briefmarken redet, braucht man nur den Wert anzugeben: **Could I have three nineteens? I'd like ten twenty-nines.** Das **s** wird jeweils für die Mehrzahl angehängt. Der Angestellte auf dem Postamt spricht das **s** allerdings nicht immer; wahrscheinlich hat er Schwierigkeiten mit der Aussprache.

That's £ 1.40 altogether – das (macht) zusammen £ 1,40.

two airletters, please – zwei Luftpostbriefe, bitte. Bei einem **airletter** ist die Briefmarke bereits eingedruckt, so dass Sie sie nicht extra zu kaufen brauchen.

here you are – bitte schön! Der Ausdruck wird verwendet, wenn man jemandem etwas gibt.

Dialoge

2 (1/66)

Anne auf dem Postamt

(A = Anne, M = Man)

A: Good morning.
M: Good morning. Can I help you?
A: Yes, please. I'd like to buy six stamps for postcards to Sweden.
M: Six at thirty ... One pound and eighty pence, please.
A: And I'd like, er, I'd like an airletter.
M: Yes. Would you like a Scots pictorial one or just an ordinary one?
A: I'll have a Scots pictorial one.
M: Thank you.
A: Could I have an ordinary one as well, please.
M: Yes, certainly. Here we are.
A: Thank you.
M: Thank you.
A: How much is that altogether?
M: Two ninety, please.
A: Right. One pound, two pounds, three pounds.
M: Thank you very much. And your change.
A: Thank you.
M: Thank you.

as well	auch; dazu
change	Wechselgeld

Der Postangestellte spricht mit einem leichten schottischen Akzent.

I'd like to buy six stamps for postcards to Sweden – Ich möchte gern sechs Briefmarken für Postkarten nach Schweden kaufen. Anne könnte auch sagen **I'd like stamps for postcards to Sweden. To buy** (kaufen) kann – wie im Deutschen – entfallen.

six at thirty – sechs zu dreißig. Dies ist die gebräuchliche Abkürzung für **six stamps at thirty pence**. Eine Postkarte ins Ausland muss mit wenigstens fünfundzwanzig **pence** freigemacht werden. Da die Gebühren jedoch ständig steigen, sollten Sie sich nach den gültigen Tarifen erkundigen, wenn Sie Großbritannien besuchen.

a Scots pictorial one or an ordinary one? – einen mit einem schottischen Bild oder einen normalen? **One** wird verwendet, um das Wort **airletter** nicht wiederholen zu müssen. Siehe dazu den Abschnitt *Grammatik* auf Seite 78. Der Luftpostbrief, den Anne kauft, ist mit Bildern aus Schottland geschmückt und kostet darum etwas mehr als ein normaler **airletter.**

Das Adjektiv **Scots** ist von **Scotland** abgeleitet. Daneben treten auch **Scottish** und **Scotch** auf, obwohl **Scotch** normalerweise nur im Zusammenhang mit **Scotch whisky** verwendet wird! Denken Sie daran, dass Wörter, die von Ländernamen abgeleitet sind, immer mit einem großen Anfangsbuchstaben geschrieben werden – **German, American, English.**

here we are – bitte schön (wörtlich: hier sind wir). Der Ausdruck wird häufig in der Umgangssprache verwendet, wenn man jemandem etwas gibt.

▶ **How much is that altogether?** – Wie viel macht das zusammen?

right – in Ordnung. **Right** ist die Abkürzung für den Ausdruck **all right.**

3 (1/67)

Im Schreibwarengeschäft

(M = Marion, A = Assistant)

M: Er, I'd like some notepaper, please.
A: Which kind would you like?
M: Er, airmail.
A: What size would you like? Small or large?
M: Um, large, please.
A: We have it in white, pink, or green, or blue.
M: Um, just white, please. A large white then.
A: Would you like envelopes to go with it?
M: No thank you. Just the paper.
A: That's just ninety-nine pence, please.
M: Thank you.

airmail	Luftpost
small	klein
large	groß
pink	rosa
green	grün
blue	blau

I'd like some notepaper, please – Ich möchte etwas Schreibpapier, bitte. **Notepaper** ist ein Wort mit einer sehr allgemeinen Bedeutung; es kann sich dabei um Briefpapier, um Luftpostpapier (wie in unserem Beispiel) oder um einfaches Notizpapier handeln.

▶ **Which kind would you like?** – Welche Art (Sorte) möchten Sie?

▶ **What size would you like?** – Welche Größe möchten Sie? **What?** und **which?** entsprechen beide dem deutschen „welche". Im Englischen besteht zwar ein geringfügiger Unterschied zwischen beiden Wörtern, der aber in der Umgangssprache normalerweise keine Rolle spielt.

would you like envelopes to go with it? – möchten Sie Umschläge dazu haben?

4 (1/68)

Marion will eine Straßenkarte kaufen

(M = Marion, A = Assistant)

M: And, um, I'd like a road atlas of Great Britain.
A: I'll have a look. No, I'm afraid we haven't. We only have *Thirty Miles Around London.*
M: No, I wanted one of the whole of Britain.
A: No, I haven't got one of the whole of Britain at the moment.

a road atlas	ein Straßenatlas

I'll have a look – ich sehe mal nach.

I'm afraid we haven't – wir haben leider keine (wörtlich: Ich fürchte, wir haben keine). **I'm afraid** wird oft benutzt, um Bedauern auszudrücken – **I'm afraid we haven't got any milk; I'm afraid the room is without a bath.**

Thirty Miles Around London – dies ist der Titel einer Straßenkarte – Dreißig Meilen rund um London. In Großbritannien werden Entfernungen auch in Meilen angegeben. **1 meile** = 1,609 km.

I wanted one of the whole of Britain – Ich wollte eine von ganz Großbritannien. Sie können entweder **Britain** oder **Great Britain** sagen.

at the moment – im Augenblick; zur Zeit

5 (1/69)

Marion möchte auch Ansichtskarten kaufen

(M = Marion, A = Assistant)

M: Um, have you got any postcards of London?
A: Oh, I'm sorry, we haven't any postcards of London. We have plain postcards.
M: No, I want picture postcards.
A: No, we haven't any.
M: OK, thank you. So, just the notepaper, please. (*Die Verkäuferin wickelt das Papier ein, und Marion bezahlt.*)
A: Ninety-nine. Thank you. One penny change.
M: Thank you.

plain	einfach

I'm sorry we haven't any – es tut mir Leid, wir haben keine. **I'm sorry** wird ebenso wie **I'm afraid** verwendet, um Bedauern auszudrücken – **I'm sorry we haven't any eggs; I'm sorry there isn't any cider.**

I want... – Ich möchte... Marion trägt hier einfach einen Wunsch vor. Im vorangegangenen Dialog hätte sie darum auch sagen können **I want one of the whole of Britain.**

picture postcards – Ansichtskarten. Das Wort **picture** bedeutet „Bild".

one penny change – einen **penny** zurück. Die Münze mit dem Wert **1 p** heißt **a penny.**

6 (1/70)

In der Apotheke

(C = Chemist, M = Marion)

C: Can I help you?
M: Yes, I'd like some aspirin, please.
C: What size would you like?
M: What size is there?
C: Um, I'll show you. (*Sie zeigt Marion zwei große Flaschen*) We've only got, um, hundreds or the soluble aspirin.
M: You don't have a small one then?
C: No, not at the moment, I'm afraid.
M: No, thank you.
C: No? OK. Sorry.
M: Thank you.

▶ **What size is there?** – welche Größe(n) gibt es? **What size** wird oft bei Kleidern und Schuhen verwendet – **What size are you?** – Welche Größe haben Sie?; **What size shoes?** – Welche Schuhgröße?

I'll show you – ich werde (sie) Ihnen zeigen.

We've only got hundreds or the soluble aspirin – wir haben nur Hunderter oder das lösliche Aspirin. Die Mehrzahlform **hundreds** wird von der Apothekerin anstelle von **bottles of a hundred aspirins** (Flaschen mit hundert Aspirintabletten) verwendet.

You don't have a small one? – Sie haben nicht eine kleine? Marion hebt ihre Stimme um anzudeuten, dass sie eine Frage stellt. Ihre Frage ist verneint **(you don't),** da sie die Antwort **no** erwartet. **A small one** heißt hier **a small bottle.** Vgl. dazu *Grammatik,* S. 78.

not at the moment – im Moment nicht

Sorry kann man anstelle von **I'm sorry** sagen.

Die folgende Aufstellung enthält einige Artikel, die Sie vielleicht in einer Apotheke kaufen möchten.

a comb	ein Kamm
cough mixture	Hustensaft
indigestion tablets	Verdauungstabletten
shaving cream	Rasierseife
soap	Seife
sticking plaster	Heftplaster
suntan lotion	Sonnenmilch
tissues	Papiertaschentücher
throat lozenges	Hustentabletten
a tooth brush	eine Zahnbürste
toothpaste	Zahnpasta

Wichtige Wörter und Ausdrücke

4/5

Wenn man schreiben will

a stamp	eine Briefmarke
a fifteen p stamp	eine Briefmarke zu fünfzehn Pence
a letter	ein Brief
an airletter	ein Luftpostbrief
a postcard	eine Postkarte
airmail notepaper	Luftpostbriefpapier
ordinary notepaper	normales Briefpapier
an envelope	ein Briefumschlag
could I have . . .	Ich hätte gern . . .
six eighteen pence stamps please?	sechs Briefmarken zu achtzehn Pence?
six stamps for postcards to Switzerland?	sechs Briefmarken für Postkarten in die Schweiz?
I'd like a stamp for a letter to Germany	Ich möchte eine Briefmarke für einen Brief in die Bundesrepublik Deutschland

Einkaufen

How much is that?	Wie viel kostet das?
How much is that altogether?	Wie viel macht das zusammen?
What size is there?	Welche Größe gibt es?
What kind have you got?	Was für (welche) haben Sie?
I'd like . . .	Ich möchte . . .
an ordinary one	einen normalen
a plain one	einen einfachen
a large one	einen großen
a small one	einen kleinen

Sie sollten verstehen

What size would you like?	Welche Größe möchten Sie?
Which kind would you like?	Was für (welche) möchten Sie?
I'm sorry, we haven't (got) any	Es tut mir Leid, wir haben keine

Farben

white	weiß
blue	blau
pink	rosa
green	grün
black	schwarz
brown	braun
grey	grau
red	rot
yellow	gelb
orange	orange

Einige nützliche Wendungen

I want	Ich hätte gern
Great Britain	Großbritannien
at the moment	im Augenblick

Übungen

1 (1/71)

Auf der CD hören Sie, wie vier Kunden auf dem Postamt Briefmarken und Luftpostbriefe kaufen. Wer kauft was?

a) 1. Kunde:__________________________

____

b) 2. Kunde:__________________________

____

c) 3. Kunde:__________________________

____

d) 4. Kunde:__________________________

____

2 (1/72)

Mrs. Heath möchte einige Briefe und Postkarten schreiben, muss sie aber zunächst noch besorgen. Ihr Mann will das für sie tun. Auf der CD hören Sie, wie Mrs. Heath ihm sagt, was sie haben möchte. Kreuzen Sie beim Zuhören jeweils die entsprechenden Kästchen der folgenden Aufstellung an.

Mrs. Heath wants

a. some ordinary notepaper ☐
   some airmail notepaper ☐

b. large envelopes ☐
   small envelopes ☐

c. two envelopes ☐
   ten envelopes ☐

d. plain postcards ☐
   picture postcards ☐

e. a few postcards ☐
   ten postcards ☐

3 (1/73)

Mr. Braithwaite fliegt mit British Airways. Während des Fluges möchte er einige zollfreie (*duty free*) Waren kaufen: Spirituosen (*spirits*), Parfum (*perfume*) für seine Frau und Zigaretten (*cigarettes*). Betrachten Sie die Liste der zollfreien Waren. Nicht alle Waren sind vorrätig. Hören Sie gut zu, wenn Mr. Braithwaite mit der Flugbegleiterin spricht, und kreuzen Sie alle Waren an, die er kauft. Wie viel muss er insgesamt bezahlen?

____

 Übungen

In-flight Price List

Whisky *Brands normally available are:*	1/2 litre
Teachers	**£ 6.00**
Johnnie Walker Red Label	**£ 6.00**
Bell's	**£ 6.50**
The Famous Grouse	**£ 6.50**
William Grant	**£ 6.00**
Black & White	**£ 6.00**

Gin *Brands normally available are:*	
Gordon's	**£ 4.50**
Beefeater	**£ 4.50**

Cognac *Brands normally available are:*	
Courvoisier	**£ 7.50**
Hennessy	**£ 7.50**
Martell	**£ 7.50**

Perfumes		
Chanel No 5	50ml	**£ 16.00**
Cerrutti 1881	50ml	**£ 9.50**
Elizabeth Arden	50ml	**£ 9.50**
Estee Lauder	50ml	**£ 15.00**
Rochas	50ml	**£ 11.50**
Boss	50ml	**£ 9.50**
Vivienne Westwood	50ml	**£ 9.50**
Dior	50ml	**£ 15.00**

Cigarettes *Brands normally available are:*	Carton (100)	Pack (10)
British		
Benson and Hedges	**£ 35**	**£ 3.50**
Rothmans	**£ 35**	**£ 3.50**
Silk Cut	**£ 35**	**£ 3.50**
American		
Marlboro	**£ 35**	**£ 3.50**

Adjektive

Adjektive (Eigenschaftswörter), d. h. Wörter, die etwas oder jemanden beschreiben, stehen immer vor dem Substantiv, auf das sie sich beziehen. Anders als im Deutschen haben die Adjektive im Englischen keine Endungen:

an ordinary airletter *ordinary airletters*
a large envelope *ten large envelopes*

Treten mehrere Adjektive zusammen auf, stehen sie (wie im Deutschen) alle vor dem Substantiv:

a small white envelope
a Scots pictorial airletter

One

Das Wort *one* wird verwendet, um die Wiederholung eines Substantivs zu vermeiden, wenn klar ist, wovon gesprochen wird. Im Dialog 2 dieser *Unit* haben Sie das folgende Beispiel gehört:

Anne: *I'd like an airletter.*
Man: *Would you like a Scots pictorial one or just an ordinary one?*
Anne: *I'll have a Scots pictorial one.*

One kann auch ohne Adjektiv verwendet werden, wie in Dialog 4:

I haven't got one of the whole of Britain at the moment.

Übung

Ein Mann kauft in einem Geschäft ein. In der linken Spalte stehen die Sätze, die der Verkäufer sagt. Ordnen Sie bitte die Antworten des Kunden (in der rechten Spalte) den Fragen des Verkäufers in der richtigen Reihenfolge zu.

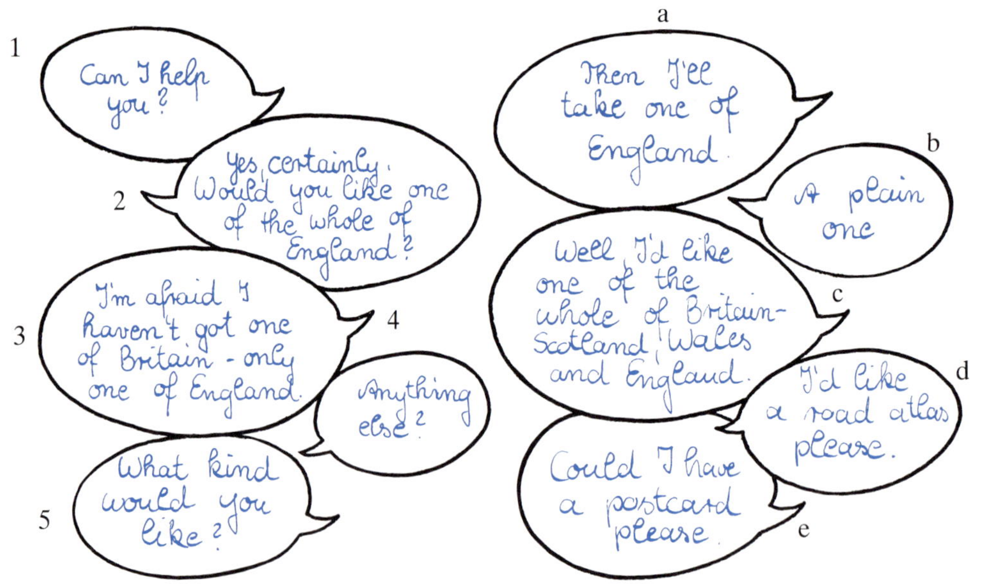

 Lesen und Verstehen

Die folgende Gebührenübersicht ist von der britischen Post veröffentlicht worden. Nehmen Sie die Informationen zur Kenntnis und beantworten Sie dann die Fragen.

1. Was kostet eine Postkarte nach Deutschland?
2. Was kostet ein Brief (40 g) nach Deutschland?
3. Wie müssen Kalender deklariert werden?
4. Welche Kategorie sollte für Geschenke gewählt werden?

Standard Airmail and Surface Mail Services

Letters and Postcards

With this service you can send anything that you can normally send through the domestic post, including postcards.

Small Packets

With this service you can send goods, gifts, audio/video tapes, magnetic tapes and photographs. You can include a letter, invoice or other document, if it relates to the contents.

Printed Papers

With this service you can send books, calendars, catalogues, greeting cards, magazines, maps, newspapers, price lists and timetables.
You cannot send personal messages or greetings.

UK Letters & Postcards

Weight not over grammes	First Class	Second Class
	p	p
60	25	19
100	38	29
150	47	36
200	57	43
250	67	52
300	77	61

Europe Letters & Postcards

Weight not over grammes	
	p
20 EU	25
20 non EU	30
40	42
60	54
80	66
100	78

 Wissenswertes

Ladenschlusszeiten

In der Regel sind die Geschäfte täglich von 9.00 bis 17.30 Uhr geöffnet; einige Lebensmittelgeschäfte haben jedoch bis 19.00 oder 20.00 Uhr abends auf. In den Einkaufszentren größerer Städte wird häufig einmal pro Woche auch ein Einkaufsabend (*late night shopping*) angeboten: Die Geschäfte sind dann bis etwa 19.30 Uhr geöffnet. Außer in der Stadtmitte schließen viele Geschäfte während der Mittagszeit normalerweise zwischen 13.00 und 14.00 Uhr. In vielen Städten sind die Geschäfte einen halben Tag lang (*half day*), und zwar nachmittags, geschlossen. Die Verkehrsämter und gute Reiseführer informieren Sie im Einzelnen über frühe Ladenschlusszeiten, die von Ort zu Ort wechseln. Wenn Sie sich im Urlaub selbst versorgen wollen, dann ist dies besonders wichtig. Sonntags haben Supermärkte und größere Geschäfte geöffnet. Die Zeitungshändler haben am Vormittag ein paar Stunden auf um die Sonntagszeitungen zu verkaufen; und wenn Sie Glück haben, finden Sie vielleicht auch ein kleines Lebensmittelgeschäft, das Ihnen einiges verkauft – aber verlassen Sie sich nicht darauf!

Wenn Sie Briefmarken kaufen wollen

Briefmarken und Luftpostbriefe gibt es in Großbritannien nur auf dem Postamt (*post office*). In Städten sind die Postämter klar beschildert und darum leicht zu finden. In einem kleineren Ort oder in einem Wohnviertel kann das Postamt unter Umständen einer Zeitungshandlung oder einem Schreibwarengeschäft angegliedert sein.

In Geschäftsvierteln der Londoner Innenstadt können Sie auch Briefkästen finden, die zwei Einwurfschlitze haben; einer davon trägt die Aufschrift *London and Abroad* (London und Ausland), der andere *Country* (ins eigene Land). An vielen Briefkästen findet man auch die Aufschrift *First Class* (erste Klasse) und *Second Class* (zweite Klasse); Briefe, die erster Klasse verschickt werden, sind etwas teurer, kommen aber innerhalb Großbritanniens (angeblich!) garantiert am nächsten Tag an.

SHOPPING HOURS

Monday	Closed all day
Tuesday	9.00am – 5.30pm
Wednesday	9.00am – 5.30pm
Thursday	9.30am – 8.00pm
Friday	9.00am – 5.30pm
Saturday	9.00am – 6.00pm

NO SMOKING
NO DOGS PLEASE

Telefon

Öffentliche Fernsprecher (*telephones*) finden Sie auf allen Bahnhöfen, in einigen U-Bahn-Stationen und auf der Straße. Von Großbritannien aus für Direktverbindungen gelten folgende Vorwahlen: Bundesrepublik Deutschland 0049, Österreich 0043, Schweiz 0041. Nach der Vorwahl lassen Sie die 0 beim Ortsnetz weg. Wenn Sie von einer öffentlichen Telefonzelle aus anrufen, können Sie mit 1-£-Münzen zahlen.

Apotheken

Die Apotheke heißt in England *chemist* oder *pharmacy.* Die meisten Arzneimittel sind – wie bei uns – rezeptpflichtig und ihre Ausgabe wird streng überwacht. Antibiotika gibt es nur auf Rezept, aber Aspirin, schmerzlindernde Mittel, Antihistaminsalben, Hustensäfte usw. bekommt man rezeptfrei. In einer britischen Apotheke können Sie auch Drogerieartikel kaufen, z. B. Kosmetika, Seife usw., manchmal auch Babynahrung. Nachts haben nur wenige Apotheken geöffnet. Nach Ladenschluss verweisen die Apotheken mit einem Schild an der Tür auf die jeweils nächste diensthabende Apotheke.

In den beiden nächsten Übungen sollen Sie Briefmarken, Schreibwaren usw. einkaufen.

1 (1/74)

Bei der ersten Übung müssen Sie sich vorstellen, Sie seien auf dem Postamt und wollten Briefmarken und Luftpostbriefe kaufen. Dazu verwenden Sie den Ausdruck *Could I have ... please?* Auf der CD hören Sie, was Sie jeweils verlangen sollen. Dann drücken Sie die Pausentaste und fragen nach dem entsprechenden Gegenstand.

2 (1/75)

Bei der zweiten Übung stellen Sie sich vor, Sie wollten in einem Schreibwarengeschäft Ansichtskarten, Schreibpapier und Umschläge kaufen. Auch hier wird man Ihnen wieder sagen, was Sie verlangen sollen; dann halten Sie die CD an und sprechen. Anschließend können Sie sich auf der CD die Lösung anhören.

Zum Schluss überprüfen Sie, ob Sie alle Lernschritte dieser *Unit* durchgearbeitet haben; dann hören Sie sich alle Dialoge noch einmal an, und zwar ohne Pause.

6 What kind would you like?

Bevor Sie anfangen

Wenn man Lebensmittel oder Kleidung kaufen will, muss man wissen, wie die verschiedenen Artikel heißen, welche Größe und welche Farbe sie haben sollen. Man muss zwischen verschiedenen Größen, Ausführungen, Farben und Preisen vergleichen und sagen können, wie man bezahlen möchte – bar, mit Scheck oder mit Kreditkarte. Versuchen Sie beim ersten Anhören der Dialoge zunächst nur, die Verkäuferin sinngemäß zu verstehen. Nach dieser *Unit* können Sie den Lernstoff der *Units* 4 bis 6 wiederholen.

Sie lernen in dieser Unit

- wie man einen Verkäufer versteht
- wie man auf Befragen seine Einkaufswünsche beschreibt
- wie man Größen und Preise vergleicht
- wie man bezahlt
- wie verschiedene Kleidungsstücke heißen

Wegweiser

Dialoge: Hören Sie sich die Dialoge oder Dialoggruppen in der unten aufgeführten Reihenfolge bei geschlossenem Buch an. Nach jeder Dialoggruppe hören Sie dann jeden Dialog einzeln an, lesen Sie ihn und arbeiten Sie ihn durch.

Reihenfolge: 1–3; 4–5; 6–9

Lernen Sie *Wichtige Wörter und Ausdrücke* (S. 90).

Bearbeiten Sie die *Übungen* (S. 91).

Arbeiten Sie die *Grammatik* (S. 93) durch.

Bearbeiten Sie den Abschnitt *Lesen und Verstehen* (S. 94).

Lesen Sie den Abschnitt *Wissenswertes* (S. 95).

Jetzt haben Sie das Wort. (S. 96)

Hören Sie sich alle Dialoge noch einmal ohne Buch an.

Bearbeiten Sie das Wiederholungsprogramm zu den *Units* 4–6 (S. 225)

Dialoge

1 (2/1)

Im Lebensmittelgeschäft

(M = Marion, G = Grocer)

M: Oh, could I have half a dozen eggs, please?
G: Yes. Large or small?
M: Large ones, please.
G: Fifty-four, please.
M: And I'd like a pint of milk, please.
G: That's twenty, please.

grocer	Lebensmittelhändler

half a dozen eggs – ein halbes Dutzend Eier. In Großbritannien werden Eier in Packungen zu zwölf (**a dozen**) oder sechs (**half a dozen**) Stück angeboten. Marion könnte auch **six eggs** (sechs Eier) sagen.

large ones – große (Eier). Die Verwendung von **ones** wird im Abschnitt *Grammatik,* Seite 93, erklärt.

a pint of milk. A pint ist etwas weniger als ein halber Liter. Siehe hierzu den Abschnitt *Wissenswertes* auf Seite 95.

Dialoge

2 (2/2)

Tanvi kauft für ihre Mutter ein

(T = Tanvi, G = Grocer)

T: Could I have some milk, please?
G: No, I'm sorry. We haven't got any today. We're sold out.
T: Then, could I have four ounces of cheese?
G: What kind would you like?
T: Cheddar, please.
G: OK. I'll just weigh it for you.
T: Where are the biscuits?
G: They are just along on the shelf there. You can help yourself.

today	heute

Tanvi kauft in einem kleinen Lebensmittelgeschäft ein. Die meisten Artikel gibt es in Selbstbedienung **(self-service),** aber einiges, z. B. Käse, wird vom Lebensmittelhändler auch frisch geschnitten und ausgewogen. Der Lebensmittelhändler spricht mit einem südafrikanischen Akzent.

We're sold out – Wir sind ausverkauft. **Sold** ist eine Form des unregelmäßigen Verbs **to sell.**

four ounces of cheese. One ounce entspricht in etwa 28 Gramm. Siehe *Wissenswertes* auf Seite 95.

Cheddar ist eine beliebte englische Käsesorte. Der Name geht auf die Stadt Cheddar im Westen Englands zurück.

I'll weigh it for you – Ich wiege es dir aus.

they are just along on the shelf there – sie stehen ein bisschen weiter auf dem Regal da.

You can help yourself – Du kannst dich selbst bedienen. Das **you can** wird oft weggelassen – **help yourself.**

3 (2/3)

Tanvi möchte auch ein paar Äpfel kaufen

Grocer: Do you want anything else?
Tanvi: Could I have one pound of apples, please?
Grocer: We don't have any apples.
Tanvi: That's all, thank you.
Grocer: Thank you very much.

one pound of apples – ein Pfund Äpfel. Zu den englischen Maßeinheiten siehe den Abschnitt *Wissenswertes* auf Seite 93.

Nach Gewichts- und Mengenangaben steht im Englischen häufig **of: one pound of potatoes, a pint of milk.**

We don't have any apples – Wir haben keine Äpfel. Die Verkäuferin meint, dass sie keine Äpfel führen. Zwar findet man auch Gemüse und Obst in einem Lebensmittelladen, aber in unserem Fall muss Tanvi zum Gemüsehändler **(greengrocer)** gehen.

that's all – das ist alles.

4 (2/4)

Tanvi braucht einen Reißverschluss

(M = Marion, T = Tanvi)

M: Here, Tanvi. Open-end zips. That's what you want. What colour do you need?
T: Navy.
M: And how long?
T: Twenty-two inch.
M: *(Über dem Ständer mit den Reißverschlüssen sieht sie eine Umrechnungstabelle)* Ah, that's fifty-five centimetres, equals twenty-two inches. *(Tanvi hat einen Reißverschluss vom Ständer heruntergenommen)* That one's too short. Try that one. Fifty-five *(Marion hält den Reißverschluss an Tanvis Anorak)* Yes, that one's fine.

Open-end zips – Aushakbare Reißverschlüsse (wörtlich: Reißverschlüsse mit offenem **(open)** Ende **(end)**.

That's what you want – Das ist es, was du brauchst (möchtest).

▶ **What colour do you need?** – Welche Farbe brauchst du? Man könnte auch sagen **What colour do you want?**

▶ **how long?** – wie lang?

twenty-two inch. Ein **inch** ist etwas länger als zwei Zentimeter. Siehe dazu den Abschnitt *Wissenswertes* auf Seite 95. Die Mehrzahl von **inch** ist **inches**. Tanvi verwendet hier die Einzahl, da sie den Ausdruck als Adjektiv benutzt – **a twenty-two inch zip**. Obwohl viele Briten nach wie vor ihr altes System bevorzugen, sind Artikel bereits nach dem metrischen System ausgezeichnet und überall findet man – wie auch in unserem Beispiel – Umrechnungstabellen.

fifty-five centimetres equals . . . – fünfundfünfzig Zentimeter entsprechen . . . **Equals** ist die 3. Person Singular des Verbs **to equal**. Bei mathematischen Aussagen wird die Einzahl verwendet, weil **fifty-five centimetres** als eine Einheit betrachtet wird – **two pounds equals one kilo; twenty-two inches equals fifty-five centimetres**.

That one's too short – Dieser hier ist zu kurz. **One's** ist die gesprochene Abkürzungsform für **one is**.

Try that one – Versuche den da. Für Anweisungen oder Befehle verwendet man die Grundform **(try)** des Verbs. Siehe dazu den Abschnitt *Grammatik* auf Seite 120.

5 (2/5)

Im Schuhgeschäft

(M = Marion, N = Nuala, T = Tanvi)

M: What size do you take, Nuala?
N: I think I'm two.
M: Sorry, what size are you, Tanvi?
T: I'm three and a half but four will do.
M: Are these ones all right? *(Sie zeigt Tanvi ein Paar, das offensichtlich zu klein ist)*
T: No, they're too small.
M: And what about these ones?
T: *(Sie probiert sie an)* They're too, um, wide and too long.
M: Nuala, are there any for you, do you think? What about this one? Oh no, that's too small. No, they're all too small or too big.

wide	breit
long	lang
big	groß

▶ **What size do you take?** – Welche Größe hast du? Außer dieser Frage kann man beim Schuh- oder Kleiderkauf auch hören:

▶ **What size are you?** – Welche Größe haben Sie?

▶ **What is your size?** – Was ist Ihre Größe?

I think I'm two – Ich glaube, ich habe Größe zwei. Auf Seite 95 finden Sie eine Vergleichstabelle für englische und europäische Schuhgrößen.

▶ **sorry** – Entschuldigung. Marion entschuldigt sich bei Tanvi: Sie hat nicht gehört, was Tanvi gerade gesagt hat, weil sie mit Nuala gesprochen hat.

four will do – vier geht auch

these ist die Mehrzahl von **this. This slipper – these slippers**. Marion hat ein Paar Pantoffel ausgesucht. **This** und **these** werden im Abschnitt *Grammatik* auf Seite 93 näher erklärt.

6 (2/6)

Marion möchte Handschuhe kaufen

(M = Marion, A = Assistant)

M: I would like a pair of leather gloves, please.
A: What size?
M: I don't know.
A: Show me your hand. About a size seven and a half. What colour?
M: Er, brown, please.
A: Lined or unlined?
M: Lined. I would like fur-lined if possible.
A: Fur-lined. Right. (*Sie geht und holt einige Handschuhe zum Anprobieren)*

leather	Leder
lined	gefüttert
unlined	ungefüttert
fur-lined	mit Pelz gefüttert
if possible	wenn möglich

a pair of gloves – ein Paar Handschuhe. Ebenso heißt es auch **a pair of shoes** (ein Paar Schuhe), **a pair of socks** (ein Paar Strümpfe), **a pair of tights** (eine Strumpfhose), **a pair of trousers** (eine Hose). Beachten Sie, dass es sich bei **a pair of trousers** nicht um zwei Hosen handelt, sondern nur um eine; die Mehrzahl wäre **two pairs of trousers** (zwei Hosen). Anstelle von **a pair of** kann man auch **some** sagen – **I'd like some gloves, I'd like some shoes.**

▶ **What size?** Dies kann man anstelle von **What size do you take?** oder **What size are you?** sagen.

▶ **I don't know** – Ich weiß es nicht (die Verneinung des Verbs **to know**). Eine sehr nützliche Wendung! Erinnern Sie sich, dass **don't** die Kurzform von **do not** ist?

Show me your hand – Zeigen Sie mir Ihre Hand. Wie bei **try that one** im Dialog 4 wird auch hier wieder die Grundform des Verbs als Aufforderung bzw. Anweisung verwendet.

about a size seven and a half – ungefähr Größe $7^1/_2$. Mit **about** zeigt man an, dass es sich nur um einen Annäherungswert handelt – **one kilo equals about two pounds; one pint is about half a litre.**

▶ **What colour?** – Welche Farbe? Dies ist eine Möglichkeit, die Sätze **What colour do you want?** oder **What colour would you like?** abzukürzen.

Dialoge

7 (2/7)

Marion probiert Handschuhe an

(A = Assistant, M = Marion)

A: They're all fur-lined, but that one's the longest one.
M: How much is this one?
A: That one is twenty . . . *(sie schaut auf dem Preisschild nach)* twenty-one fifty.
M: Could I try that one, please?
A: Yes.
M: Do you have anything cheaper?
A: Yes. I've got cheaper in a wool-lined and in a fur-lined short one.

the longest one – das längste Paar. Die vergleichende Endung **-est** bei Adjektiven wird im Abschnitt *Grammatik* auf Seite 93 erklärt.

▶ **Could I try that one, please?** – Dürfte (könnte) ich bitte dieses Paar anprobieren? Diesen Satz können Sie immer verwenden, wenn Sie etwas anprobieren wollen, z. B. **Could I try (on) these trousers, please?** Man wird Ihnen dann die Ankleidekabine **(the fitting room)** zeigen.

▶ **Do you have anything cheaper?** – Haben Sie etwas Billigeres? Auch die vergleichende Endung **-er** wird im Abschnitt *Grammatik* auf Seite 93 erklärt. Ebenso heißt es **smaller, shorter.**

I've got cheaper in a wool-lined – ich habe etwas Billigeres mit Wollfutter.

8 (2/8)

Marion kauft Handschuhe mit Pelzfutter

(M = Marion, A = Assistant)

M: I like the fur ones best, I think. Could I try the fur one again?
A: It's a longer one as well.
M: Yes, it's better longer.
A: Mm, yes.
M: Well, can I take a pair of this, please?
A: Yes, surely you can. And how would you like to pay, please?
M: Er, cash, please.

to think	denken
again	noch einmal

▶ **I like ... best** – ich mag ... am liebsten. In *Unit* 11 gibt es viele Beispiele für diese Gegenwartsform des Verbs **like. A longer one** – ein längerer. **Longer** ist die Steigerung von **long.**

it's better longer – es ist besser länger. Die unregelmäßigen Formen **better** und **best** werden im Abschnitt *Grammatik* auf Seite 93 erklärt.

Can I take a pair of this, please? – Kann ich ein Paar hiervon nehmen, bitte? **surely you can** – natürlich (wörtlich: sicher können Sie)

▶ **How would you like to pay?** – Wie möchten Sie zahlen? Marion antwortet einfach **cash, please** (bar, bitte). Sie könnte auch sagen **I'd like to pay by cheque/by traveller's cheque/by credit card** – (ich möchte zahlen) mit Scheck/mit Reisescheck/mit Kreditkarte. Barclaycard und Access sind häufig benutzte Kreditkarten in Großbritannien.

9 (2/9)

Marion bezahlt

(A = Assistant, M = Marion)

A: Twenty-one fifty, twenty-two, and your receipt's inside. Thank you.
M: Thank you very much.
A: Thank you. You're welcome.

your receipt's inside – Ihre Quittung liegt bei. **Receipt's** ist die Abkürzungsform für **receipt is. Inside** heißt hier: in der Tüte mit den Handschuhen.

You're welcome – bitte sehr (wörtlich: Sie sind willkommen)

Wichtige Wörter und Ausdrücke

4/6

Sie werden beim Einkaufen einige Ausdrücke hören, die Sie zwar verstehen, aber nicht selber sprechen müssen. Diese sind mit * gekennzeichnet.

Wie man die richtige Größe findet

* What size do you take? are you?	Welche Größe nehmen Sie? sind Sie?
* What is your size?	Welche Größe sind Sie?
I'm size sixteen	ich bin Größe sechzehn
I take seven and a half	ich nehme siebeneinhalb
I think I'm seven	ich glaube, ich bin sieben
I don't know	ich weiß nicht

Wie man etwas auswählt

* How long (do you want it)?	Wie lang (wollen Sie es)?
* What colour (do you want)?	Welche Farbe (wollen Sie)?
* Would you like to try it (on)?	Möchten Sie es (an)probieren?
Can/could I try that on, please?	Darf/dürfte ich den probieren, bitte?
this one is too	dieser ist zu
long	lang
short	kurz
big	groß
small	klein
wide	weit
I'd like a	Ich möchte einen
longer one	längeren
shorter one	kürzeren
bigger one	größeren
smaller one	kleineren
* help yourself	bitte schön; bedienen Sie sich
do you have anything cheaper?	haben Sie etwas Billigeres?
I like these (ones) best	ich mag diese am liebsten
can I take these, please?	kann ich diese haben, bitte?
* we're sold out	wir sind ausverkauft

Wie man bezahlt

that's all, thank you	das ist alles, danke
* how would you like to pay?	wie möchten Sie zahlen?
I'd like to pay . . .	Ich möchte gern zahlen . . .
cash	bar
by cheque	mit Scheck
by traveller's cheque	mit Reisescheck
by credit card	mit Kreditkarte
* your receipt is inside	Ihre Quittung liegt bei

Bekleidung

a pair of	ein Paar
gloves	Handschuhe
socks	Strümpfe
shoes	Schuhe
a pair of trousers	eine Hose
a pair of tights	eine Strumpfhose
a coat	ein Mantel
a dress	ein Kleid
a blouse	eine Bluse
a skirt	ein Rock
a jacket	eine Jacke
a tie	eine Krawatte
a hat	ein Hut
a suit	ein Anzug
a shirt	ein Hemd
a sweater	ein Pullover
a cardigan	eine Strickjacke
a swimsuit	ein Badeanzug

Mengenangaben

a dozen (eggs)	ein Dutzend (Eier)
half a dozen (eggs)	ein halbes Dutzend (Eicr)
four ounces (of cheese)	vier Unzen (Käse)
one pound (of apples)	ein Pfund (Äpfel)
a pint (of milk)	ein Pint (Milch)

1 (2/10)

Auf der CD hören Sie Marion im Gespräch mit einer Verkäuferin im Schuhgeschäft. Sie möchte ein Paar Gummistiefel *(a pair of Wellington boots)* kaufen. Im folgenden Lückendialog ist eingetragen, was die Verkäuferin sagt. Bevor Sie sich das Gespräch anhören, versuchen Sie bitte das, was Marion sagt, an den richtigen Stellen in die Lücken einzutragen; Marions Äußerungen finden Sie am Ende des Dialogs. Zur Kontrolle hören Sie sich den Dialog noch einmal an.

Marion	______________
Assistant	What, er, sort of boots are you looking for?
Marion	______________
Assistant	What colour?
Marion	______________
Assistant	Got red, blue, yellow and green.
Marion	______________
Assistant	Yes, certainly. What is your size?
Marion	______________

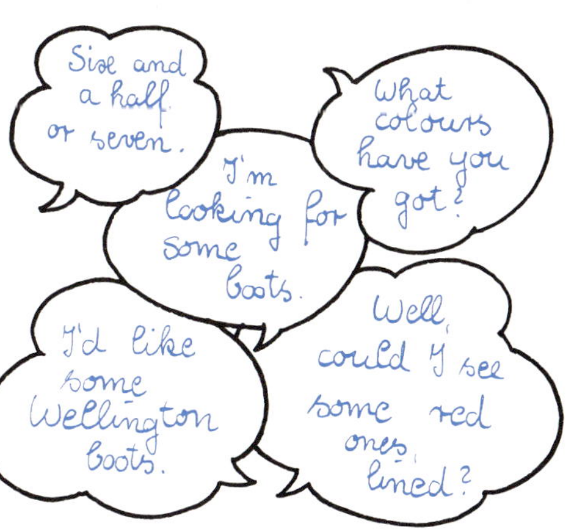

2 (2/11)

Mr Barry ist zum Abendessen eingeladen worden. Er möchte der Gastgeberin ein paar Blumen *(flowers)* mitbringen. Im Blumengeschäft kauft er Rosen *(roses)*. Hören Sie sich das Gespräch im Blumengeschäft an und beantworten Sie dann die beiden folgenden Fragen, indem Sie die richtigen Farben in die Lücken eintragen.

a. Which roses are the cheapest?
The . . . ones.

b. Which roses does Mr Barry buy?
The . . . ones.

3 (2/12)

Auf der CD hören Sie kurze Auszüge aus drei Gesprächen, die von zwei Bekannten, einem Mann und einer Frau, geführt werden. In jedem Auszug ist von etwas anderem die Rede, und zwar von:

a. einer Damenhandtasche – *a lady's handbag*
b. einem Kleid – *a dress*
c. einer Wohnung – *a flat*

Können Sie die Reihenfolge angeben, in der über diese Themen gesprochen wird?

a. ________
b. ________
c. ________

4 (2/13)

Schauen Sie sich Mrs Carters Einkaufsliste *(shopping list)* an. Auf der CD hören Sie, wie sie ihren Einkauf tätigt. Denkt sie aber wirklich auch an alles? Kreuzen Sie bitte alle Artikel an, die sie vergessen hat. Hören Sie sich anschließend den Dialog noch einmal an und schreiben Sie auf, wie Mrs Carter nach den folgenden Artikeln gefragt hat:

a. eggs
b. apples
c. cheese

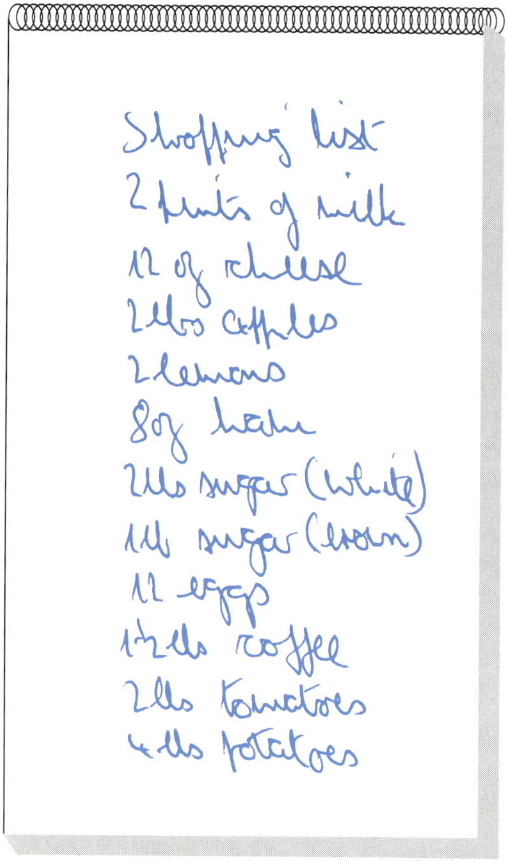

Grammatik

ones

Im Grammatikteil von *Unit* 5 (Seite 78) wurde erklärt, wie *one* verwendet werden kann, damit man ein Substantiv im Singular nicht wiederholen muss:
I'd like an envelope. Here ist one.

Ähnlich kann man auch in der Mehrzahl verfahren, wenn *ones* durch ein Adjektiv ergänzt wird:
I'd like a dozen eggs – large **ones,** *please.*
Wool gloves are warm but I'd like some leather fur-lined **ones.**

this, these (dieser, dieses, diese),
that, those (jener, jenes, jene)

Die Demonstrativpronomen *this* (Singular) und *these* (Plural) beziehen sich auf Gegenstände in Ihrer unmittelbaren Nähe. So können Sie z. B. beim Einkaufen direkt auf etwas zeigen oder es auch in die Hand nehmen und sagen:
I'd like **this** *coat* oder *I'd like* **these** *shoes.*
Wenn sich die Gegenstände etwas weiter entfernt befinden, können Sie sagen:
I'd like **that** *coat* oder *I'd like* **those** *shoes.*

Vergleiche anstellen

Wenn Sie zwei Gegenstände miteinander vergleichen, verwenden Sie (wie im Deutschen) ein Adjektiv mit der Endung *-er.*

*Here are some blue envelopes and here are some white ones. The blue ones are cheap***er** *but the white ones are larg***er.**

Wenn Sie drei oder mehr Gegenstände miteinander vergleichen, benutzen Sie *the* + Adjektiv + *-est:*

I have three pairs of socks. The brown ones are **the** *small***est** *and the red ones are* **the** *larg***est.**
These trousers are **the** *long***est.** *This skirt is* **the** *short***est.**
Im Deutschen sagen wir meistens: am kleinsten, am größten, am längsten usw. Ein Hinweis zur Rechtschreibung: wenn das Adjektiv mit einem *e* endet, wird nur *-r* oder *-st* hinzugefügt:
nice – nicer – the nicest
wide – wider – the widest
Achten Sie auch auf die unregelmäßige Rechtschreibung von:
hot – hotter – the hottest
big – bigger – the biggest
Das Adjektiv *good* (gut) fällt – wie im Deutschen – aus dem Rahmen der üblichen Steigerungsformen heraus:
good – better – the best
Beer is better than cider.
The best whisky comes from Scotland.
Merken Sie sich auch:
I like these shoes better than those.
I like these (the) best.

Übung

Vervollständigen Sie jetzt bitte die folgenden Sätze, z. B. *This hat is too big. Have you got a smaller one?*

1. This coat is too long. Have you got a . . . one?
2. These gloves are too expensive (teuer). Have you got any . . . ones?
3. This suitcase is too small. Have you got a . . . one?
4. These shoes are too big. Have you got any . . . ones?

Lesen und Verstehen Lesen und Verstehen

In einem großen Londoner Kaufhaus stehen Sie vor der unten abgebildeten Orientierungstafel.

Schreiben Sie bitte neben jeden Artikel Ihrer Einkaufsliste, auf welchem Stockwerk Sie ihn finden können. Verwenden Sie die folgenden Abkürzungen: G = ground floor; 1st = first floor; 2nd = second floor.

Ground floor	First floor	Second floor
Ladies' knitwear	Ladies' coats	Children's wear
Leisure wear	Men's coats & suits	Lingerie
Ladies' accessories	Ladies' fashions	Home furnishings
Stationery	Ladies' footwear	Television & radio
Cosmetics		Toys

SHOPPING LIST

1 pair of gloves for mother .....
1 sweater for Anne (green) .....
1 coat for me .....
1 dress for Anne's daughter ..... (size 2)
notepaper .....
1 swimsuit .....
1 blouse for Sara ..... (46 = English size 16)

Einkaufen: Maße und Größen

In Großbritannien begegnen Ihnen immer wieder verschiedene Größenbezeichnungen. Darum sollten Sie ein wenig über britische Maße und Größen Bescheid wissen.

Gewichte

Alle abgepackten Waren (Kekse, Tee, Zucker usw.) sind sowohl in Kilo und Gramm als auch in Pfund *(pound)* und Unzen *(ounces)* ausgezeichnet. Ein Pfund wird *1 lb* geschrieben, eine Unze *1 oz.*
1 lb = 0,454 Kilogramm
1 oz = 28,4 Gramm

Getränke und andere Flüssigkeiten

Milch wird vielerorts immer noch pro *pint* verkauft. Ein *pint* ist wesentlich weniger als ein Liter. Auch Bier bestellt man pro *pint* oder *half a pint.* Andere Flüssigkeiten werden häufiger literweise verkauft. Die Benzinpreise werden pro Liter angegeben.

1 pint = 0,568 Liter
1 Liter = 1,76 *pints*

Längen

Wie Marion beim Kauf eines Reißverschlusses erfuhr (Dialog 4), werden derartige Artikel nach dem metrischen System ausgezeichnet. Auch Stoff wird pro Meter verkauft. Ein Meter entspricht in etwa einem *yard.* Entfernungen werden oft immer noch in *feet, yards* und *miles* angegeben.
1 Kilometer = 0,6214 *miles*
1 *mile* = 1,609 Kilometer
1 Meter = 1,094 *yards*
1 *yard* = 0,9144 Meter
1 *yard* = 3 *feet*
1 *foot* = 12 *inches*
1 *inch* = 2,54 Zentimeter

What's your size?

Women's clothing

Continent	38	40	42	44	46	48
Great Britain	10	12	14	16	18	20

Women's shoes

Continent	36	37	38	39
Great Britain	3	4	5	6

Men's shirts

Continent	38	39	40	41	42
Great Britain	15	$15\frac{1}{2}$	16	$16\frac{1}{2}$	17

Men's shoes

Continent	40	41	42	43	44
Great Britain	7	8	9	10	11

Konfektions- und Schuhgrößen

Hersteller in Großbritannien, in Amerika und in Europa verwenden für die meisten Kleidungsstücke und für Schuhe unterschiedliche Größenbezeichnungen. Darauf haben sich viele Geschäfte in Großbritannien eingestellt, indem sie sowohl britische als auch amerikanische und europäische Größen angeben. Als „continental" werden diejenigen Größen bezeichnet, die in Mitteleuropa und in Skandinavien gebräuchlich sind. Einzelheiten können Sie der Umrechnungstabelle auf der vorigen Seite entnehmen. Probieren Sie aber vorsichtshalber ein Kleidungsstück an, ehe Sie es kaufen – sicher ist sicher!

VAT

In Großbritannien wird auf die meisten Artikel und Dienstleistungen Mehrwertsteuer *(value added tax)* erhoben. Bei teuren Gegenständen können sich Touristen zuweilen von dieser Steuer befreien lassen und somit etwas preisgünstiger einkaufen. Das ist unter dem *Retail Export Scheme* möglich, aber längst nicht alle Geschäfte können Ihnen auf diese Weise entgegenkommen. Wenn Sie übrigens in Großbritannien keine Mehrwertsteuer gezahlt haben, müssen Sie das möglicherweise nach Ihrer Rückkehr im eigenen Land nachholen. Informationen über das *Retail Export Scheme* erhalten Sie von der *British Tourist Authority* (siehe *Nützliche Adressen* auf Seite 239). Mehrwertsteuer, die auf Dienstleistungen erhoben wird, kann nicht erlassen oder rückerstattet werden.

Jetzt haben Sie das Wort

1 (2/14)

In der ersten Übung sollen Sie sich vorstellen, Sie seien in einem Kaufhaus und wollten ein Paar Handschuhe kaufen. Die Verkäuferin fragt Sie, welche Größe Sie haben, was für welche Sie möchten, welche Farbe Sie möchten und wie Sie bezahlen möchten. Bei jeder Frage bietet Ihnen die Verkäuferin zwei Möglichkeiten an. Sie wählen immer die erste Möglichkeit. Ein Beispiel:

Assistant: What size do you take? Would you like seven and a half or eight? *(CD anhalten)*
You (laut): I'd like seven and a half, please. *(CD weiterlaufen lassen)*

2 (2/15)

Bei der zweiten Übung stellen Sie sich bitte vor, Sie seien jetzt in der Mantelabteilung des Kaufhauses. Eine Verkäuferin bedient Sie. Sie sagen ihr, welche Größe Sie haben, und fragen, ob Sie einen anprobieren dürfen, ob sie einen längeren hat, wie viel er kostet und ob sie etwas Billigeres hat.

Zum Schluss hören Sie sich alle Dialoge noch einmal an, damit Sie für Ihren Einkaufsbummel sprachlich gut vorbereitet sind.

Wiederholung (2/16)–(2/17)

Schlagen Sie jetzt bitte Seite 225 auf und bearbeiten Sie das Wiederholungsprogramm der *Units* 4 bis 6. Die mündlichen Übungen zu diesem Programm finden Sie auf der CD im Anschluss an die Übungen von *Unit* 6.

7 What's the time?

Bevor Sie anfangen

Wenn eine Geschäfts- oder Urlaubsreise reibungslos verlaufen soll, müssen Sie nach Terminen und Zeiten fragen und die Antworten auf Ihre Fragen verstehen können. Um mit solchen Angaben ohne Schwierigkeiten umgehen zu können, müssen Sie in dieser *Unit* zunächst ziemlich viele neue Wörter lernen. Eine gute Möglichkeit, die Uhrzeiten zusätzlich einzuüben, besteht darin, sie jedesmal dann laut auszusprechen, wenn Sie auf Ihre Uhr schauen. Wiederholen Sie zunächst die Zahlen von 1 bis 60 auf den Seiten 32 und 48, ehe Sie sich den neuen Zahlen dieser *Unit* zuwenden.

Sie lernen in dieser Unit

- wie man nach der Uhrzeit fragt
- wie man die Uhrzeit angibt
- die Wochentage
- die Monate
- wie man einfache Fragen über Termine und Zeiten stellt und beantwortet
- wie man über Pläne redet
- wie man einfache Vorschläge macht

Wegweiser

Dialoge: Hören Sie sich die Dialoge oder Dialoggruppen in der unten aufgeführten Reihenfolge bei geschlossenem Buch an. Nach jeder Dialoggruppe hören Sie dann jeden Dialog einzeln an, lesen Sie ihn und arbeiten Sie ihn durch.

Reihenfolge: 1–3; 4–6; 7–8

Lernen Sie *Wichtige Wörter und Ausdrücke* (S. 103).

Bearbeiten Sie die *Übungen* (S. 104).

Arbeiten Sie die *Grammatik* (S. 105) durch.

Bearbeiten Sie den Abschnitt *Lesen und Verstehen* (S. 107).

Lesen Sie den Abschnitt *Wissenswertes* (S. 107).

Jetzt haben Sie das Wort (S. 108).

Hören Sie sich alle Dialoge noch einmal ohne Buch an.

1 (2/18)

Wie spät ist es?

John: What's the time?
Marion: It's eleven o'clock.

Cathy: What's the time?
John: It's ten past eleven.

Wendy: What's the time?
Martin: Quarter past eleven.

Marion: Excuse me, what's the time?
Stranger: It's half past eleven.

Jinny: What's the time, please?
Clare: It's twenty to twelve.

Nuala: What's the time, Tanvi?
Tanvi: It's quarter to twelve.

Martin: Excuse me, what's the time, please?
Marion: It's twelve o'clock.
Martin: Thank you.

▶ **What's the time?** – Wie spät ist es? (wörtlich: Was ist die Zeit?)

▶ **It's eleven o'clock** – Es ist elf Uhr. **O'clock** kommt von **of the clock** – (an, auf) der Uhr. **O'clock** wird nur für die volle Stunde verwendet – **ten o'clock, twelve o'clock** usw.

▶ **It's ten past eleven** – Es ist zehn nach elf. Zwischen der vollen und der halben Stunde verwendet man **past – it's five past eleven, it's twenty past eleven,** usw.

▶ **Quarter past eleven** – Viertel nach elf. Bei der Angabe der Uhrzeit kann das **it is** (es ist) weggelassen werden. **Quarter** entspricht dem deutschen Viertel vor bzw. nach der vollen Stunde – **it's quarter past six, it's quarter to seven.**

▶ **It's half past eleven** – Es ist halb zwölf (wörtlich: halb nach elf). Dies ist der wichtigste Unterschied bei den Zeitangaben auf Deutsch und auf Englisch: während es auf Deutsch halb zwölf (also halb vor zwölf) heißt, sagen die Engländer **half eleven** für **half past eleven,** d. h. halb nach elf.

▶ **It's twenty to twelve** – Es ist zwanzig vor zwölf. Die Zeiten zwischen einer halben und der vollen Stunde werden mit **to** (vor) angegeben – **it's twenty-five to twelve, it's five to twelve** usw.

Dialoge

2 (2/19)

Marion fragt nach der Uhrzeit

Marion: Excuse me, can you tell me the time, please?
Clerk: The time? Yes, one moment. Er, quarter past ten.
Marion: Thank you very much.

▶ **can you tell me the time?** – können Sie mir die Uhrzeit sagen? Marion hätte auch fragen können **Can you give me the time?** (Können Sie mir die Uhrzeit geben?)

one moment – einen Augenblick. Ehe sie antwortet, schaut sie auf ihre Uhr **(her watch).** Eine Stand- oder Kirchturmuhr ist **a clock.**

3 (2/20)

Jemand sagt es ganz genau

(W = Woman, M = Man)

W: Excuse me, what's the time, please?
M: It's, er, twenty-six minutes to two.
W: Thank you.

twenty-six minutes to two – sechsundzwanzig Minuten vor zwei. Wir würden vermutlich sagen: vier nach halb zwei. **A minute** ist eine Minute, **an hour** ist eine Stunde. **60 minutes equals 1 hour.**

4 (2/21)

Anfangszeiten

(M = Marion, G = Gail)

M: Let's go and see *The Seven Samurai.*
G: *(schaut in die Zeitung)* I can't see it. Where's it on? Oh, Academy 1. No, no. Academy 3. And the performances are at four fifteen and seven forty.
M: Which one do you prefer? What? Four fifteen and seven forty?
G: I prefer the seven forty, I think.
M: Yes, OK. Seven forty.

the performance	die Vorstellung
what?	wie?

Let's go and see The Seven Samurai – Gehen wir in *Die Sieben Samurai* (wörtlich: lass uns gehen und *Die Sieben Samurai* anschauen). **Let's** ist die Kurzform für **let us** (lass uns) und wird wie im Deutschen für einen Vorschlag verwendet, z. B. **Let's have a drink, Let's go to a pub.**

I can't see it – Ich kann ihn nicht finden (sehen). Gail sieht die Kinoanzeigen in der Zeitung durch.

▶ **Where's it on?** – Wo wird er gezeigt? (wörtlich: wo ist er dran?) Academy 1 und Academy 2 sind zwei Londoner Kinos im gleichen Gebäude.

four fifteen and seven forty – 4.15 und 7.40. Auch auf diese Weise kann man die Uhrzeit angeben. Zeitangaben nach dem 24-Stunden-System findet man in Großbritannien normalerweise nur in amtlichen Mitteilungen, bei Flug- und Bahnabfahrtszeiten und auf Digitaluhren.

▶ **Which one do you prefer?** – Welche (Zeit) ziehst du vor?

5 (2/22)

Nach der Schule

(M = Marion, N = Nuala)

M: Nuala, what do you do after school, during the week?
N: On Monday I don't do anything.
M: And on Tuesday?
N: I don't do anything. On Wednesday I sing in a choir.
M: And on Thursday?
N: On Thursday I have a violin lesson.
M: And Friday?
N: On Friday I go swimming.
M: And what about the weekend?
N: On Saturday I have a violin lesson. Sunday I don't do anything.
M: So you have two violin lessons?
N: Yes.
M: One on Thursday and one on Saturday?
N: Yes.

after school	nach der Schule
during the week	während der Woche
sing	singen
choir	Chor
violin lesson	Geigenunterricht

Dialoge

on Monday I don't do anything – Montags mache ich nichts. **I don't do anything** heißt das gleiche wie **I do nothing,** wird jedoch häufiger verwendet.

Marion und Nuala gehen die Wochentage einzeln durch: **Monday** (Montag), **Tuesday** (Dienstag), **Wednesday** (Mittwoch), **Thursday** (Donnerstag), **Friday** (Freitag), **Saturday** (Samstag), **Sunday** (Sonntag). Beachten Sie, dass alle Wochentage groß geschrieben werden.

I go swimming – Ich gehe schwimmen. **Go** (gehen) kommt auch in anderen häufig benutzten Ausdrücken vor – **she goes shopping after school, we go camping every weekend.**

▶ **And what about the weekend?** – Und wie steht's mit dem Wochenende? Marion hätte auch bei ihren früheren Fragen schon **what about** sagen können – **What about Thursday?**

6 (2/23)

Wann hast du Geburtstag?

(M = Marion, N = Nuala, T = Tanvi, K = Kate)

M: Nuala, when's your birthday?
N: January the second.
M: And when's your birthday?
T: April the twelfth.
M: And when's your birthday, Kate?
K: The thirteenth of May.

Dialoge

▶ **when's your birthday?** – wann hast du Geburtstag? (wörtlich: wann ist dein/Ihr Geburtstag?). **When's** ist die gesprochene Form von **when is ...**?

January the second wird normalerweise **January 2nd** (2. Januar) geschrieben.

April the twelfth ist **April 12th** (12. April)

The thirteenth of May ist **13th May** (13. Mai). Ein Datum kann man immer auf zweierlei Weise angeben: Die Zahl kann entweder vor oder nach dem Monatsnamen stehen. Alle Monatsnamen sind im Abschnitt *Wichtige Wörter und Ausdrücke* aufgeführt. Sie werden wie die Wochentage großgeschrieben.

7 (2/24)

Wann ist was?

(M = Marion, T = Tanvi, K = Kate, N = Nuala)

M: Let's have a quiz. Which day is Christmas?
T: December the twenty-fourth?
M: Do you know, Kate?
K: I think... Is it December the twenty-fifth?
M: Yes, Kate's right. December the twenty-fifth. When is New Year's Day?
N: January the first.
M: That's right. When is Guy Fawkes Day?
K: Fifth of November.
M: When is Halloween?
K: I don't know... I think... I don't know.
N: It's the thirty-first of October.
M: When is midsummer?
K: My mummy's birthday!
M: What date is that? It's the twenty-first of June. What's the date today?
N: November the eighth.
M: That's right.

Alle Fest- und Feiertage, nach denen Marion die Kinder fragt, werden im Abschnitt *Wissenswertes* auf Seite 107 näher erläutert.

December the twenty-fourth, December the twenty-fifth werden normalerweise so geschrieben: **December 24th, December 25th.** Der 24. Dezember heißt **Christmas Eve** (Heiliger Abend). **Eve** ist die Abkürzung von **evening.**

Kate's right – Kate hat recht.

New Year's Day – Neujahrstag – **the day of New Year.** Der 31. Dezember ist **New Year's Eve – the eve of New Year.**

Fifth of November oder **5th November.** Eigentlich müsste Kate **the fifth of November** sagen, aber in Kurzantworten wird das **the** oft ausgelassen.

The thirty-first of October oder **31st October** – 31. Oktober.

midsummer – Mittsommer. **Summer** heißt Sommer, und **mid-** ist von **middle** (Mitte) abgeleitet. **Midsummer** wird in

Großbritannien nicht gefeiert; es überrascht darum nicht, dass dieser Feiertag den Kindern unbekannt ist. Weitere Jahreszeiten sind **spring** (Frühling), **autumn** (Herbst) und **winter** (Winter).

my mummy's birthday – der Geburtstag meiner Mutter. Die meisten Kinder nennen ihre Mutter **mummy** oder einfach **mum. My mummy's birthday** heißt eigentlich **the birthday of my mummy.**

the twenty-first of June oder **21st June** – 21. Juni

▶ **What's the date today?** – Der Wievielte ist heute? (wörtlich: Was ist das Datum heute?)

8 (2/25)

Ferienpläne

(M = Marion, R = Rachel)

M: What are you doing for the Christmas holidays, Rachel?
R: Oh, I'm going to Ireland to see my mother.
M: Oh, of course, yes.
R: What are you doing for Christmas, Marion?
M: I'm visiting some friends in Scotland.
R: How long are you staying?
M: Oh, about a week. How long are you staying in Ireland?
R: About the same. Perhaps less. Probably just a few days.
M: Are you flying?
R: Er, yes, probably. Are you flying?
M: No, I think it's too expensive. I'm probably going by train.

of course	natürlich
holidays	Ferien
the same	dasselbe
probably	wahrscheinlich
expensive	teuer

▶ **What are you doing . . .?** – Was machen Sie . . .? **Doing** ist vom Verb **to do** abgeleitet. Sie treffen in diesem Dialog noch auf weitere Beispiele dieser Verbform **(going, visiting, staying, flying).** Siehe den Abschnitt *Grammatik* auf Seite 106.

I'm going to Ireland to see my mother – ich fahre nach Irland, um meine Mutter zu besuchen. **To go** kann entweder fahren oder gehen heißen.

I'm visiting some friends in Scotland – ich besuche einige Freunde in Schottland.

▶ **How long are you staying?** – Wie lange bleiben Sie?

Perhaps less – Vielleicht weniger

▶ **Are you flying?** – Fliegen Sie? Man könnte auch fragen **Are you going by plane?**

▶ **I'm going by train** – Ich fahre mit dem Zug. Ähnlich sagt man **I'm going by car** oder **I'm going by bus.** Siehe hierzu auch *Unit* 4, Dialog 4 (Seite 58) – **I came by car.**

Wichtige Wörter und Ausdrücke

4/7

Zeitangaben

What's the time?	Wie spät ist es?
at three o'clock	um drei Uhr
ten to twelve	zehn vor zwölf
at the weekend	am Wochenende
on Monday	am Montag
Saturday	Samstag
New Year's Day	Neujahrstag
in the morning	morgens
in the afternoon	nachmittags
during the week	während der Woche

Die Wochentage

Monday, Tuesday, Wednesday, Thursday, Friday, Saturday, Sunday

the weekend	das Wochenende

Die Monate

January, February, March, April, May, June, July, August, September, October, November, December.

Das Datum

Beim Sprechen: the first of January *oder* January the first
the twentieth of March *oder* March the twentieth
Beim Schreiben: 1st January *oder* January 1st, 20th March *oder* March 20th

Einige nützliche Fragen und Wendungen

What is the date today?	Der Wievielte ist heute?
What are the times of *The Seven Samurai?*	Was sind die Anfangszeiten von *Die Sieben Samurai?*
When ist your birthday?	Wann ist Ihr/dein Geburtstag?
Christmas?	Weihnachten?
What are you doing for the holidays?	Was machen Sie im Urlaub?
on Monday?	am Montag?
I'm visiting some friends	ich besuche einige Freunde
I'm going to Ireland	ich fahre nach Irland
I'm flying	ich fliege
I'm going	ich fahre
by plane	mit dem Flugzeug
by train	mit der Bahn
by car	mit dem Auto
by bus	mit dem Bus
How long are you staying?	Wie lange bleiben Sie?
I'm staying for a week	ich bleibe eine Woche
it's expensive	es ist teuer
perhaps	vielleicht
probably	wahrscheinlich

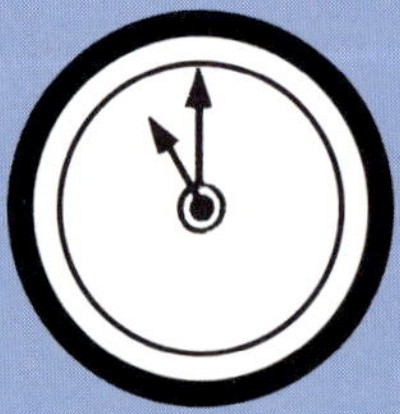

eleven o'clock

ten past eleven

quarter past eleven

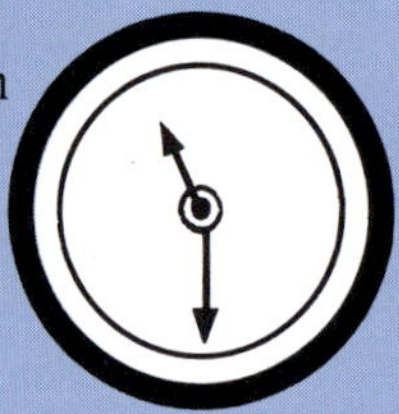

half past eleven

twenty to twelve

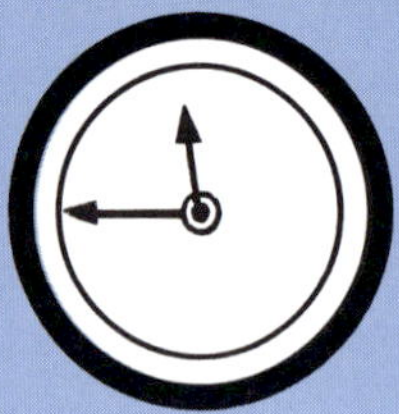

quarter to twelve

1 (2/26)

Auf der CD werden die zwölf Monatsnamen vorgetragen. Schreiben Sie bei jedem Monat auf, wie er auf Deutsch heißt. Sie können die Monatsnamen auch selbst laut sprechen; halten Sie die CD nach jedem Monat an und wiederholen Sie die Namen.

2 (2/27)

Jetzt werden verschiedene Daten genannt – ein Tag aus jedem Monat. Schreiben Sie das jeweils genannte Datum nieder. Anschließend üben Sie selbst, wie man ein Datum angibt. Sprechen Sie dazu zunächst die Angaben auf der CD nach. Danach zeigen Sie wahllos auf irgendwelche Daten in einem Kalender und sprechen sie laut aus. Wenn Sie sich nicht ganz sicher sind, wie eine bestimmte Zahl heißt, schauen Sie sich die Liste im Abschnitt *Wichtige Wörter und Ausdrücke* an.

3 (2/28)

Mr Matthews ruft Miss Cross an und möchte sie zum Essen einladen. Es ist jedoch schwierig eine Zeit auszumachen, zu der beide frei sind. Hören Sie dem Gespräch aufmerksam zu, und tragen Sie dann den vereinbarten Wochentag und die Uhrzeit, zu der sie sich treffen *(to meet)* wollen, in die entsprechenden Zeilen ein.

The day of the week ______

The time ______

4 (2/29)

Erinnern Sie sich, wie Nuala im Dialog 5 über ihren Wochenablauf berichtet hat? Ihre Aktivitäten sind in der folgenden Tabelle bereits eingetragen. Aber auch Kate ist nicht untätig. Lesen Sie, was sie alles macht:
Kate goes swimming *(geht schwimmen)*, goes to the Brownies *(geht zu den Pfadfinderinnen)*, has a recorder lesson *(hat Blockflötenunterricht)*.

Hören Sie sich nun an, wie Kate Marion über ihre Beschäftigungen berichtet. Tragen Sie Kates Aktivitäten beim Zuhören in die Tabelle ein.

	Nuala	Kate
Monday		
Tuesday		
Wednesday	choir	
Thursday	violin	
Friday	swimming	
Saturday	violin	
Sunday		

Verbformen: die gewohnheitsmäßige Gegenwart

Im Dialog 5 sind Sie Verbformen begegnet, die eine regelmäßige Tätigkeit oder eine gleichbleibende Gewohnheit beschreiben:

(to have) *I have a violin lesson on Thursday.*

(to do) *What do you do on Monday?*
On Sunday I don't do anything.

Die Formen der gewohnheitsmäßigen Gegenwart sind im Abschnitt *Grammatik* der *Unit* 2 bereits behandelt worden. Schlagen Sie diesen Abschnitt zunächst bitte noch einmal nach (Seite 35), und wiederholen Sie, was dort ausgeführt worden ist.

In der Anweisung zu Übung 3 im Abschnitt *Übungen* wurden einige Beispiele für die 3. Person Einzahl angeführt:

(to go) *Kate goes to the Brownies (on Monday).*

(to have) *She has a recorder lesson (on Friday).*

Normalerweise wird der Grundform des Verbs in der 3. Person Einzahl ein *-s* angehängt:
I sing in a choir – Nuala sings in a choir.

Das Verb *to go* weicht jedoch von dieser Regel ab: hier wird der Grundform *-es* hinzugefügt:
I go swimming – Tanvi goes swimming.

Auch bei *to have* ist eine Besonderheit zu beachten:
I have German on Monday – she has German on Monday.

Grammatik

Wie man über das redet, was sich gerade ereignet

Im Deutschen gibt es nur eine Gegenwartsform: Ich fahre gerade nach Hause; ich fahre jeden Tag um 16 Uhr nach Hause.
Im Englischen ist das ein wenig komplizierter. Wenn man nämlich etwas beschreibt, das sich gerade jetzt in diesem Augenblick ereignet, muss man die Verlaufsform der Gegenwart verwenden, z. B.:
They are drinking beer.
He ist staying at the Regent Hotel.

Die Verlaufsform der Gegenwart wird folgendermaßen gebildet: Eine Form des Verbs *to be* + Grundform + *-ing.* Weitere Beispiele sind im Abschnitt *Grammatik* von *Unit* 12, Seite 175, zu finden.

Wie man über die Zukunft spricht

Die Verlaufsform der Gegenwart dient auch dazu, über etwas Zukünftiges zu sprechen. Einige Beispiele dafür kennen Sie bereits aus Dialog 8 (Seite 102) und aus Übung 3 des Abschnitts *Übungen* (Seite 104):

(to do) *What are you doing for the Christmas holidays?*
(to visit) *I'm visiting some friends for Christmas*
(to fly) *Are you flying?*
(to do) *I'm not doing anything on Wednesday.*

Übung

Vervollständigen Sie bitte die Lücken im folgenden Text mit den entsprechenden Formen der in Klammern stehenden Verben.

I (go) ________ to Ireland on December 23rd and I (visit) ________ a friend in Belfast. We (go) ________ to the theatre on the 29th. I (stay) ________ only a week. I (fly) ________ back to England on December 31st. I (not visit) ________ Dublin this time.

DAY TOUR
SHAKESPEARE'S COUNTRY
& STRATFORD-UPON-AVON

Departure from Victoria Coach Station at 08.30;
Return to London at 19.30
Thursdays 2 April - 22 October
Mondays 4 May - 28 September
Fare includes lunch and all admission charges

BRITISH MUSEUM

Great Russell Street
Nearest undergrounds:
Tottenham Court Road
& Russell Square
Open weekdays: 10.00-17.00
Sundays: 14.30-18.00

CHARTWELL

near Westerham, Kent
The home of Sir Winston Churchill from 1922 to 1965.
Open Wed. & Thurs. 2-6 p.m.
Sat. & Son. 11 a.m.-6 p.m.

Es ist Freitag, der 2. Juli. Sie sind am Abend in London eingetroffen und wollen am Samstag, Sonntag und Montag in England bleiben. Am Dienstag Vormittag reisen Sie wieder ab. London kennen Sie bereits; anstelle einer Stadtbesichtigung möchten Sie darum lieber einen Tagesausflug zum Geburtsort von William Shakespeare, Stratford-on-Avon, machen. Ein Bekannter hat Ihnen einen Tagesausflug nach Chartwell, dem ehemaligen Wohnort Winston Churchills, empfohlen. Und dann wollen Sie auch noch einen ganzen Tag – also vormittags und nachmittags – im Britischen Museum verbringen, weil es dort so viel zu sehen gibt.
Sehen Sie sich die Informationshinweise auf Seite 106 an und planen Sie dann Ihren dreitägigen Aufenthalt. Anschließend vervollständigen Sie bitte die Kurzmitteilung an einen Bekannten, in der Sie über Ihre Pläne berichten. Es gibt übrigens nur eine Möglichkeit, alle drei Vorhaben zu verwirklichen.

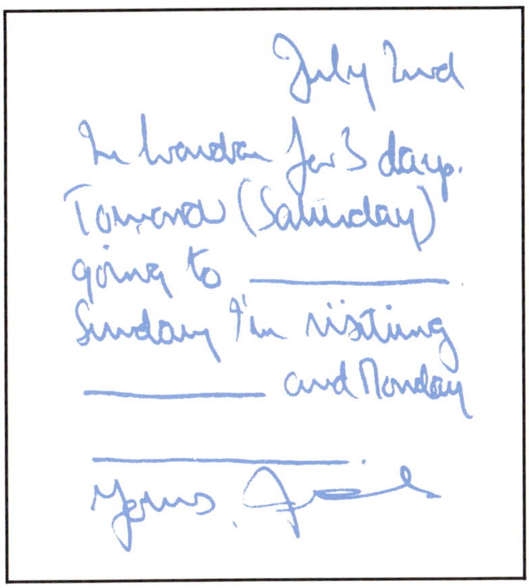
July 2nd
In London for 3 days.
Tomorrow (Saturday)
going to ______
Sunday I'm visiting
______ and Monday
______
Yours,

Feiertage

An Feiertagen sind Museen und andere Sehenswürdigkeiten entweder geschlossen oder haben geänderte Öffnungszeiten. Geschäfte und Banken sind geschlossen und öffentliche Verkehrsmittel verkehren nach dem Sonntagsfahrplan. Sollten Sie an einem der unten aufgeführten Feiertage in Großbritannien sein, so versuchen Sie, sich die vielen traditionellen Bräuche erklären zu lassen.

New Year's Day (Neujahrstag). Dieser Feiertag wird besonders in Schottland auf sehr ausgelassene Art und Weise begangen. Geschäfte schließen am Tag davor – *New Year's Eve* oder *Hogmanay,* wie die Schotten sagen. Der 2. Januar ist auch ein Feiertag – zur Erholung!

Good Friday, Easter Sunday, Easter Monday (Karfreitag, Ostersonntag, Ostermontag): Ostermontag ist überall Feiertag, außer in Schottland.

Christmas Day (Weihnachtstag): Anders als in vielen Ländern ist in Großbritannien nicht Heiligabend *(Christmas Eve),* sondern *Christmas Day* der eigentliche Feiertag, mit Gottesdienst, Bescherung und einem Festessen, wozu traditionellerweise *turkey* (Truthahn) und *Christmas pudding* gehören.

Boxing Day (zweiter Weihnachtsfeiertag). *Boxing Day* heißt wörtlich „der Tag der Geschenke"; früher war es üblich, dass Arbeitgeber an diesem Tag ihren Angestellten ein kleines Geschenk überreichten. In Schottland ist es kein Feiertag.

Bank Holidays (Bankfeiertage): Trotz der Bezeichnung sind diese Feiertage nicht auf die Banken beschränkt. Alle Angehörigen des öffentlichen Dienstes, alle Schulkinder und die meisten Angestellten haben auch frei. Diese Feiertage fallen immer auf einen Montag; den ersten Montag im Mai, den letzten Montag im Mai und den letzten Montag im August – außer in Schottland.

Weitere Tage

April Fool's Day (1. April). Wie in vielen anderen Ländern, werden an diesem Tag Leute „in den April geschickt". *Fool* heißt wörtlich Narr.

Hallowe'en (Reformationstag). *Hallowe'en* heißt wörtlich der Vorabend von Allerheiligen *(e'en = evening)*. Da Großbritannien vorwiegend evangelisch ist, wird Allerheiligen *(All Saints' Day)* nicht gefeiert. Im Volksmund heißt es, dass an Hallowe'en Hexen und böse Geister ihr Unwesen treiben und mit Laternen (die aus ausgehöhlten Kürbissen bestehen) vertrieben werden müssen.

Guy Fawkes Day (5. November). An diesem Tag versuchte der Abenteurer Guy Fawkes im Jahre 1605 das Parlament in die Luft zu sprengen. In den Tagen vor dem 5. November sieht man Kinder auf der Straße mit einer Lumpenfigur von Guy Fawkes; sie erbitten von Passanten *a penny for the guy*. Die Figur wird dann am 5. November verbrannt und dazu wird ein Feuerwerk veranstaltet.

Uhrzeit

Im Winter ist *Greenwich Mean Time* verbindlich. Im März werden die Uhren um eine Stunde vorgestellt *(British Summer Time)*, im Oktober um eine Stunde zurück.

Jetzt haben Sie das Wort

1 2/30

In der ersten Übung wird man Ihnen die Uhrzeit auf Deutsch angeben. Sie wiederholen sie auf Englisch.

2 2/31

In der zweiten Übung wird Richard eine Frage mit zwei Antwortmöglichkeiten stellen. Die erste Antwortmöglichkeit ist immer die richtige. Beispiel:

Richard	Is Nuala's birthday in January or in February? *(CD anhalten)*
Sie	It's in January. *(CD wieder starten)*
Wiederholung	It's in January.

3 2/32

In der letzten Übung wird Diana Sie nach Ihrem Geburtstag, nach der Uhrzeit und nach dem Wochentag fragen. Natürlich kann die CD keine „richtigen" Antworten bestätigen, denn jeder wird hier anders antworten. Die Fragen lauten:
When is your birthday?
What day of the week is it today?
What time is it now?

Zum Schluss überprüfen Sie, ob Sie die Wochentage, die Monatsnamen und die Zahlen beherrschen, die im Abschnitt *Wichtige Wörter und Ausdrücke* aufgeführt sind. Dann hören Sie sich alle Dialoge noch einmal nacheinander an ohne dabei im Buch mitzulesen.

8 Can I walk there?

Bevor Sie anfangen

Es ist gar nicht so einfach, sich in einem fremden Land in einer Stadt zurechtzufinden. Sie müssen nach dem Weg fragen und die Antworten, die Sie erhalten, verstehen können. Achten Sie darum in den Dialogen besonders auf Ausdrücke, mit denen genaue Ortsangaben gemacht werden können. In den Abschnitten *Übungen* und *Jetzt haben Sie das Wort* haben Sie dann Gelegenheit, diese Ausdrücke selbst anzuwenden.

Sie lernen in dieser Unit

- wie man fragt, wo sich etwas befindet
- wie man nach dem Weg fragt
- wie man fragt, wie lange etwas dauert
- wie man Anweisungen versteht
- wie man Ortsangaben versteht

Wegweiser

Dialoge: Hören Sie sich die Dialoge oder Dialoggruppen in der unten aufgeführten Reihenfolge bei geschlossenem Buch an. Nach jeder Dialoggruppe hören Sie dann jeden Dialog einzeln an, lesen Sie ihn und arbeiten Sie ihn durch.

Reihenfolge: 1–4; 5–7; 8–10; 11

Lernen Sie *Wichtige Wörter und Ausdrücke* (S. 116).

Bearbeiten Sie die *Übungen* (S. 117).

Arbeiten Sie die *Grammatik* (S. 119) durch.

Bearbeiten Sie den Abschnitt *Lesen und Verstehen* (S. 120).

Lesen Sie den Abschnitt *Wissenswertes* (S. 121).

Jetzt haben Sie das Wort (S. 122).

Hören Sie sich alle Dialoge noch einmal ohne Buch an.

1 (2/33)

Eine Verabredung

(M = Marion, S = Secretary)

M: Excuse me, I have an appointment with Miss Holden. Where's her office please?
S: Um, her office is downstairs on the left.
M: Thank you.

secretary	Sekretärin

I have an appointment with Miss Holden – Ich habe eine Verabredung mit Miss Holden.

Where's her office, please? – Wo ist ihr Büro, bitte? **Where's** ist die gesprochene Form von **where is**.

▶ **downstairs** – unten. **Downstairs** hat zwei Bestandteile: **down** (unten) und **stairs** (Treppe), d. h. also treppab = unten.

▶ **on the left** – links, auf der linken (Seite). Ebenso sagt man **on the right** auf der rechten (Seite), rechts.

2 (2/34)

Eine wichtige Frage

(Ma = Marion, M = Man)

Ma: Could you tell me where the toilets are, please?
M: Yes. On the first floor, upstairs.
Ma: Thank you.

▶ **Could you tell me where the toilets are, please?** – Könnten Sie mir bitte sagen, wo die Toiletten sind? Marion könnte auch sagen **Where are the toilets, please?** Im Abschnitt *Grammatik* (Seite 119) werden beide Ausdrücke näher erklärt, vor allem im Hinblick auf die unterschiedliche Reihenfolge der Wörter nach **where**.

▶ **upstairs** – oben. Wie **downstairs** hat dieses Wort zwei Bestandteile: **up** (auf) und **stairs** (Treppe), d. h. also treppauf = oben.

Dialoge

3 (2/35)

Wo ist die nächste Kneipe?

(C = Charles, W = Woman)

C: Could you tell me where the nearest pub is?
W: Nearest pub is the Queen's Larder, on the corner of Cosmo Place.
C: Thanks a lot.

▶ **Could you tell me where the nearest pub is, please?** – Könnten Sie mir bitte sagen, wo der nächste Pub ist? Erinnern Sie sich noch an **shortest, longest** usw.?

the Queen's Larder – die Speisekammer der Königin. Englische *pubs* haben manchmal etwas merkwürdige Namen.

on the corner of – an der Ecke (von)

▶ **Thanks a lot** – Vielen Dank. Umgangssprachlich für **thank you very much. A lot** heißt „viel"

4 (2/36)

Wo ist eine Bank?

(M = Man, C = Charles)

M: Could you tell me where the nearest bank is, please?
C: Sorry, I don't know. I'm a stranger here.

bank	Bank

▶ **Sorry, I don't know. I'm a stranger here** – Es tut mir Leid, ich weiß es nicht. Ich bin fremd hier. An diesen Satz sollten Sie sich erinnern, falls Sie jemand für einen Ortskundigen hält. Möglich wäre auch **I'm a foreigner** – Ich bin Ausländer. **A stranger** ist ein Ortsunkundiger, während **a foreigner** ein Ausländer ist.

5 (2/37)

Und die U-Bahn?

(M = Marion, A = Assistant)

M: Can you tell me where the nearest tube station is, please?
A: Go out of the shop, turn left, and it's straight in front of you, two hundred yards down the road.
M: Thank you.

▶ **the nearest tube station** – der nächste Untergrundbahnhof. **Tube** ist die umgangssprachliche Bezeichnung für **underground** und heißt wörtlich Rohr.

Go out of the shop – Gehen Sie aus dem Geschäft. Zur Befehlsform siehe den Abschnitt *Grammatik* auf Seite 120.

▶ **turn left** – biegen Sie links ab. Man könnte auch sagen **turn first left**. Ähnlich heißt es: **turn first right, turn second left** usw.

▶ **it's straight in front of you** – es ist direkt vor Ihnen. **Straight** heißt wörtlich gerade; **in front of** entspricht vor, z. B. **he is in front of the hotel**.

6 (2/38)

Marion in London

(Ma = Marion, M = Man)

Ma: Excuse me, could you tell me where Trafalgar Square is?
M: Just go out the front door, straight up to the main road, and that's Trafalgar Square.
Ma: Thank you very much.

go out the front door – gehen Sie zur Vordertür hinaus. Man könnte auch **go out of the front door** (wie im vorigen Dialog) sagen.

▶ **straight up to the main road** – geradeaus bis zur Hauptstraße

7 (2/39)

Im Fremdenverkehrsamt

(T = Tourist, C = Clerk)

T: Could you tell us where Whitechapel High Street is?
C: I'll show you on the map. It's about twenty minutes' walk.

I'll show you on the map – Ich zeige (es) Ihnen auf der Karte

▶ **It's about twenty minutes' walk** – Es ist (dauert) ungefähr zwanzig Minuten zu Fuß. Eigentlich müsste es heißen **a walk of twenty minutes** (ein Spaziergang von zwanzig Minuten). Der Apostroph ersetzt das **of**, z. B. **an hour's walk. To walk** heißt gehen. Ähnlich heißt es auch: **it's ten minutes by car; it's two hours by train.** Wenn Sie selbst fragen, wie lange etwas dauert, dann sagen Sie: **how long does it take to get to (Whitechapel High Street)?**

 Dialoge

8 (2/40)

Marion fragt noch einmal

(M = Marion, C = Clerk)

M: Could you tell me how to get to the National Gallery?
C: Yes. From here?
M: Yes, from St. Paul's.
C: Then you must catch bus number six, nine, eleven or fifteen from this side of the road. And get off at Trafalgar Square. Or, if you want to walk, it's direct. Straight down Fleet Street, the Strand to Trafalgar Square.
M: Thank you very much.

direct	direkt

▶ **Could you tell me how to get to the National Gallery?** – Könnten Sie mir sagen, wie ich zur Nationalgalerie komme? **To get to** heißt zu etwas hinkommen, erreichen. Über die Verwendungsmöglichkeiten von **to get** erfahren Sie mehr im Abschnitt *Grammatik* auf Seite 132.

▶ **From here?** – von hier?

Saint Paul's. Saint wird beim Schreiben oft **St.** abgekürzt: **St. Paul, St. Peter. Saint Paul's** ist die übliche Bezeichnung für **Saint Paul's Cathedral**, d. h. **the cathedral of Saint Paul**.

▶ **You must catch bus number six** – Sie müssen Bus Nr. 6 nehmen. Nach **must** wird – wie im Deutschen – die Grundform des Verbs verwendet: **You must go along this road; She must turn left**. Beachten Sie jedoch, dass das Verb im Englischen unmittelbar auf **must** folgt und nicht wie im Deutschen am Satzende steht.

▶ **from this side of the road** – auf dieser Straßenseite

▶ **if you want to walk** – wenn Sie zu Fuß gehen wollen

Fleet Street und **the Strand** sind Straßen zwischen St. Paul's Cathedral und Trafalgar Square in London.

9 (2/41)

Wie komme ich zu Harrods?

(T = Tourist, C = Clerk)

T: Could you tell me how to get to um, Harrods from here?
C: Take a number nine bus, from this side of the road, get off at Knightsbridge, and then walk down Brompton Road, and it's just a couple of minutes' walk from Harrods.
T: Thank you.

▶ **Take a number nine bus** – Nehmen Sie den Bus Nr. 9. Man kann entweder **to take a bus** oder **to catch a bus** sagen.

▶ **a couple of minutes' walk** – ein paar Minuten zu Fuß **(a walk of a couple of minutes). A couple of** heißt wörtlich ein paar, wird aber hier einfach für eine nicht näher bestimmte, kurze Zeitspanne verwendet.

10 (2/42)

Wie komme ich zum Tower?

(M = Marion, C = Clerk)

M: Can you tell me how to get to the Tower of London please?
C: From here you take a number twenty-three bus, from the bus stop on the other side of the road, and that'll take you directly.
M: Can I walk there?
C: Yes. You just have to continue, straight down this road for about twenty minutes and it's at the end of the road.
M: Thank you.

at the end	am Ende

The Tower of London liegt direkt an der Themse und ist eine sehr beliebte Sehenswürdigkeit. Teile dieser Festung stammen aus dem 11. Jahrhundert

▶ **on the other side of the road** – auf der anderen Straßenseite

▶ **that'll take you directly** – der (Bus) bringt Sie direkt hin

▶ **Can I walk there?** – Kann ich zu Fuß dahin gehen?

You just have to continue – Sie müssen nur weiter(gehen)

Dialoge

11 (2/43)

Campen in Schottland

(O = Tourist Officer, T = Tourist)

O: If you go along the, the Kenmore road for three and a half miles, you'll find a camping site on the right hand side and there's a signpost with the name "Cruachan", so that you can't mistake it. Here we are. *(Sie zeigt dem Touristen die Lage auf einer Karte)* There's one on the right hand side as you cross the bridge, past the hotel here, about a mile, half a mile. And then there's another one on the right, about a quarter of a mile. You could try the three, but I think you'll find the "Cruachan" is your best one. OK?
T: Thank you very much.
O: Right you are. Good luck! Have a nice holiday!

Tourist officer	Auskunftsbeamtin
find	finden
signpost	Hinweisschild
past the hotel	am Hotel vorbei

Die Dame von der Touristenauskunft stammt von den Kanalinseln; obwohl sie bereits seit 25 Jahren in Schottland wohnt, spricht sie immer noch mit einem starken, für die Kanalinseln typischen Akzent.

the Kenmore road – die Straße nach Kenmore. Ebenso spricht man von **the Edinburgh road, the London road**, usw.

three and a half miles – ungefähr sechs Kilometer. Eine Umrechnungstabelle für Entfernungen finden Sie im Abschnitt *Wissenswertes* von Unit 6 (Seite 95).

a camping site bedeutet das gleiche wie **a campsite**

on the right hand side bedeutet das Gleiche wie **on the right** (ähnlich im Deutschen: auf der rechten Seite). Ebenso heißt es auch **on the left hand side.**

so that you can't mistake it – sodass Sie ihn (den Campingplatz) nicht verfehlen können

as you cross the bridge – wenn Sie die Brücke überqueren

another one – noch einer. **Another** wird in einem Wort geschrieben, obwohl es aus den zwei Wörtern **an** und **other** (wörtlich: ein anderer) besteht.

about a quarter of a mile on – ungefähr eine Viertelmeile weiter

right you are – Diesen umgangssprachlichen Ausdruck kann man nicht übersetzen. Er bedeutet das gleiche wie **OK** und kann auch – wie in unserem Beispiel – als Abschiedsgruß verwendet werden.

Good luck! – Viel Glück!

Have a nice holiday! – Schöne Ferien!

Wichtige Wörter und Ausdrücke

4/8

Wie man nach dem Weg fragt

Where is	Wo ist
Miss Holden's office?	Miss Holdens Büro?
the nearest bank?	die nächste Bank?
the nearest tube/underground station?	der nächste U-Bahnhof?
Where are the toilets?	Wo sind die Toiletten?
Could you tell me where the post office is?	Könnten Sie mir sagen, wo die Post ist?
Could you tell me how to get to Trafalgar Square?	Könnten Sie mir sagen, wie ich zum Trafalgar Square komme?

Wie man eine Richtung beschreibt

(you) go out of the shop	gehen Sie aus dem Laden
you go	Sie gehen
up this road	diese Straße hinauf
down this road	diese Straße hinunter
along this road	diese Straße entlang
you turn	Sie biegen
left	nach links
right	nach rechts
first right	in die erste Straße rechts
continue straight along the main road	gehen Sie weiter auf der Hauptstraße
cross the bridge	überqueren Sie die Brücke
take/catch a number six	nehmen Sie den Bus Nr. 6
from this/the other side of the road	von dieser/der anderen Straßenseite
get off at Knightsbridge	steigen Sie in Knightsbridge aus

Wie man sagt, wo sich etwas befindet

it's	es ist
on the corner	an der Ecke
on the left	auf der linken Seite
on the right	auf der rechten Seite
straight in front of you	direkt vor Ihnen
in front of the bank	vor der Bank
on the first floor	im ersten Stock
upstairs	oben
downstairs	unten
a hundred yards down the road	hundert Meter die Straße hinunter
three miles from here	drei Meilen von hier

Wie man fragt und sagt, wie lange etwas dauert

How long will it take to get to St. Paul's?	Wie lange brauche ich, um St. Paul's zu erreichen?
Can I walk there?	Kann ich zu Fuß dahin laufen?
it's	es ist
a couple of minutes' walk	zwei Minuten zu Fuß
about twenty minutes' walk	circa zwanzig Minuten zu Fuß
three hours by car	drei Stunden mit dem Auto

Einige nützliche Wendungen

if you want to walk, it's direct	wenn Sie dahin laufen wollen, ist es in der Nähe
I'm sorry, I don't know	es tut mir Leid, ich weiß nicht
I'm a stranger here	ich bin hier fremd
I'm a foreigner	ich bin Ausländer
I have an appointment	ich habe eine Verabredung

1 (2/44)

Miss Williams wohnt im Royal Hotel (siehe Karte). Sie erkundigt sich nach den folgenden vier Lokalitäten:

the museum
the nearest post office
a restaurant
the nearest pub

Auf der Karte sind sie durch Zahlen gekennzeichnet. Hören Sie sich auf der CD an, wie Miss Williams von der Dame am Empfang erfährt, wo sich die Lokalitäten befinden, und tragen Sie die Bezeichnungen neben die entsprechenden Zahlen auf der Karte ein.

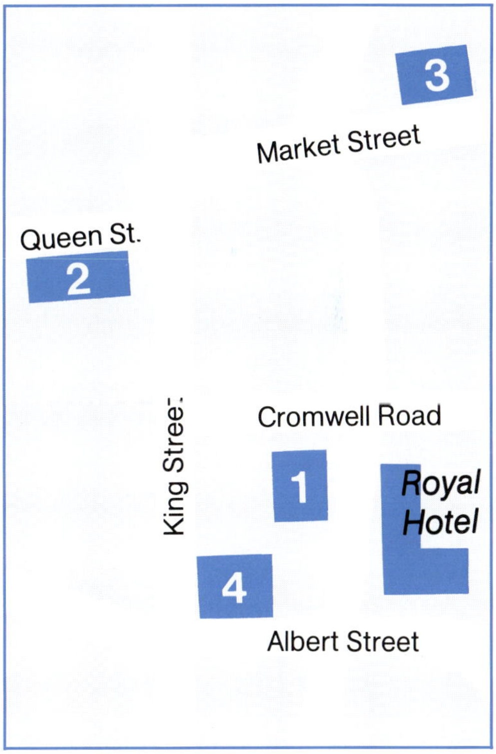

2 (2/45)

Hören Sie sich die Dialoge auf der CD an und vervollständigen Sie die folgenden Texte. Die fehlenden Ausdrücke sind im Kasten rechts in wahlloser Reihenfolge vorgegeben.

(T = Tourist, M = Man)

a. T: Where is the Victoria Hotel, please?
M: Walk . . . this road, cross the bridge, and then turn . . . and it's straight . . . you. You can't miss it.
T: Thank you.

b. T: Could you tell me where the toilets are, please?
M: Yes, certainly. Go . . . to the second floor and . . . It's the first door . . .
T: Thank you.

c. T: Can you tell me how to get to St. Paul's Cathedral?
M: You take . . . from . . . of the road. It's direct – you get off at the cathedral.
T: Can I walk there?
M: You must go along this road, then . . . Fleet Street and you'll see it in front of you. It's about fifteen or . . .
T: Thank you.

in front of
upstairs
turn left
continue along
right
on your right
twenty minutes'walk
a number six bus
the other side
straight down

3 (2/46)

Der Friedhof von Highgate (Highgate Cemetery) im Norden Londons wurde im 19. Jahrhundert angelegt; sowohl die Londoner als auch Besucher der Hauptstadt gingen dort gern spazieren. Der Friedhof besteht aus zwei Teilen, dem „alten" und dem „neuen". Der alte Friedhof ist heute mit Efeu und wild wachsenden Blumen bedeckt und bietet einen romantischen Anblick. Er ist nur an ganz wenigen Tagen im Jahr geöffnet; dann kommen viele Besucher, um die prachtvollen Grabsteine der dort beerdigten Prominenten zu besichtigen. Der neue Friedhof ist täglich geöffnet und wird jährlich von Hunderten besucht, von denen viele dem dort begrabenen Karl Marx huldigen wollen. Die Zahlen auf dem Plan des Friedhofs beziehen sich auf die Gräber *(graves)* der unten aufgeführten Personen. Auf der CD hören Sie ein Gespräch zwischen einer Besucherin und dem Wächter am Tor *(gate)* des alten Friedhofs. Sie möchte einige der berühmten Gräber besichtigen. Hören Sie zu und tragen Sie die Zahlen vom Lageplan des Friedhofs neben den entsprechenden Namen ein.

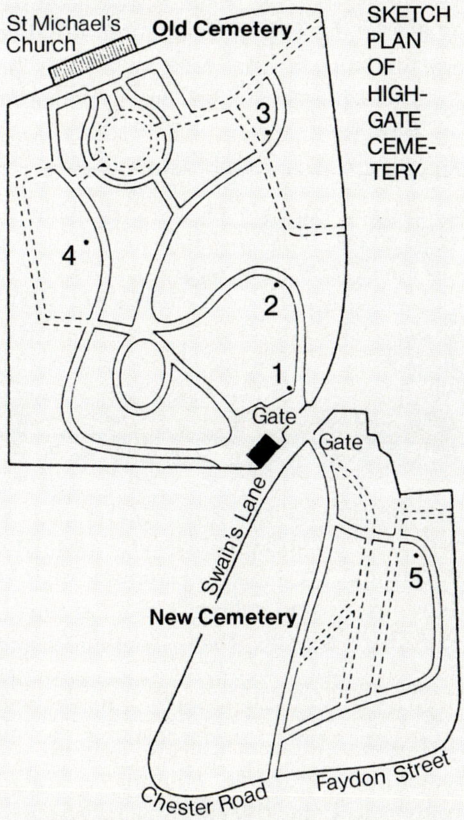

Graves

Dickens family. Charles Dickens's parents, John Dickens (died 1851) and Elizabeth Barrow (died 1863); his wife Catherine Hogarth (1815–79) and Dora Annie (1850–51), his ninth child.

Landseer, Thomas (1795–1880). Artist and brother of Edwin Henry Landseer.

Marx, Karl Heinrich (1818–83). Author of „Das Kapital". Founder of modern socialism.

Sayers, Tom (1826–65). A famous boxer. Ten thousand people were at his funeral. The dog on his grave is not buried in the grave.

Tennyson, Frederick (1807–98). A poet, and brother of the poet Alfred Tennyson.

Fragen und Bitten: Wortfolge

Sie haben jetzt verschiedene Möglichkeiten der Fragebildung kennen gelernt:
Where are the toilets?
When is your birthday?
How much is that?

Bei allen diesen Beispielen ist die Wortfolge wie im Deutschen geregelt: Fragewort + Verb + Substantiv/Pronomen + ... Wenn Sie Ihre Fragen mit der Höflichkeitsformel *Could you tell me* (Könnten Sie mir sagen) beginnen, ändert sich die Wortfolge so:
Could you tell me
where the toilets are?
when your birthday is?
how much that is?
Das Verb steht jetzt – wie im Deutschen – hinter dem Substantiv bzw. Pronomen.
Es gibt Fragen, die mit *do* oder *does* gebildet werden müssen. Nach *could you tell me* treten *do* bzw. *does* nicht auf:
What size do you take?
Could you tell me what size you take?
Which colour does he want?
Could you tell me which colour he wants?

Übung
Formulieren Sie die folgenden Fragen in höfliche Bitten um, die mit *Could you tell me...?* beginnen, z. B. *Where is the nearest bank? Could you tell me where the nearest bank is?*

1 Where is the post office?
2 How old are you?
3 When are the holidays?
4 Where do you come from?
5 Where do I get off?

Anweisungen

Anweisungen (Befehle) werden immer mit der Grundform des Verbs gegeben, und zwar mit oder (meist) ohne *you:*
turn left oder *you turn left*
get off at Knightsbridge oder *you get off at Knightsbridge*
Zwischen Einzahl und Mehrzahl gibt es keinen Unterschied.
Die Verneinung wird mit *do not* bzw. beim Sprechen mit *don't* gebildet:
don't turn left
don't get off at Knightsbridge

have to und **must**

Have to und *must* entsprechen beide dem deutschen „müssen". Ihnen folgt immer die Grundform eines Verbs:

You	*have to* *must*	take the number six bus

Auch *have to* wird, wie *to have,* in der 3. Person Singular zu *has to:*

you *we* *they*	**must** **have to** **have to**	*take the number six bus* *walk down this road* *go upstairs*
he *she* *it*	**must** **has to** **has to**	

Der folgende Text stammt aus einer Broschüre, in der Fußmärsche durch Edinburgh beschrieben werden. Lesen Sie die Beschreibung und tragen Sie den empfohlenen Weg auf dem Stadtplan ein. Die Stadtwanderung beginnt am West End beim Zeichen *x*.

Walks in Edinburgh

Walk no. 2: Grassmarket and Greyfriars. Start at the West End, in front of St. John's Road. Walk up Lothian Road and turn left into King's Stables Road. Continue straight along this road to the Grassmarket. This tree-lined square under the castle has some old houses and some interesting small shops. From the Grassmarket continue up Candlemaker Row to Greyfriars Church. Cross George IV Bridge and walk down Chambers Street. On your right is the Scottish Museum. To the right of the museum is the Old College of Edinburgh University. Go back up Chambers Street and turn first left into Bristo Street. Walk along Bristo Street to McEwan Hall. Go past McEwan Hall to George Square with, on one side, the tall buildings of Edinburgh University. Then take Meadow Walk across the Meadows to Melville Drive. From here it is about fifteen minutes' walk back to the West End (along Melville Drive, Earl Grey Street and Lothian Road), or you can take a bus.

Wie man sich im Voraus informiert

Ihre beste Auskunftsquelle – über Unterkunft, Sehenswürdigkeiten, Rundfahrten usw. – ist die *British Tourist Authority* (siehe *Nützliche Adressen,* Seite 239). Wenn Sie dorthin schreiben, versuchen Sie möglichst genau anzugeben, was Sie im Einzelnen wissen möchten. Sie können auch ein Verzeichnis von Führern und Karten *(Tourist Guides and Maps of Britain)* anfordern, die Sie dann schriftlich bestellen können. Auch ein gutes deutsches Reisebüro kann Ihnen Informationen über Reisemöglichkeiten, Hotelreservierungen, Theaterkarten usw. geben. Wenn Sie geschäftlich nach Großbritannien reisen, könnte es sich empfehlen Kontakt mit der Londoner Industrie- und Handelskammer aufzunehmen *(London Chamber of Commerce).*

Informationsdienste in Großbritannien

Tourist Information Centres

Über 650 Fremdenverkehrszentralen sind über das ganze Land verstreut. Sie finden sie in den Stadtzentren, an Hauptverkehrsstraßen, in Touristengebieten, größeren Häfen und auf Flughäfen, in Badeorten und wo immer Sehenswürdigkeiten zu bewundern

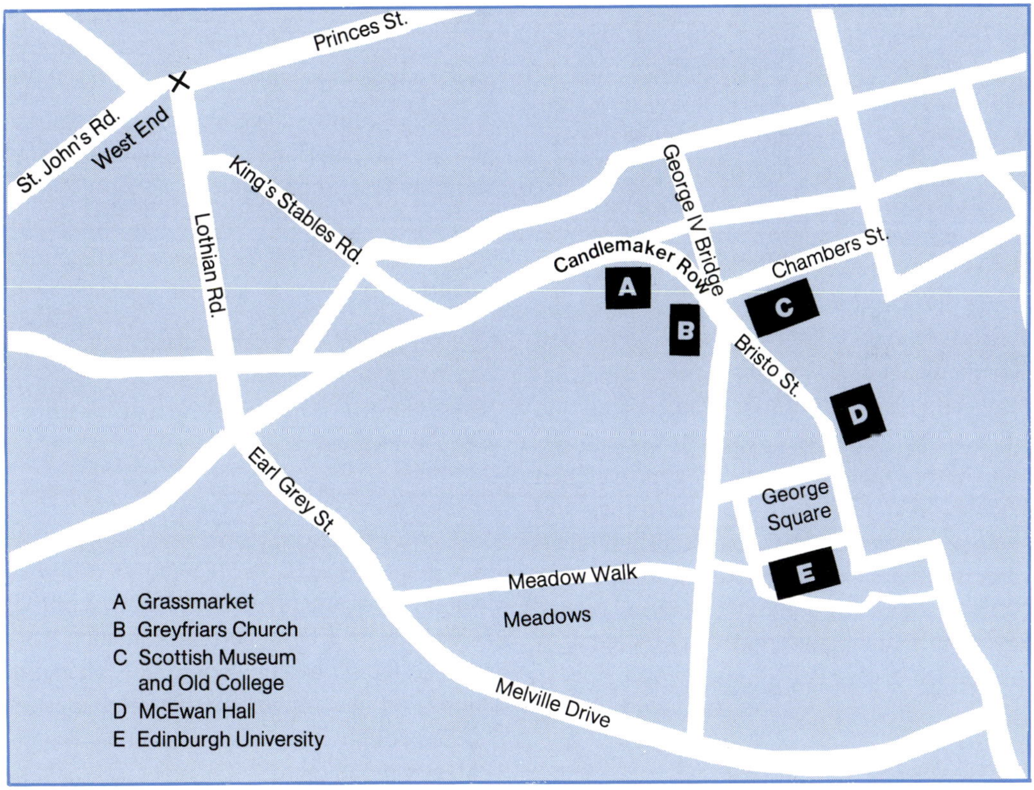

sind. Halten Sie nach solchen Schildern Ausschau:

Wenn Sie in London sind, sollten Sie das *Britain visitor Centre* in der Nähe von Piccadilly Circus besuchen (siehe *Nützliche Adressen,* Seite 239).

Telefonische Auskünfte

In London gibt es einen telefonischen Ansagedienst für Besucher unter der Bezeichnung *Visitor Call.* Wenn Sie 09064 122 400 wählen, sagt man Ihnen die wichtigsten Tagesveranstaltungen auf Englisch. Veranstaltungen, die für Kinder interessant sind, werden unter der Nummer 09064 123 424 angesagt, allerdings nur auf Englisch. Der Anruf kostet etwa 60 p in der Minute.

Notruf

Unter der Rufnummer 999 erreichen Sie die Polizei *(police),* die Feuerwehr *(fire)*, den Krankenwagen *(ambulance)* und die Küstenwache *(coastguard).* Die Anrufe sind von öffentlichen Fernsprechzellen aus gebührenfrei. Man wird Sie jeweils fragen, welchen Dienst Sie benötigen *(Which service do you require?)* und Sie müssen natürlich auch Ihren Namen nennen und Auskunft über den Notfall sowie über Ihren Standort geben. Auf den Autobahnen sind in regelmäßigen Abständen Notrufsäulen anzutreffen.

Jetzt haben Sie das Wort

1 (2/47)

Zunächst sollen Sie üben, wie man nach dem Weg fragt. Verwenden Sie dabei den Ausdruck *Excuse me, where is the nearest…?* Auf der CD wird man Ihnen sagen, wonach Sie jeweils fragen sollen.

Beispiel:

CD:	Post office *(CD anhalten)*
Sie:	Excuse me, where is the nearest post office? *(CD wieder laufen lassen)*
CD:	Excuse me, where is the nearest post office?

2 (2/48)

Jetzt stellen Sie sich bitte vor, Sie wohnten in einem zentral gelegenen Londoner Hotel. Sie wollen zur Bank und danach möchten Sie Trafalgar Square und St. Paul's Cathedral besichtigen. Sie fragen am Hotelempfang nach dem Weg. Sie üben die folgenden Ausdrücke:

Could you tell me where . . . is?
Could you tell me how to get to . . .?
How long will it take to get to . . .?
Can I walk there?

Zum Schluss überprüfen Sie noch einmal, ob Sie alle im *Wegweiser* empfohlenen Aufgaben erledigt haben. Hören Sie sich alle Dialoge an ohne dabei mitzulesen; benutzen Sie das Buch nur, wenn Sie etwas nachschlagen möchten, das Sie vergessen haben.

9 Do I have to change?

Bevor Sie anfangen

Wenn Sie die Vorbereitungen für Ihre Urlaubsreise selbst treffen, sind Sie wesentlich beweglicher und unabhängiger, als wenn Sie sich etwa einer Reisegruppe anschließen. Sie können dann auch leichter umdisponieren, wenn Hafenarbeiter streiken oder wenn Sie krank werden. In dieser *Unit* lernen Sie die wichtigsten Wörter und Ausdrücke, die Sie für Reisevorbereitungen benötigen. Weil dabei notwendigerweise auch Uhrzeiten und Wochentage auftreten, sollten Sie sich zuvor noch einmal *Unit 7* anschauen.

Sie lernen in dieser Unit

- wie man Fahrkarten für die Eisenbahn, den Bus und die Fähre kauft
- wie man einfache Fragen über Reisemöglichkeiten stellt
- wie man Antworten versteht, die man darauf erhält
- wie man an einer Tankstelle Benzin kauft
- wie man Öl, Wasser und Luftdruck überprüfen lässt
- wie man sich nach Reisewegen und Entfernungen erkundigt

Wegweiser

Dialoge: Hören Sie sich die Dialoge oder Dialoggruppen in der unten aufgeführten Reihenfolge bei geschlossenem Buch an. Nach jeder Dialoggruppe hören Sie dann jeden Dialog einzeln an, lesen Sie ihn und arbeiten Sie ihn durch.

Reihenfolge: 1–4; 5–7; 8–9

Lernen Sie *Wichtige Wörter und Ausdrücke* (S. 130).

Bearbeiten Sie die *Übungen* (S. 131).

Arbeiten Sie die *Grammatik* (S. 132) durch.

Bearbeiten Sie den Abschnitt *Lesen und Verstehen* (S. 133).

Lesen Sie den Abschnitt *Wissenswertes* (S. 135).

Jetzt haben Sie das Wort (S. 136).

Hören Sie sich alle Dialoge noch einmal ohne Buch an.

Bearbeiten Sie das Wiederholungsprogramm zu den *Units* 7–9 (S. 226).

1 (2/49)

Eine einfache Fahrkarte

Woman: Single to Audley End, please.
Ticket man: One twenty, please.
Woman: Thank you.

ticket man	Schalterbeamter

▶ **Single to Audley End, please** – Einfach nach Audley End, bitte. **Single** ist die gängige Abkürzung für **a single ticket** – eine einfache Fahrkarte.

2 (2/50)

London hin und zurück

Marion: Day return to London, please.
Ticket man: Five pounds sixty, please.
Marion: Thank you.

▶ **Day return to London** – Eine Tagesrückfahrkarte nach London. Wenn Sie am gleichen Tag zurückfahren wollen, ist eine solche Karte billiger als eine **ordinary return** (normale Rückfahrkarte).

3 (2/51)

Der nächste Zug nach London

Clerk: Yes, madam?
Marion: Could you tell me when the next train to London is, please?
Clerk: It's to Liverpool Street at seventeen hundred, arriving Liverpool Street eighteen oh five.
Marion: Thank you. And, er, which platform is it from?
Clerk: Number one platform.
Marion: Thank you.
Clerk: Thank you.

▶ **the next train to London** – der nächste Zug nach London. Liverpool Street ist einer von vielen Londoner Bahnhöfen **(railway stations)**.

seventeen hundred bedeutet 17.00 Uhr oder **five o'clock**. In Fahrplänen finden sich Zeitangaben nach dem 24-Stunden-Tag. Wenn über Abfahrts- und Ankunftszeiten gesprochen wird, kann man beides hören, also z. B. entweder 15.00 oder 3.00 Uhr (nachmittags): **fifteen hundred** oder **3 o'clock (p.m.)**.

arriving eighteen oh five – Ankunft (wörtlich: ankommend) 18.05 Uhr. **Arriving** ist von **to arrive** (ankommen) abgeleitet. Siehe hierzu den Abschnitt *Grammatik* (Seite 132). Obwohl es im Englischen ein Wort für Null **(zero)** gibt, wird die Zahl 0 normalerweise **oh** ausgesprochen.

▶ **Which platform is it from?** – Auf welchem Bahnsteig? **Number one platform** – Gleis eins. Er könnte auch sagen **platform (number) one.**

4 (2/52)

Eine Ansage

The seventeen sixteen to Norwich will depart from platform six calling at Waterbeach, Ely, Shippey Hill, Brandon, Thetford, Harling Road, Eccles Road, Attleborough, Wymondham and Norwich. Passengers for Kings Lynn please change at Ely.

announcement	Ansage, Mitteilung
passengers	Fahrgäste, Passagiere

the seventeen sixteen to Norwich will depart... – der (Zug um) siebzehn Uhr sechzehn nach Norwich fährt ab... **To depart** wird in Fahrplänen und bei amtlichen Durchsagen verwendet. In geschriebener Form trifft man manchmal auf die Abkürzung **Dep.**, was auch **departure** (Abfahrt) bedeuten kann. Umgangssprachlich jedoch ist **to leave** häufiger zu hören (siehe dazu die Dialoge 6 und 7). Die Form **will depart** (wird ... abfahren) wird im Abschnitt *Grammatik* auf Seite 175 näher erklärt.

calling at ... – Haltebahnhöfe sind ... (wörtlich: anhaltend in ...) **Calling** ist von **to call** abgeleitet (siehe *Grammatik*, Seite 132).

▶ **please change at Ely** – bitte in Ely umsteigen

5 (2/53)

In der Auskunft

Clerk: Yes, madam?
Woman: Um, please could you tell me the time of the train for er, Friday morning to get to Tottenham Hale?
Clerk: There's one from here at eight nine. It's a through train, gets in at nine twenty-eight.
Woman: Is there one about tenish?
Clerk: From here?
Woman: Uhum.
Clerk: Ten thirty-nine.
Woman: *(sie schreibt sich die Zeit auf)* Ten thirty-nine. And it gets in at ...?
Clerk: At eleven fifty-eight. Slow train.
Woman: And there's no change?
Clerk: No, they're through trains.
Woman: Lovely. Thank you very much.
Clerk: Thank you.

▶ **It's a through train** – Es ist eine Direktverbindung (wörtlich: Es ist ein durchgehender Zug). **(it) gets in at ...** (er) kommt um ... an. Im Zusammenhang mit Fahrplänen verwendet man, wie im Deutschen, häufig die Gegenwartsform. Siehe dazu *Grammatik*, Seite 132.

about tenish – gegen zehn. Die Endung **-ish** an einem Zahlwort bedeutet **about** (ungefähr), z. B. **sixish** (gegen sechs).

▶ **(it's a) slow train** – (es ist ein) langsamer Zug, bei uns ein Nahverkehrszug. Ein Schnellzug ist im Englischen wortwörtlich **a fast train** (ein schneller Zug). Zwischen Großstädten verkehren, ebenso wie in anderen europäischen Ländern, auch in England Intercity-Züge.

▶ **there's no change** – ohne Umsteigen (wörtlich: es gibt kein Umsteigen). **Change** kann entweder als Hauptwort (wie hier) oder als Verb **to change** (wie in der Ansage von Dialog 4, Seite 125) verwendet werden.

6 (2/54)

Eine weitere Auskunft

Clerk: Yes, madam?
Woman: Tomorrow I'd like to go up to Leuchars, um, in Scotland, from Ely.
Clerk: Roughly what time do you want to leave?

Woman: Um, nine o'clock, ten o'clock.
Clerk: Well, the best train from Ely, with one change only at Peterborough, is eight fifty-one.
Woman: *(sie schreibt sich die Zeit auf)* Eight fifty-one.
Clerk: Gets to Peterborough nine thirty-two, leaves at nine fifty-two, Leuchars at three forty.
Woman: And I don't have to change anywhere else?
Clerk: Er, sorry you have to change at Edinburgh. Two oh-one . . .
Woman: *(schreibt)* Two oh one.
Clerk: . . . to two twenty-five.
Woman: Two twenty five. Thank you very much.
Clerk: Thank you.

tomorrow	morgen
roughly	ungefähr

▶ **what time do you want to leave?** – um wie viel Uhr wollen Sie abfahren?

with one change only – nur einmal umsteigen

▶ **I don't have to change (anywhere else)?** – Ich brauche (sonst) nicht umzusteigen? Beachten Sie, dass die Verneinung von **have to** mit **do not** gebildet wird: **you/they don't have to go.** Bei **he, she** und **it** verwendet man die dritte Person Einzahl **does not: he doesn't have to change**. Auch Fragen werden mit **do** bzw. **does** gebildet: **Do I have to change? Does she have to change?**

Two oh one – 2.01 Uhr. Der Auskunftsbeamte richtet sich nach dem 12-Stunden-Rhythmus. Der Zug von Peterborough kommt nachmittags um 2.01 Uhr in Edinburgh an und der Zug nach Leuchars fährt um 2.25 Uhr in Edinburgh ab.

7 (2/55)

Marion erkundigt sich nach Fähren

Marion: I want to go to Mull, the island of Mull. Can you tell me the times of the ferries?
Clerk: From where do you want to go?
Marion: Well, I'm going by car, so I want a car ferry from Oban to Mull.
Clerk: OK. Just a moment then. (Let) me have a look. When would it be for?
Marion: Er, the twenty-fourth.
Clerk: Um, from Oban you would leave at, er, ten o'clock in the morning arriving in Craignure at ten forty-five, or two o'clock in the afternoon, arriving Craignure at two forty-five. Or if you wish, four o'clock in the evening, arriving Craignure at four forty-five. After that there's nothing else at all. That's the last ferry.

island	Insel
ferry, Plural: ferries	Fähre
after	nach
after that	danach
nothing else	sonst nichts
at all	überhaupt

Dialoge

▶ **From where do you want to go?** – Von wo aus wollen Sie abfahren? **From** könnte auch am Ende der Frage stehen: **Where do you want to go from?** Siehe dazu den Abschnitt *Grammatik* von *Unit* 10, Seite 147.

▶ **just a moment** bedeutet das Gleiche wie **one moment** – einen Augenblick (siehe *Unit* 7, Dialog 2, Seite 99).

(let) me have a look – lassen Sie mich mal nachsehen. Er will im Fahrplan der schottischen Fähren nachschlagen.

▶ **When would it be for?** – Wann wollen Sie reisen? (wörtlich: Für wann würde das sein?) Er könnte auch sagen **When is it for?**

the twenty-fourth – am Vierundzwanzigsten (des laufenden Monats)

you would leave – Sie würden abfahren. Er könnte auch sagen **you leave** oder **you will leave**

if you wish – wenn Sie wollen

That's the last ferry – Das ist die letzte Fähre. Ähnlich kann man auch bei Zug oder Bus sagen: **That's the last train. That's the last bus.**

8 (2/56)

Mit dem Auto nach Schottland

Marion: What's the best route from London to Edinburgh by car?
Clerk: Straight up the M1, um, just to this side of Birmingham, onto the M6 to Carlisle, and then Carlisle to Edinburgh on the A74. Motorway all the way, virtually.
Marion: And how long will it take?
Clerk: Five hours? Maybe five and a half hours?
Marion: How many miles is it from London to Edinburgh?
Clerk: Four hundred. Just under four hundred.
Marion: Thank you.

virtually	fast; praktisch
maybe	vielleicht
under	unter

▶ **What's the best route from London to Edinburgh by car?** – Was ist die beste Strecke von London nach Edinburgh mit dem Auto?

the M1 – M ist die Kurzbezeichnung für **motorway** (Autobahn). Die M1 führt von London über Leeds in den Norden.

onto the M6 – auf die M6. Die M6 verläuft von Birmingham in den Nordwesten Englands nach Carlisle.

the A74 – Straßen mit dem Buchstaben

Dialoge

A sind einer deutschen Bundesstraße vergleichbar. Alle Straßen sind nummeriert. Straßen zweiter Ordnung (Landstraßen) werden vor der Nummer mit einem B gekennzeichnet.

motorway all the way – die ganze Strecke Autobahn.

▶ **How long will it take?** – Wie lange wird es dauern? Die vom Auskunftsbeamten genannte Zeit dürfte für die meisten Fahrer zu knapp geschätzt sein. Um die Strecke in $5^1/_2$ Stunden schaffen zu können müsste man pausenlos mit einer konstanten Geschwindigkeit von mehr als 110 km pro h fahren.

▶ **How many miles is it?** – Wie viele Meilen sind es?

9 (2/57)

An der Tankstelle

Attendant: Yes please, madam. What would you like?
Marion: Could you fill it up, please? Premium.
Attendant: Thank you.
Marion: And could you check the oil and the water. Oh, and the tyres too, please.
Attendant: Certainly madam.

▶ **Could you fill it up, please?** – Könnten Sie bitte volltanken? In Großbritannien gibt es zwei Sorten unverbleites Benzin. *Unleaded premium* hat 95 Oktan, *super unleaded* 98 Oktan.

▶ **could you check the oil and the water. Oh, and the tyres too, please?** – könnten Sie das Öl und das Wasser kontrollieren? Oh, und die Reifen bitte auch?

Wichtige Wörter und Ausdrücke

4/9

Wie man Fahrkarten kauft

a ticket	eine Fahrkarte
a single	eine einfache Fahrkarte
a return	eine Rückfahrkarte
a day return	eine Tagesrückfahrkarte
a monthly return	eine Monatsrückfahrkarte
two singles to London, please	zwei einfache Fahrkarten nach London, bitte

Wie man nach Verkehrsmitteln fragt

When is the next train to London, please?	Wann geht der nächste Zug nach London, bitte?
Which platform is it from?	Von welchem Gleis?
Do I have to change?	Muss ich umsteigen?
How long will it take?	Wie lange dauert es?

Wie man Reiseauskünfte versteht

the train leaves at 5	der Zug fährt um 5 ab
the ferry gets in at 4	die Fähre läuft um 4 ein
the bus arrives at 3	der Bus kommt um 3 an
it departs from platform 6	er fährt von Gleis 6 ab
it gets in at platform 6	er kommt am Gleis 6 an
it calls at Audley End	er hält in Audley End
there's no change	ohne Umsteigen
change at Cambridge	steigen Sie in Cambridge um
that's the last train	das ist der letzte Zug
it's a through train	es ist ein durchgehender Zug
What time do you want to leave?	Um wie viel Uhr wollen Sie abfahren?
From where do you want to go?	Von wo aus wollen Sie losfahren?
When is it for?	Für wann ist es?

Mit dem Auto unterwegs

petrol	Benzin
Could you fill it up, please?	Volltanken, bitte.
Could you check the oil, the water and the tyres, please?	Könnten Sie das Öl, das Wasser und die Reifen überprüfen, bitte?
How many miles is it from London to Edinburgh?	Wie viele Meilen sind es von London nach Edinburgh?
a motorway	eine Autobahn

Übungen

1 (2/58)

Im Londoner Bahnhof Paddington kaufen fünf verschiedene Personen die hier abgebildeten Fahrkarten. Hören Sie sich die Gespräche auf der CD an und nummerieren Sie die Fahrkarten in der Reihenfolge, in der sie gekauft werden.

Anschließend versuchen Sie bitte, diese Fahrkarten selbst zu kaufen. Sprechen Sie dabei laut, als ob Sie am Fahrkartenschalter ständen. Danach hören Sie sich jeweils auf der CD noch einmal die verschiedenen Personen an und überprüfen, ob Sie es richtig gemacht haben.

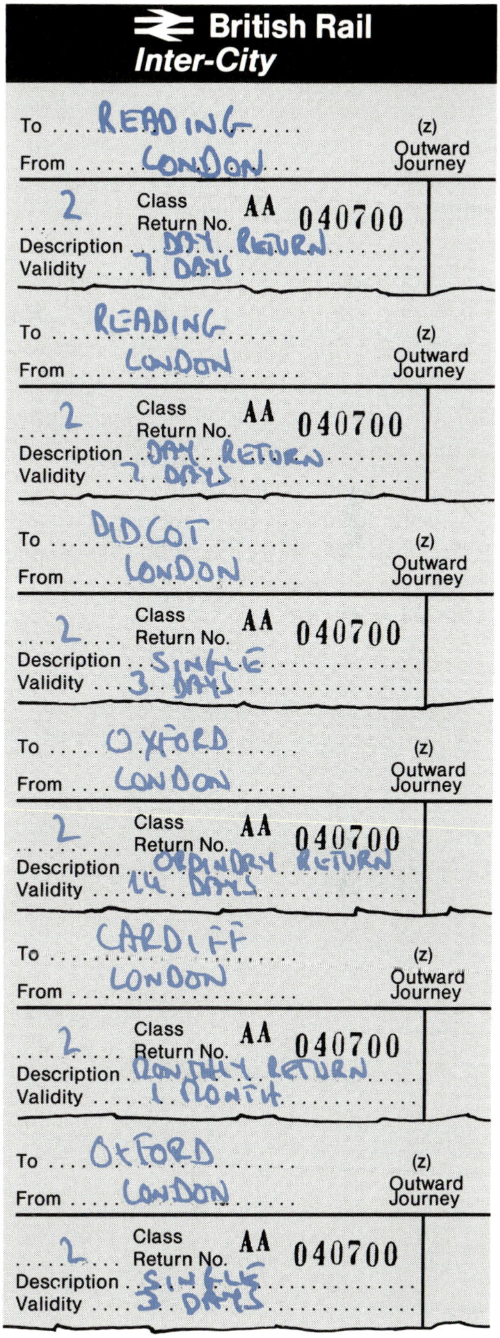

2 (2/59)

Herr Roberts hat eine Tankstelle angefahren, weil er Benzin braucht. Hören Sie sich sein Gespräch mit der Tankwartin an, und kreuzen Sie bei den folgenden Aussagen die jeweils richtige Alternative an.

a. Herr Roberts möchte
- ☐ volltanken
- ☐ zehn Liter tanken

b. Er verlangt
- ☐ Super
- ☐ Premium

c. Er bittet die Tankwartin um Überprüfung von
- ☐ Öl, Wasser und Reifen
- ☐ Öl und Wasser

d. Er möchte eine Straßenkarte kaufen von
- ☐ ganz Großbritannien
- ☐ England

3 (2/60)

Ms. Newton ist auf einer Geschäftsreise *(business trip)* in England. Sie hat in York, Leeds und Manchester Termine. Ihr Reisebüro hat jetzt alle Fahrkarten besorgt und sämtliche Platzreservierungen *(seat reservations)* vorgenommen. Auf der CD hören Sie, wie Ms. Newton im Reisebüro die Abfahrtszeiten der Züge erfährt. Tragen Sie beim Zuhören die Uhrzeiten in ihren Terminkalender ein.

Hören Sie sich jetzt den Dialog noch einmal an und entscheiden Sie, ob die folgenden Sätze richtig oder falsch sind.

a. All the trains are through trains.
b. Ms Newton's hotels in York, Leeds and Manchester are all near the station.
c. The 18.32 is the last train from Manchester to London.

MS ALICE NEWTON
Visit to York, Leeds and Manchester
Monday 13th May - Thursday 16th May

Monday 13th
Dep. London (Kings Cross).........
Arr. York.........................
Stay at Cathedral Hotel, York

Tuesday 14th
Dep. York.........................
Arr. Leeds........................
Stay at Station Hotel, Leeds

Wednesday 15th
Dep. Leeds........................
Arr. Manchester...................
Stay at Royal Hotel, Manchester

Thursday 16th
Dep. Manchester...................
Arr. London (Euston).............

Die Gegenwartsform mit Zukunftsbedeutung

Im Englischen kann man, wie im Deutschen, mit Gegenwartsformen über die Zukunft sprechen, z. B. in Verbindung mit Fahrplänen oder festen Absichten:

The train leaves at 6.15 (Der Zug fährt um 6.15 Uhr ab).
The bus doesn't arrive until 7.30.
I leave Munich on June 17th and arrive in New York on the 18th at 6 o'clock in the evening.

Das Partizip Präsens: calling, arriving usw.

Das Partizip Präsens wird gebildet, indem man zur Grundform des Verbs die Endung *-ing* hinzufügt. Beachten Sie, dass bei Verben, die auf *-e* enden, das *e* im Partizip entfällt.

(to call) *call + ing calling*
(to arrive) arrive + ing arriving

Mit dem Partizip Präsens können Sie zwei Sätze, die das gleiche Subjekt haben, zu einem Satz zusammenfassen:

The ferry leaves at ten. It arrives at 10.45.
The ferry leaves at ten, arriving at 10.45.
The train will depart at 4.15. It will call at Audley End.
The train will depart at 4.15, calling at Audley End.

Get

Get wird in der Umgangssprache sehr oft verwendet und hat viele Bedeutungen. Es tritt häufig auf, wenn es um Bewegungen geht, und darum kann man es in der Regel anstelle von *go* benutzen. *Get* bezeichnet meist das Ende oder das Ergebnis einer

Bewegung; darum wird es oft mit Wörtern wie *off*, *in* oder *out* verbunden:

to get off (the bus, train, plane)
(aus dem Bus, der Bahn, dem Flugzeug) aussteigen
Get off at Piccadilly Circus.

to get out of (a car, a taxi)
(aus einem Auto, einem Taxi) aussteigen
You can get out of the taxi now.

to get on (the bus, train, plane) (in den Bus, die Bahn, das Flugzeug) einsteigen
You get on the bus here.

to get into (a car, a taxi) (in ein Auto, ein Taxi) einsteigen

to get to erreichen, ankommen in
The train gets to Birmingham at 9.45.

to get in (at) ankommen in/(um) einlaufen in
The ferry gets in at 7.30.

Übung

Tragen Sie folgende Wörter in die Lücken ein: *in, to, off, on, out, into*

a. Get . . . the bus at Trafalgar Square and walk from there.

b. The plane gets . . . London at 7.05.

c. You can get . . . of the car now. This is my house.

d. The train from Aberdeen gets . . . at 7 o'clock in the morning.

e. Here is the bus. You get . . . first.

f. Please get . . . the car quickly, or we'll be late.

MULL-OBAN-CRAIGNURE
Monday to Saturday

	until 17 Oct			
		M	**NM**	
OBAN	dep	07.00	08.00	10.00
		12.00	14.00	16.00
CRAIGNURE	arr.	07.45	08.45	10.45
		12.45	14.45	16.45
	from 18 Oct-16 May			
		M	**NM**	**TThs**
OBAN	dep	07.00	07.45	10.00
	TThs	**NTh**	**TH**	**B**
	13.00	15.30	15.30	18.00
		M	**NM**	**TThs**
CRAIGNURE	arr.	07.45	08.30	10.45
	TThs	**NTh**	**TH**	**B**
	13.45	16.15	16.15	18.45

CODE:
A Commences 8 April
B 9, 10, 12 April
C Commences 8 April
M Monday only NM – not Monday
Th Thursday only
NTh Not Thursday
TThs Tuesday, Thursday, Saturday only

1

Im Dialog 7 haben Sie gehört, wie sich Marion nach den Abfahrtszeiten der Fähren von Oban nach Craignure auf der Insel Mull erkundigt hat. Später hat sie dann selbst noch einmal im Fahrplan nachgesehen – zu ihrem Glück, denn sie hatte eine falsche Auskunft bekommen. Schauen auch Sie sich jetzt bitte den Fahrplan an: Marion möchte am 24. Dezember – einem Donnerstag – reisen.

a. Wie viele Fähren verkehren an diesem Tag?
b. Um welche Zeit?
c. Unter wie vielen Fähren könnte Marion auswählen, wenn sie an einem Donnerstag im September hätte fahren wollen?
d. Wann würden sie abfahren?

2

Sie sind im Londoner Bahnhof Kings Cross. Ehe Sie mit dem Zug nach Peterborough fahren, möchten Sie zunächst noch einiges erledigen. Verbinden Sie das, was Sie tun möchten, und das entsprechende Schild, das Ihnen anzeigt, wo Sie es erledigen können, mit einem Strich. Sie möchten

a. für die Zeit, in der Sie in Peterborough sind, einen schweren Koffer bei der Gepäckaufbewahrung hinterlegen;

b. einen Schlafwagenplatz für einen Nachtzug nach Aberdeen in der kommenden Woche reservieren;

c. eine Fahrkarte nach Peterborough kaufen;

d. ein belegtes Brot kaufen, das Sie im Zug essen wollen;

e. sich eine Stunde lang ausruhen, während Sie auf den Zug nach Peterborough warten.

1

2

3

4

5

Railways

Die größeren Städte Großbritanniens sind durch schnelle, häufig verkehrende Intercity-Züge miteinander verbunden. Im Allgemeinen können auch kleinere Orte mit der Bahn in England gut erreicht werden, in Wales und in weiten Teilen Schottlands hingegen nicht. Normalerweise kann man erster Klasse *(first class)* oder zweiter Klasse *(second class)* reisen. Bei längeren Reisen sollte man einen Sitzplatz reservieren; dies muss mindestens 24 Stunden im Voraus geschehen.

Air Services

Inlandsflüge werden sowohl von British Airways als auch von privaten Fluggesellschaften durchgeführt. Flugverbindungen bestehen zwischen allen größeren Städten sowie zwischen dem Festland und den meisten Inseln, die zu Großbritannien gehören. Wer mit British Airways von London aus nach Edinburgh, Glasgow, Manchester oder Belfast fliegt, braucht sich nur zehn Minuten vor dem Abflug einzufinden – und ein Platz im Flugzeug ist ihm sicher! Ein derartiger Flugdienst wird als *shuttle* bezeichnet. Ein *shuttle* ist eigentlich das Schiffchen, das beim Weben oder beim Nähen mit der Nähmaschine hin- und herschwingt. Im Deutschen nennen wir den *(air* oder auch *bus) shuttle* einen Pendelverkehr.

Taxis

Taxis sind in London und den meisten anderen größeren Städten durch ihre besondere Bauart leicht zu erkennen – eine große Hilfe, wenn man auf einer belebten Straße nach einem Taxi sucht. Sie können ein Taxi heranwinken, wenn das Schild *for hire* oder *taxi* erleuchtet ist. Normalerweise erwarten die Fahrer ein Trinkgeld – 10 bis 15 Prozent des Fahrpreises dürften ausreichen. Ein *taxi* wird auch als *cab* bezeichnet.

Coach Services

Ein *coach* ist ein Überlandbus, der für längere Strecken eingesetzt wird. Alle größeren Orte können mit Bussen erreicht werden. Die *coaches* sind bequem und preisgünstig, aber natürlich auch langsamer als Flugzeuge oder die Eisenbahn. Sämtliche Fremdenverkehrsämter können Auskunft über Busverbindungen in Großbritannien und über die Abfahrtszeiten der Busse geben.

Ferry services

Die britischen Inseln, die dem Festland vorgelagert sind, kann man mit Fähren erreichen. Fähren verkehren auch nach Nord-Irland. Die meisten Fähren befördern auch Autos. In Schottland muss man damit rechnen, dass viele Fähren sonntags nicht verkehren.

Autofahren in Großbritannien

Bekanntlich fährt man in Großbritannien auf der linken Straßenseite und überholt rechts. Wer von links kommt, hat nicht automatisch Vorfahrt. Wer Vorfahrt hat, wird jedoch immer klar angezeigt: durch ein Stopschild *(stop)* oder durch ein Schild „Vorfahrt beachten" *(give way)* sowie durch unterbrochene weiße Linien auf der Straße. In Großbritannien besteht Anschnallpflicht.

Jetzt haben Sie das Wort

1 2/61

In der ersten Übung sollen Sie sich vorstellen, Sie führen nach Oxford. An der Auskunft erkundigen Sie sich nach den Zügen. Sie möchten wissen:
Wann fährt der nächste Zug nach Oxford?
Von welchem Bahnsteig fährt er ab?
Muss ich umsteigen?
Um wie viel Uhr kommt er in Oxford an?

2 2/62

In der zweiten Übung stellen Sie sich bitte vor, Sie seien in Glasgow und wollten nach Edinburgh fahren. Diesmal sind Sie mit dem Auto unterwegs. Sie fahren eine Tankstelle an, wollen volltanken und das Öl sowie die Reifen nachsehen lassen.
Außerdem erkundigen Sie sich nach dem besten Weg nach Edinburgh, und Sie fragen, wie viele Meilen es noch bis dahin sind.

Zum Schluss hören Sie sich noch einmal alle Dialoge an. Schreiben Sie dabei (auf Englisch!) möglichst viele Angaben, die mit Reisen zu tun haben, auf. Dazu müssen Sie wahrscheinlich die CD ab und zu anhalten.

2/63

Schlagen Sie jetzt bitte Seite 226 auf und bearbeiten Sie die Wiederholungsübungen zu den *Units* 7 bis 9. Das Tonmaterial zum Wiederholungsprogramm befindet sich auf der Kassette direkt im Anschluß an diese *Unit*.

10 I'd like to book a table

Bevor Sie anfangen

Wenn Sie diese *Unit* durchgearbeitet haben, beherrschen Sie die wichtigsten Ausdrücke und Wendungen, die Sie als Tourist/in in Großbritannien benötigen. In *Unit* 10 geht es vornehmlich darum, wie man ein Essen bestellt. Ehe Sie die *Unit* durcharbeiten, sollten Sie sich *Unit* 3 (Seite 41) noch einmal ansehen, um zu wiederholen, wie man Getränke bestellt. Dann können Sie sich vor der Mahlzeit etwas zu trinken und nach dem Essen einen Kaffee bestellen.

Sie lernen in dieser Unit

- wie Sie nach einem Restaurant fragen
- wie Sie einen Tisch reservieren
- wie Sie Fragen stellen und verstehen, die mit der Bestellung Ihres Essens zu tun haben
- wie Sie Antworten auf diese Fragen geben und verstehen können
- wie Sie die Rechnung verlangen
- einiges über englische Nahrungsmittel und Essgewohnheiten

Wegweiser

Dialoge: Hören Sie sich die Dialoge oder Dialoggruppen in der unten aufgeführten Reihenfolge bei geschlossenem Buch an. Nach jeder Dialoggruppe hören Sie dann jeden Dialog einzeln an, lesen Sie ihn und arbeiten Sie ihn durch.

Reihenfolge: 1–3; 4–7; 8–12

Lernen Sie *Wichtige Wörter und Ausdrücke* (S. 144).

Bearbeiten Sie die *Übungen* (S. 145).

Arbeiten Sie die *Grammatik* (S. 147) durch.

Bearbeiten Sie den Abschnitt *Lesen und Verstehen* (S. 148).

Lesen Sie den Abschnitt *Wissenswertes* (S. 149).

Jetzt haben Sie das Wort (S. 150).

Hören Sie sich alle Dialoge noch einmal ohne Buch an.

1 (2/64)

Ein englisches Restaurant

Marion: Excuse me, where can I find an English restaurant near here?
Man: I'm sorry, I don't know. I should ask someone else.
Marion: Thank you.

▶ **where can I find an English restaurant near here?** – wo kann ich hier in der Nähe ein englisches Restaurant finden? In London gibt es Hunderte von Gaststätten unterschiedlicher Nationalitäten, insbesondere chinesische **(Chinese)**, indische **(Indian),** griechische **(Greek),** türkische **(Turkish),** italienische **(Italian)** und französische **(French)** Restaurants. Darum ist es seltsamerweise gar nicht so einfach, ein typisch englisches Restaurant zu finden! Sehr nützlich sind die beiden Wörter **good** (gut) und **cheap** (preiswert), wenn man sich nach einem Restaurant erkundigt: **Where can I find a good, cheap Greek restaurant?**

I should ask someone else – Ich würde jemand anderen fragen.

2 (2/65)

Tischbestellung per Telefon

Man: Aunties' restaurant.
Rachel: Oh, hallo. Um, I'd like to book a table for tonight, please.
Man: Yes. For how many people?
Rachel: Er, for three of us, please.
Man: Yes. And what's the name?
Rachel: Er, the name is Belgrave. Er, that's B E L G R A V E.
Man: And what time?
Rachel: We'd like to come about seven thirty.
Man: Yes, that's fine. A table for three tonight, seven thirty. Thank you.
Rachel: Thank you very much. Goodbye.
Man: Goodbye.

to come	kommen; ankommen; eintreffen

▶ **I'd like to book a table for tonight please** – Ich möchte bitte einen Tisch für heute Abend reservieren. **To book** kann auch *vorbestellen* (z. B. bei Theaterkarten – **I'd like to book two tickets**) oder *buchen* heißen (z. B. bei Reisevorbereitungen – **I'd like to book a seat on the 5.30 flight**).

for how many people? – für wie viele Personen? **People** ist die unregelmäßige Mehrzahlform von **person.**

▶ **for three of us** – für drei (wörtlich: für drei von uns). Rachel könnte auch einfach **for three, please** sagen.

Dialoge

3 (2/66)

Ankunft im Restaurant

Rachel: Good evening.
Waiter: Good evening.
Rachel: Er, we've booked a table for three. The name was Belgrave.
Waiter: Yes, fine. May I take your coats, please?

▶ **we've booked a table for three** – wir haben einen Tisch für drei (Personen) reserviert. **we've booked** ist die Kurzform für **we have booked**. Siehe hierzu den Abschnitt *Grammatik* auf Seite 219.

The name was . . . – Der Name war . . . **Was** wird verwendet, weil Rachel damit an ihren Telefonanruf (zu einem früheren Zeitpunkt) erinnert.

May I take your coats, please? Darf ich Ihnen bitte Ihre Mäntel abnehmen? **May** hat hier die gleiche Bedeutung wie **can**, d. h. man bittet um Erlaubnis. **May** bleibt immer unverändert, auch in der 3. Person Einzahl, z. B. **May he smoke here? – Yes, he may**.

4 (2/67)

Beim Bestellen

Waitress: Now, what are you having?
Gill: I'm going to have Chicken Treat, please.
Waitress: Would you like a starter?
Gill: Um, yes, I would. I'd like, um, the smoked mackerel fillet, please.
Rachel: And I'll have homemade soup to start with. And then I'll have Victorian pie, please. Does it come with potatoes?
Waitress: Yes, potatoes, Brussels sprouts and parsnips, I think today.
Rachel: That's fine.
Marion: And I'll have mushroom vinaigrette for a starter and then . . . I think I'll have Hunter's Chicken.
Waitress: And would you all like vegetables or would anyone prefer a salad?
Gill: I'd like vegetables, please.
Rachel: Yes, me too. I'll have vegetables.
Marion: I'd like a salad, please.
Waitress: Right. OK, would you like any wine?
Marion: Yes, please.

smoked mackerel fillet	geräucherte Makrele
homemade	hausgemacht
soup	Suppe
Brussels sprouts	Rosenkohl
parsnips	Pastinakenwurzel
mushroom	Pilz; Champignon
vegetables	Gemüse

▶ **I'm going to have Chicken Treat** – Ich nehme Chicken Treat (wörtlich: Hühnerschmaus). **I'm** ist die Kurzform für **I am**. Mit der Wendung **I'm going to** bringt man eine Absicht oder ein Vorhaben zum Ausdruck (siehe dazu den Abschnitt *Grammatik* auf Seite 204).

Die Speisekarte aus Aunties Restaurant finden Sie auf Seite 148; dort wird auch erklärt, worum es sich bei den einzelnen Gerichten handelt.

▶ **Would you like a starter?** – Möchten Sie eine Vorspeise? **Starter** kommt von dem Verb **to start** (beginnen, anfangen). Typische englische Vorspeisen sind **soup** (Suppe), **prawn cocktail** (Krabbencocktail) und **avocado vinaigrette.**

▶ **Does it come with potatoes?** – Gibt es Kartoffeln als Beilage? (Wörtlich: Kommt es mit Kartoffeln?) Wenn Sie wissen wollen, welche Beilagen mit dem Hauptgericht gereicht werden, fragen Sie: **What does it come with?** Es ist aber auch möglich, dass die Bedienung Sie fragt: **Would you like anything with it?** Möchten Sie etwas dazu? (Siehe *Wichtige Wörter und Ausdrükke*, Seite 144).

would anyone prefer a salad? – hätte jemand lieber einen Salat? (Wörtlich: würde jemand einen Salat vorziehen?) Marion hätte auch sagen können: **I'd prefer a salad, please.** Ähnlich: **I'd prefer red wine, please.** Auf die Frage **Do you prefer red wine or white wine?** kann man entweder **I prefer red wine to white wine** oder **I prefer white wine to red wine** antworten.

5 (2/68)

Eine Flasche Wein

(G = Gill, R = Rachel)

G: Mm, wine list. Right. Um, you choose, Rachel.

R: *(liest die Weinkarte)* Well, there's house wine, red or white. That's six fifty. Or by the glass. That's two pounds, two pounds a glass. Heh! There's English wine from Colchester, Essex!

G: Oh, Langham!

R: There's Langham 1975. Can we afford it? It's eight pounds forty-five. I think we can, don't you? After all, there are three of us.

the wine list	die Weinkarte
to choose	auswählen, aussuchen

there's house wine, red or white – es gibt Hauswein, rot oder weiß. In den meisten Restaurants kann man in der Flasche oder offen **(by the glass)** bestellen.

English wine from Colchester, Essex. Viele wissen nicht, dass auch in England Wein angebaut wird. Es gibt ihn aber nur in geringen Mengen und darum wird er äußerst selten in Restaurants angeboten. Das erklärt, warum Rachel und Gill so freudig überrascht sind. Der Wein heißt Langham. Colchester ist eine Stadt in der Grafschaft Essex und liegt im Osten Englands.

Can we afford it? – Können wir uns das leisten? Beachten Sie in diesem Zusammenhang: **We can't afford it** – wir können uns das nicht leisten.

I think we can, don't you? – Ich glaube ja, oder? **Don't you** steht hier als Abkürzung für den Satz **don't you think we can afford it?** Rachel verwendet diese Abkürzung, weil sie erwartet, dass Gill und Marion ihr zustimmen. Frageanhängsel wie **don't you** kommen im Englischen sehr häufig vor. Sie werden im Abschnitt *Grammatik* auf Seite 160 erklärt.

After all, there are three of us – Wir sind schließlich zu dritt. Damit meint Rachel, dass der Preis durch drei geteilt wird und die Kosten pro Person deshalb nicht allzu hoch liegen. **After all** wird oft verwendet, wenn man jemanden überreden will, z. B. **After all, it will only take a few minutes; after all, we have time.**

Dialoge

6 (2/69)

Der Wein wird bestellt

Waiter: What wine would you like?
Rachel: We'll have, um, a bottle of the Langham 1979, English wine from Colchester.
Waiter: Thank you.

a bottle of the Langham 1979. Rachel scheint vorhin einen Fehler gemacht zu haben, als sie von Langham 1975 sprach. Beachten Sie, wie Jahreszahlen gesprochen werden: 1979 ist **nineteen seventy-nine**. Ebenso 1988: **nineteen eighty-eight**. Jahreszahlen werden ausführlich in *Unit* 13, Übung 3 (Seite 188) geübt.

7 (2/70)

Der erste Schluck

Waitress: Your wine, madam. Would you like to try it?
Marion: You try it, Rachel.
Rachel: Yes, all right. I'll try it. Thank you. *(Die Bedienung füllt etwas Wein in Rachels Glas)* Um, that's delicious.

delicious | köstlich

Would you like to try it? – Möchten Sie ihn probieren?

8 (2/71)

Die Vorspeise kommt

Waitress:	Here we are. Who's having soup?
Rachel:	That's for me, please. Thank you.
Waitress:	And mushrooms?
Marion:	Yes, please.
Waitress:	And mackerel fillet.
Gill:	That's for me.

Who's having soup? – Für wen ist die Suppe? (Wörtlich: wer hat Suppe?) **Who's** steht für **who is.**

That's for me – Das ist für mich. Ähnlich auch: **That's for him; that's for you.**

9 (2/72)

Alles in Ordnung?

Waiter:	Is everything all right for you?
Gill:	Mm. Very nice. Thank you very much. This is delicious.
Rachel:	Yes, it's lovely.
Marion:	Yes, it really is good.
Waiter:	Good. Thank you.

▶ **Is everything all right?** – Ist alles in Ordnung?

▶ **it really is good** – es ist wirklich gut. **Good** bezieht sich hier auf das Essen. Wenn der Kellner **good** sagt, meint er damit **that is good** (das ist gut).

10 (2/73)

Wie wär's mit einer Nachspeise?

Waitress:	Are you ready for dessert now or would you like a break?
Gill:	I'd like a dessert, please.
Waitress:	We've got sherry trifle, bread and butter pudding, um, chocolate gâteau, and hot mince tart.
Rachel:	Um, I'd like sherry trifle, please.
Gill:	And I'd like sherry trifle too, please.
Marion:	And I'd like sherry trifle. So that's three sherry trifles, please.
Waitress:	OK.

a break	eine Pause

Are you ready for dessert now? – Möchten Sie jetzt einen Nachtisch haben? (Wörtlich: Sind Sie jetzt für Nachtisch bereit?) Ebenso: **Are you ready for coffee? Ready** kann auch *fertig* heißen: **I'm ready. We can go** – Ich bin fertig. Wir können gehen.

trifle ist eine Nachspeise aus Kuchen, der in Fruchtsaft getränkt worden ist, mit Marmelade und Vanillesoße. **Sherry trifle** wird mit Sherry angereichert.

bread and butter pudding besteht aus Weißbrotscheiben, die mit Butter bestrichen sind, und Rosinen. Sie werden mit einem Gemisch aus Milch, Zucker und Ei überbacken.

chocolate gâteau ist eine kalorienhaltige, sehr füllende Schokoladentorte. **Gâteau** ist das französische Wort für Sahnetorte; das englische Wort **cake** bezeichnet einen einfachen Kuchen.

mince tart ist eine Blätterteigpastete mit einer Füllung aus kleingehackten Korinthen, Rosinen, Zucker, Zucchade, Äpfeln und Nierenfett. **To mince** heißt *hacken;* **mince** kann darum auch *Hackfleisch* heißen.

11 (2/74)

Drei Kaffee, bitte

Waitress: Would you like any coffee now?
Marion: Yes, please. Three coffees?
Rachel: Yes, please. Black for me, please.
Gill: And black for me too, please.
Marion: Three blacks then.

Would you like any coffee? Im Abschnitt *Grammatik* (Seite 147) können Sie nachlesen, dass die Kellnerin auch **Would you like some coffee?** hätte sagen können.

12 (2/75)

Die Rechnung, bitte

Marion: Can we have the bill, please?
Waitress: Yes, sure *(sie holt die Rechnung)*. There you are.
Marion: Can I pay by Barclaycard?
Waitress: Yes.
Marion: Is service included?
Waitress: Yes, it is.
Marion: Thank you.

sure	sicher, natürlich

▶ **Can we have the bill, please?** – Können wir bitte die Rechnung haben? Hätten sie einzeln zahlen wollen, müssten sie gesagt haben: **Can we pay separately** (getrennt), **please?**

▶ **Can I pay by Barclaycard?** – Kann ich mit der Barclaycard zahlen? Diese Kreditkarte trägt in deutschsprachigen Ländern die Bezeichnung VISA. Auch Diner's Club und American Express werden in Restaurants oft akzeptiert.

▶ **Is service included?** – Inklusive Bedienung? Wenn die Bedienung im Preis inbegriffen ist, braucht man kein extra Trinkgeld zu geben. Ist die Bedienung nicht eingeschlossen, ist ein Trinkgeld von etwa 10 Prozent des Rechnungsbetrags üblich. Für ein Essen im Restaurant muß auch Mehrwehrtsteuer bezahlt werden **(VAT = value added tax);** sie ist jedoch meistens im Preis inbegriffen.

4/10

Restaurant finden/Tisch reservieren

Where can I find	Wo finde ich
a cheap	ein billiges
an English	ein englisches
a Chinese	ein chinesisches
an Indian	ein indisches
a French	ein französisches
an Italian	ein italienisches
restaurant?	Restaurant?
I'd like to book a table for three for tonight	ich möchte für heute Abend einen Tisch für drei bestellen
* for how many people?	für wie viele Personen?
we've booked a table for three	wir haben einen Tisch für drei bestellt
* may I take your coats?	darf ich Ihre Mäntel nehmen?

Wie man das Essen bestellt

starter	Vorspeise
main course	Hauptgericht
dessert	Nachtisch
* Would you like a starter?	Möchten Sie eine Vorspeise?
What are you having?	Was nehmen Sie?
* Would you like anything with it?	Möchten Sie eine Beilage?
What does it come with?	Was gibt es als Beilage?
Does it come with potatoes?	Gibt es Kartoffeln dazu?
that's for me	das ist für mich

Gerichte/Beilagen

vegetables	Gemüse
mushrooms	Champignons
brussel sprouts	Rosenkohl
chicken	Huhn
beef	Rindfleisch
lamb	Lamm
peas	Erbsen
carrots	Möhren
fish	Fisch
homemade soup	hausgemachte Suppe

Getränke

the wine list	die Weinkarte
red wine	Rotwein
white wine	Weißwein
house wine	Hauswein
wine by the glass	offener Wein
a bottle of wine	eine Flasche Wein
* would you like to try it?	möchten Sie ihn probieren?

Über das Essen sprechen

it's delicious	es ist ausgezeichnet
it's very nice	es ist sehr gut

Bezahlung

Can we have the bill, please?	Können wir die Rechnung haben, bitte?
Can I pay by Barclaycard?	Kann ich mit Barclaycard zahlen?
Is service included?	Ist Bedienung inbegriffen?

Übungen

1 (2/76)

Auf der CD hören Sie, wie ein Mann ein italienisches Restaurant – *The Spaghetti House* – anruft um einen Tisch zu reservieren. Kreuzen Sie beim Zuhören die richtigen Aussagen an.

a. Er möchte einen Tisch für
   - ☐ heute Abend
   - ☐ morgen Abend

b. Er möchte einen Tisch für
   - ☐ drei Personen
   - ☐ vier Personen

c. Er bestellt den Tisch für
   - ☐ 19.30 Uhr
   - ☐ 20.30 Uhr

d. Er heißt . . . .

2 (2/77)

Auf der CD hören Sie, wie zwei Personen in einem Restaurant eine Bestellung aufgeben. Hören Sie gut zu, was die beiden dem Kellner sagen, und stellen Sie fest, ob die Zuordnung der Bestellungen in der Zeichnung richtig ist.

Übungen

3 (2/78)

Mr und Mrs Mansell sind zum Essen in einem Restaurant. Der Kellner hat ihnen gerade die Weinkarte gebracht. Betrachten Sie die Weinkarte, während Sie zuhören, wie sich die Mansells einen Wein aussuchen. Unterstreichen Sie auf der Karte den Wein, den sie bestellen wollen.

Wine List

French wines

Beaujolais 1999	£ 5.50
Macon Rouge 1990	£11.20
Côtes du Rhône 1999	£10.00
St Emilion 1994	£11.00

German wines

Niersteiner Domtal 1998	£ 6.00
Liebfrauenmilch 1999	£ 5.40

Italien wines

Frascati	£ 5.40
Soave	£ 5.90

English wines

Langham 1999	£ 6.40

House wine

Red *Per bottle*	£ 4.50
White *By the glass*	£ 1.75

4 (2/79)

Im folgenden Gespräch zwischen einem Kellner und einem Kunden *(customer)* fehlen die Sätze des Kunden. Sie sind – in unregelmäßiger Reihenfolge – im Kasten am Ende des Gesprächs abgedruckt. Tragen Sie diese Sätze an den entsprechenden Stellen des Gesprächs ein. Anschließend überprüfen Sie Ihre Lösungen, indem Sie sich das vollständige Gespräch auf der CD anhören.

Waiter	Is everything all right?
Customer	______________________
Waiter	Thank you. And are you ready for dessert now?
Customer	______________________
Waiter	And would you like some coffee?
Customer	______________________
Waiter	Certainly, madam.
Customer	______________________
Waiter	Here it is.
Customer	______________________
Waiter	I'm sorry. We can't take traveller's cheques. You can pay by card or cash.
Customer	______________________
Waiter	Yes, it is.

Can I pay by traveller's cheque?
Is service included?
Yes please – black, no sugar.
It's delicious.
I won't have anything else, thank you.
Could I have the bill, please?

Jetzt sind Sie der Kunde. Spulen Sie die CD zum Anfang des Dialogs zurück, und drücken Sie dann jeweils die Pausentaste, wenn der Kellner gesprochen hat.

Präpositionen am Ende eines Satzes

Viele Verben treten zusammen mit bestimmten Präpositionen auf. Sie sind bisher zwei Beispielen begegnet: *to start with* in *Unit* 3 und *to come with* in dieser *Unit*. Wenn solche Verben am Ende eines Satzes stehen, stehen die Präpositionen – besonders in der Umgangssprache – oft direkt daneben. Das geschieht häufiger

1. bei Ausdrücken mit Verben in der Grundform
   I'd like a salad to start with.
   Ich möchte mit einem Salat anfangen.

   England is a nice country to live in.
   England ist ein schönes Land zum Wohnen.

   Aunties is a good restaurant to go to.
   Aunties ist ein gutes Restaurant „zum Hingehen".

2. bei Fragen mit *wh*-Wörtern und *how*

   What does the chicken come with?
   Was wird zum Huhn gereicht?

   Which platform does the train leave from?
   Von welchem Gleis fährt der Zug ab?

   How long are you going for?
   Für wie lange sind Sie fort?

Bei Fragen kann die Präposition – besonders wenn man formeller sprechen will – auch am Anfang des Satzes stehen:

From which platform does the train leave?
From where do you want to go?
For how long are you going?

Diese Wortfolge ist Ihnen aus dem Deutschen bekannt.

someone, anyone; something, anything

Im Abschnitt *Grammatik* von *Unit* 3 auf Seite 50 haben wir Ihnen einige Regeln über den Gebrauch von *some* und *any* genannt. Die folgenden Richtlinien gelten für den Gebrauch von *someone, anyone, something* und *anything.*

1) In positiven Aussagen werden *someone* bzw. *something* gebraucht:
   You can ask someone else
   I'll have something to drink.

2) Bei Bitten und Angeboten werden *someone* bzw. *something* gebraucht:
   Would you like something to drink?
   Could I have something to eat, please?

3) In negativen Aussagen werden *anyone* bzw. *anything* gebraucht:
   I don't want anything, thank you.
   I can't see anyone.

4) In Fragen werden *anyone* bzw. *anything* gebraucht:
   Do you want anything else?
   Would anyone prefer a salad?

Die Unterschiede zwischen einer Informationsfrage und einer Bitte oder einem Angebot sind manchmal so klein, dass sie außer Acht gelassen werden können. So könnten Sie z. B. in einem *Pub* einen Bekannten fragen:
Do you want something to drink?
oder
Do you want anything to drink?
Ebenso könnte der Kellner fragen:
Would you like something with the chicken?
oder
Would you like anything with the chicken?

Lesen und Verstehen

Hier sehen Sie die Speisekarte des Restaurants „Aunties“, in dem Rachel, Gill und Marion gegessen haben. Erinnern Sie sich an die Bestellungen? Rachel hatte hausgemachte Suppe und *Victorian pie* bestellt, Gill *Chicken Treat* und geräucherte Makrele, Marion *mushroom vinaigrette* und *Hunter's chicken.* Alle drei aßen *sherry trifle* zum Nachtisch und sie tranken einen Kaffee. Sie hatten außerdem eine Flasche Wein zu £ 8.45 bestellt. Wie viel mussten sie exklusive Bedienung bezahlen?

Aunties

offers you a selection of three-course inclusive meals

for: – £ 25

To start:

Home-made Soup *Smoked fillet of mackerel* *Mushroom vinaigrette*

The Main Course:

Hunter's Chicken
in a wine sauce with vegetables + herbs.

Steak & Kidney Pie
Beef with kidneys and egg.

Victorian Pie
Beef in a Guinness and Garlic sauce.

Old English Pie
Beef with tomato, onion and herbs.

and various salads as available –
– Fresh Vegetables are served with all dishes –

And to follow:

A selection of traditional Home-made Desserts
and coffee with Fresh Cream

The following main-course dishes are also available
at Additional Supplement: – £ 3.00

Chicken Treat
Chicken cooked in its own juices, with cream, mushrooms, sherry + marjoram.

Traditional Fisherman's Pie
filled white fish, mushroom and onion, cooked in a white wine sauce.

A service charge may be added to your bill

Mahlzeiten

Allgemeine Angaben zu Essgewohnheiten in Großbritannien kann man kaum machen – sie sind regional sehr unterschiedlich. Die folgenden Hinweise können aber ein paar Anhaltspunkte vermitteln.

Frühstück *(breakfast)*
Das traditionelle „englische Frühstück" mit Schinkenspeck und Spiegeleiern ist vielen ein Begriff. Allerdings frühstücken die meisten Inselbewohner heute anders: eine Tasse Kaffee oder Tee, eine Scheibe Toast und Marmelade oder Cornflakes.

Mittagessen *(lunch)*
Normalerweise wird zwischen 12.30 und 14.00 Uhr zu Mittag gegessen. An Sonntagen kann es sich dabei um eine Hauptmahlzeit mit zwei oder drei Gängen handeln; an Wochentagen ist es eher ein Imbiss. In einigen Gegenden Großbritanniens wird das Mittagessen *dinner* statt *lunch* genannt, besonders wenn es als Hauptmahlzeit betrachtet wird.

Teepause *(teatime)*
Viele Briten legen sowohl am Arbeitsplatz als auch daheim zwischen 16.00 und 17.00 Uhr eine Teepause ein. Am Wochenende, wenn die ganze Familie zusammen ist oder wenn Freunde eingeladen worden sind, werden auch Speisen dazu gereicht: Brot mit Butter und Marmelade, Teegebäck, Kuchen und Kekse. Sollten Sie irgendwo einmal *cream tea* angeboten sehen, dann probieren Sie ihn. Viele ausländische Besucher halten *cream tea* für das Beste, was die englische Küche zu bieten hat! Normalerweise gehört zum *cream tea* frisches Teegebäck mit Sahne und Marmelade.

Abendessen *(high tea, dinner)*
Im Norden Englands und in Schottland ist der *high tea* oft die Hauptmahlzeit des Tages und wird gegen 18.00 Uhr eingenommen. In der Regel werden Fleisch oder Fisch, danach ein Nachtisch oder Kuchen und Kekse gegessen. Dazu wird viel Tee getrunken. In anderen Gegenden wird das Abendessen etwas später eingenommen. Wenn es sich dann um eine große Mahlzeit mit drei oder vier Gängen handelt, spricht man von einem *dinner;* bescheidene Abendessen werden *supper* genannt.

Regionale Spezialitäten

Roast beef and Yorkshire pudding ist ein traditionelles englisches Hauptgericht. *Yorkshire pudding* hat mit Pudding nichts zu tun, sondern ist eine Art gebackener Eierteig. Wenn das Fleisch warm serviert wird, sollte es gut durchgebraten *(well done)* sein; es kann aber auch kalt gereicht werden. Als Beilagen werden gewöhnlich Kartoffeln, Möhren, Erbsen oder Rosenkohl angeboten.
Haggis ist eine schottische Spezialität, die man entweder mag oder vor der man sich ekelt. Wenn Sie einen Schotten fragen, was Haggis ist, sollten Sie sich auf alle möglichen tollen Antworten gefaßt machen, denn über Haggis machen sich alle Schotten lustig. Es besteht aus Schafsleber, Nierenfett, Zwiebeln, Haferflocken und Gewürzen. Diese Zutaten werden in einen Schafsmagen gestopft, und mehrere Stunden lang gekocht.
Leek Pie (Lauchkuchen) gilt als ein speziell walisisches Gericht, weil der Lauch die Nationalpflanze von Wales ist. Eine andere walisische Spezialität ist *Welsh Rarebit* (Ei auf Toast, mit Käse überbacken).

A Taste of Britain (ein Geschmack Britanniens) heißt eine Aktion, mit der viele Restaurants auf britischen Speisen und auf die traditionelle Küche aufmerksam machen wollen. Überall dort, wo Sie die Schilder *Taste of England, Taste of Scotland* und *Taste of Wales* sehen, können Sie typische Gerichte der britischen Kochkunst auf der Speisekarte erwarten.

1 (2/80)

Stellen Sie sich vor, Sie seien mit einem Bekannten in einem Restaurant. Der Kellner kommt und nimmt die Bestellungen auf. Ihr Bekannter sagt dem Kellner, was er wünscht; Sie bestellen dann immer das Gleiche, zum Beispiel:

Kellner:	Would you like a drink to start with?
Bekannter:	I'll have a dry martini. What about you? *(CD anhalten)*
Sie sagen:	I'll have a dry martini too. *(CD wieder starten)*
Wiederholung:	I'll have a dry martini too.

2 (2/81)

In der zweiten Übung stellen Sie sich bitte vor, Sie seien allein in einem Restaurant. Die Kellnerin nimmt Ihre Bestellung auf; am Schluss verlangen Sie die Rechnung und fragen, ob Sie mit Reiseschecks bezahlen können. Von der CD hören Sie jeweils, was Sie sagen oder fragen sollen. Vergessen Sie nicht, dass Sie bei Fragen mit *what* immer *do* oder *does* und die Grundform des Verbs verwenden müssen, z. B. *What do they want? What does it come with?*

Zum Schluss hören Sie sich alle Dialoge noch einmal an, ohne dabei im Buch mitzulesen. Überprüfen Sie, ob Sie alle wichtigen neuen Wörter und Ausdrücke so weit beherrschen, dass Sie sich im Restaurant ein Essen bestellen können.

11 Do you like it?

Bevor Sie anfangen

In dieser *Unit* möchten wir Sie mit einigen Ausdrücken und Wendungen vertraut machen, die es Ihnen ermöglichen, sich mit englischsprachigen Menschen über Ihre Interessen, über Ihre Neigungen, aber auch über das, was Sie nicht mögen, zu unterhalten. Je besser man jemanden kennt, umso eher ist man bereit, in einem Gespräch auch gefühlsmäßig zu reagieren und dazu finden Sie in dieser *Unit* unterschiedliche Beispiele.
Die wichtigsten Wörter und Ausdrücke auf Seite 158 sollten Sie gut lernen, denn mit ihnen können Sie viele Aussagen über Menschen, Orte und Tätigkeiten formulieren. Es könnte nicht schaden, zunächst noch einmal die Fragebildung mit *do* (Seite 36) zu wiederholen.

Sie lernen in dieser Unit

- wie man herausbekommt, welche Speisen und Getränke jemand mag (oder auch nicht)
- wie man sich über eine Stadt oder ein Gebiet unterhält
- wie man jemanden über seine Hobbys und seine Freizeitbeschäftigungen befragt
- wie man auf solche Fragen begeistert oder eher uninteressiert antworten kann
- wie man sagt, was einem gefällt und was man nicht mag
- wie Sie über Ihre Hobbys sprechen können

Wegweiser

Dialoge: Hören Sie sich die Dialoge oder Dialoggruppen in der unten aufgeführten Reihenfolge bei geschlossenem Buch an. Nach jeder Dialoggruppe hören Sie dann jeden Dialog einzeln an, lesen Sie ihn und arbeiten Sie ihn durch.

Reihenfolge: 1–6; 7–10; 11

Lernen Sie *Wichtige Wörter und Ausdrücke* (S. 158).

Bearbeiten Sie die *Übungen* (S. 159).

Arbeiten Sie die *Grammatik* (S. 160) durch.

Bearbeiten Sie den Abschnitt *Lesen und Verstehen* (S. 162).

Lesen Sie den Abschnitt *Wissenswertes* (S. 163).

Jetzt haben Sie das Wort (S. 164).

Hören Sie sich alle Dialoge noch einmal ohne Buch an.

Dialoge

1 (3/1)

Lieblingsgerichte

(M = Marion, E = Elizabeth)

M: What's your favourite English food?
E: Um, liver and bacon.
M: And do you like steak and kidney pie?
E: Oh yes, very much, very much.

▶ **What's your favourite English food?** – Welches englische Gericht essen Sie am liebsten? (wörtlich: was ist Ihr englisches Lieblingsessen?) Ebenso kann man fragen: **What's your favourite drink?** oder: **Who's your favourite film star?** usw.

▶ **do you like . . .?** – mögen Sie . . .?

steak and kidney pie – eine Pastete, die mit Steakfleisch und Nieren gefüllt ist

▶ **very much** – sehr (viel)

2 (3/2)

Was Tony gern isst

Marion: Tony, what's your favourite English food?
Tony: Um, I think my favourite English food is, um, roast beef.
Marion: And do you like steak und kidney pie?
Tony: Not very much. I'm not very fond of pastry at all. No, not steak and kidney pie.

roast beef – siehe *Wissenswertes,* Seite 149

▶ **not very much** – nicht sehr, nicht besonders

▶ **I'm not very fond of (pastry)** – Ich mag (Blätterteig) nicht besonders. **To be fond of** kann man anstelle von **to like** benutzen: **I'm very fond of chicken** (ich mag Huhn sehr); **I'm not very fond of whisky** (ich mag Whisky nicht besonders)

▶ **not at all** – überhaupt nicht

3 (3/3)

Johns Essgewohnheiten

(M = Marion, J = John)

M: What's your favourite English food?
J: My favourite English food is . . . I don't think I have a favourite English food.
M: Do you like steak and kidney pie?
J: Yes, I love steak and kidney pie. In fact, I think steak and kidney pie is my favourite English food.
M: Do you like trifle?
J: Not particularly, no.

▶ **I love . . .** – ich liebe, ich mag . . . **I love** kann anstelle von **I like** benutzt werden, wenn man etwas besonders gern mag: **I love Scotland; I love London.**

▶ **in fact** – eigentlich (tatsächlich)

▶ **Not particularly** – Nicht besonders. Mit dieser Wendung kann man auf höfliche Weise zum Ausdruck bringen, dass man etwas eigentlich gar nicht mag: **I don't particularly like it.**

4 (3/4)

Janets Lieblingsnachtisch

Marion: What's your favourite English dessert?
Janet: Apple crumble and custard.
Marion: And do you like trifle?
Janet: Yes. Yes, I quite like trifle.

Apple crumble besteht aus Apfelstücken mit einer Decke aus Mehl, Zucker und Butter. Das Ganze wird dann im Ofen gebacken. Zu dieser Nachspeise – wie zu vielen anderen – wird häufig **custard** – Vanillesoße gegessen.

▶ **I quite like trifle** – ich mag Trifle ganz gern. **Quite** kann auch vor einem Adjektiv stehen: **the food is quite good** – das Essen ist ganz gut

5 (3/5)

Mutter kocht am besten

Marion: What's your favourite English dessert?
Jane: I think treacle tart.
Marion: Do you like trifle?
Jane: Yes, if it's extremely well made.
Marion: And do you like apple crumble?
Jane: Yes, again if it's very well made, particularly by my mother!

treacle tart ist ein mit Sirup gefülltes Törtchen, das mit Teigstreifen bedeckt ist.

▶ **if it's well made** – wenn es gut gemacht ist. **Extremely well made** (ausgesprochen gut gemacht) ist eine Steigerung gegenüber **very well made** (sehr gut gemacht).

particularly by my mother – besonders von meiner Mutter

6 (3/6)

David isst Götterspeise

Marion: What's your favourite English food?
David: Steak and kidney pie.
Marion: What's your favourite dessert?
David: Blancmange.
Marion: Do you like trifle?
David: Um, only if it's got sherry in it. And lots of sherry!

blancmange ist ein süßer Nachtisch: eine Art Götterspeise, die aus Maismehl und Milch hergestellt wird

► **only if it's got sherry in it** – nur, wenn Sherry darin ist (wörtlich: nur, wenn es Sherry darin hat – **it's = it has**). Ähnlich auch: **I'll have the room only if it's got a shower** (ich nehme das Zimmer nur, wenn es eine Dusche hat); **I'll buy the trousers only if I can pay by cheque** (ich kaufe die Hose nur, wenn ich mit einem Scheck zahlen kann).

Dialoge

7 (3/7)

Was Galya in ihrer Freizeit macht

Marion: What do you like doing in your spare time, when you're not at school?
Galya: I like playing football, and . . . oh, drawing is quite fun. I do that sometimes. And I sometimes go out in the woods. And I love cycling. And skating. And skiing.
Marion: So you like winter sports a lot?
Galya: Yeh.

► **What do you like doing in your spare time?** – Was machst du gern in deiner Freizeit? Nach **to like** kann entweder ein normales Substantiv stehen, z. B. **I like beer** (ich mag Bier), oder ein Substantiv, das aus einem Verb mit der Endung **-ing** besteht, z. B. **playing** von **to play, doing** von **to do** usw. Mehr dazu im Abschnitt *Grammatik* (Seite 161).

► **I like playing football** – ich spiele gern Fußball. Ebenso auch **I like playing tennis/hockey** (ich spiele gern Tennis/Hockey).

drawing is quite fun – Zeichnen macht ziemlich viel Spaß. **Drawing** ist von **to draw** (zeichnen) abgeleitet, **cycling** von **to cycle** (Rad fahren), **skating** von **to skate** (Eis laufen) und **skiing** von **to ski** (Ski fahren).

Dialoge

I sometimes go out in the woods – manchmal gehe ich im Wald spazieren (wörtlich: manchmal gehe ich in den Wäldern aus).

you like (winter sports) a lot? – Du magst (Wintersport) sehr? **A lot** hat die gleiche Bedeutung wie **very much,** wird aber umgangssprachlich öfter verwendet. Vgl. **Thanks a lot** (*Unit* 8, Dialog 3, Seite 111).

Yeh wird umgangssprachlich gelegentlich anstelle von **yes** gesagt.

8 (3/8)

Sarah und Damon sprechen über ihre Hobbys

Marion: Er, Sarah, can I ask you about your hobbies? What hobbies do you have?
Sarah: Well, I like writing, and reading exciting books, interesting books. And sewing.
Marion: And you say you like writing as well. What do you like writing?
Sarah: Stories.
Marion: And what are the stories about?
Sarah: Um, detective work, um, or being shipwrecked, and other exciting things.
Marion: And what hobbies do you have, Damon?
Damon: Well, I like walking and I go swimming quite a lot. And, um, and I like biking too.

exciting	aufregend
interesting	interessant
books	Bücher
say	sagen
stories (*Einzahl:* story)	Geschichten
detective work	Detektivarbeit
quite a lot	ziemlich viel

can I ask you about your hobbies? – darf ich dich nach deinen Hobbys fragen? Die Mehrzahl von **hobby** wird im Englischen **hobbies** geschrieben.

Sarahs Hobbys sind **writing,** abgeleitet von **to write** (schreiben), **reading** von **to read** (lesen) und **sewing** von **to sew** (nähen).

Damons Hobbys sind **walking,** abgeleitet von **to walk** (spazieren gehen), **swimming** von **to swim** (schwimmen) und **biking** von **to bike** (Rad fahren). **Biking** und **to bike** werden umgangssprachlich lieber als **cycling** und **to cycle** verwendet; **to bike** und **to cycle** gehen auf das Wort **bicycle** (Fahrrad) zurück.

what are the stories about? – wovon handeln die Geschichten? In einigen ihrer Geschichten geht es darum, wie Leute schiffbrüchig werden **(being ship-wrecked). Being** kommt von **to be.**

Dialoge

9 (3/9)

Ist Devon schön?

Marion: Your parents live in Devon, don't they?
Lesley: Yes, that's right.
Marion: Is Devon nice?
Lesley: Oh yes, it's beautiful!

Your parents live in Devon, don't they? – Ihre Eltern wohnen in Devon, nicht wahr? Das englische Frageanhängsel **don't they** (nicht wahr) kann in vielen verschiedenen Formen auftreten; es richtet sich jeweils nach dem Verb, das im Satz vorkommt. Im Dialog 10 werden Sie auf **aren't you?** und **isn't it?** stoßen. Die Frageanhängsel werden im Abschnitt *Grammatik* (Seite 160) näher erklärt.

Devon liegt im Südwesten Englands. Vgl. dazu *Wissenswertes* (Seite 163).

▶ **Is Devon nice?** – Ist Devon schön? **Nice** ist ein häufig benutztes Wort und kann in Verbindung mit Substantiven alles Mögliche bedeuten: **nice beer** (gutes Bier), **nice weather** (schönes Wetter), **a nice man** (ein netter Mann)

it's beautiful! – es ist (sehr) schön!

10 (3/10)

Balmoral Castle

Marion: You're from Aberdeen, aren't you?
Claire: Yes, I come from Aberdeen.
Marion: And Balmoral's near Aberdeen, isn't it?
Claire: Well, it's about forty miles west of Aberdeen.
Marion: Is Balmoral nice?
Claire: I suppose you mean the castle. It's a big Victorian castle. Some people find it very handsome.
Marion: Do **you** like it?
Claire: No, not particularly.

▶ **aren't you?** und **isn't it?** entsprechen beide dem deutschen „nicht wahr?" Vgl. hierzu den Abschnitt *Grammatik* (Seite 160).

about forty miles west of Aberdeen – ungefähr vierzig Meilen westlich (wörtlich: im Westen) von Aberdeen (in Schottland). Die anderen Himmelsrichtungen sind **north** (Norden), **south** (Süden) und **east** (Osten).

Balmoral Castle (Schloss Balmoral) ist die Sommerresidenz der englischen Königin. Der Abschnitt *Wissenswertes* auf Seite 163 enthält nähere Einzelheiten über Balmoral und Aberdeen.

I suppose you mean the castle – Sie meinen wahrscheinlich das Schloss (wörtlich: ich nehme an, Sie meinen das Schloss). Es gibt auch ein kleines

Dialoge

Dorf mit dem Namen Balmoral. Das Schloss ist im viktorianischen Stil erbaut, d. h. zur Zeit der Königin Victoria im neunzehnten Jahrhundert.

Some people find it very handsome – Einige Leute finden es sehr ansprechend. **Handsome** (gutaussehend) wird normalerweise nicht zur Beschreibung von Gebäuden, sondern von Männern benutzt.

11 (3/11)

Ein Theaterbesuch wird vorbereitet

Marion: Can you get the tickets, Rachel?
Rachel: Which would you prefer, stalls or circle?
Marion: I prefer stalls. Is that all right?
Rachel: Yes, that's fine. Which day do you prefer?
Marion: Um, well I can go (on) Monday or Wednesday. Monday or Wednesday.
Rachel: Well, Wednesday is better for me.
Marion: Fine. Wednesday then. So that'll be Wednesday, two tickets in the stalls.
Rachel: Yes, and that's the evening, isn't it?
Marion: Yes, yes. The evening.

▶ **Can you get the tickets?** – Kannst du die Karten besorgen? **Get** ist ein sehr häufig verwendetes englisches Wort, und es kann darum außer „gehen und kaufen" (= besorgen) noch vieles andere bedeuten.

▶ **Which would you prefer, stalls or circle?** – Was ist dir lieber, Parkett oder Rang? (wörtlich: was würdest du vorziehen, Parkett oder Rang?) Weitere Beispiele für den Gebrauch von **to prefer** finden Sie in den Erklärungen zu *Unit* 10, Dialog 4 (Seite 140).

4/11

Jemanden fragen, was er mag

Do you like steak and kidney pie?	Mögen Sie Steak- und Nierenpastete?
skiing?	Ski fahren?
What do you like doing?	Was tun Sie gern?
Which do you prefer – swimming or walking?	Was haben Sie lieber – Schwimmen oder Wandern?
What's your favourite food?	Was ist Ihr Lieblingsessen?
favourite sport?	Lieblingssport?

Sagen, was man mag und was man nicht mag

I like roast beef	ich esse gern Roastbeef
I like swimming	ich schwimme gern
I don't like	ich mag nicht
trifle	Pudding
Glasgow	Glasgow
my favourite (food) is . . .	mein Lieblings(essen) ist . . .
I prefer (walking)	ich bevorzuge (Wandern)

Auf Befragen seine Meinung zu etwas sagen

I like it	Ich mag es
I like it very much / a lot	Ich mag es sehr
I love it	Ich liebe/mag es
yes, quite I quite like it	Sie mögen es ein wenig (mehr oder weniger)
I don't like it	Sie mögen etwas nicht
no, not very much not particularly I don't like it very much I don't like it particularly	Sie mögen etwas nicht besonders gern
no, not at all I don't like it at all	Sie mögen es überhaupt nicht
yes, (only) if it's . . .	Sie mögen es nur, wenn . . .

Erklären, warum Sie etwas mögen

it's	es ist
nice	nett
beautiful	schön
interesting	interessant
exciting	aufregend
it's fun	es macht Spaß

Einige Sportarten/Hobbys

swimming	Schwimmen
playing football	Fußball spielen
walking	Wandern
cycling	Rad fahren
skiing	Ski fahren
skating	Schlittschuh laufen
reading	Lesen
writing	Schreiben
drawing	Zeichnen
sewing	Nähen

1 (3/12)

Auf der CD hören Sie, wie David und Carol über ihre sportlichen Interessen befragt werden. Tragen Sie ihre Antworten in die Tabelle ein und benutzen Sie dabei folgende Zeichen:

✓✓ er/sie mag es sehr gern
✓ er/sie hat es gern
✗ er/sie mag es nicht besonders gern
✗✗ er/sie hat es überhaupt nicht gern

David				
Carol				

2 (3/13)

Sie werden jetzt vier kurze Gespräche zu verschiedenen Themen hören. Hören Sie gut zu und schreiben Sie die Nummer des jeweiligen Gesprächs neben das entsprechende Thema. Die Themen lauten:

a. a man . . .
b. some homemade wine . . .
c. a dress . . .
d. a book . . .

Anschließend gehen Sie bitte zurück und hören sich die Gespräche noch einmal an. Die folgenden Sätze sind jeweils einem der vier Gespräche entnommen. Schreiben Sie neben jeden Satz das Thema, auf das er sich bezieht.

1. I love it. ______
2. I don't think he's handsome at all. ______
3. I think it's beautiful. ______
4. It's interesting, but no, I don't like it very much. ______

3 (3/14)

Auf der CD hören Sie ein Interview mit einem Mann namens Chris, der in den Cairngorms in Schottland wohnt – einer Gebirgslandschaft, in der es im Winter ziemlich viel schneit. Chris wird über seine sportlichen Interessen befragt. Hören Sie sich das Interview an und kreuzen Sie dabei diejenigen Kästchen an, die mit den Aussagen von Chris übereinstimmen.

a. Der Lieblingssport von Chris ist
☐ Ski fahren
☐ Schlittschuh laufen

b. Er findet Ski fahren
☐ sehr teuer
☐ sehr aufregend

c. In Schottland fährt er Ski etwa
☐ vier Monate im Jahr
☐ zwei Monate im Jahr

d. Zu einem Skiurlaub fährt er
☐ nach Schweden
☐ in die Schweiz

e. Er mag
☐ Rad fahren lieber als Wandern
☐ Wandern lieber als Rad fahren

f. Er schwimmt
☐ sehr gern
☐ nicht besonders gern

g. Er hat eine Vorliebe für
☐ den Wintersport
☐ den Sommersport

Fragen, auf die man die Antwort „ja" erwartet

In den Dialogen haben Sie die folgenden Sätze mit einem Frageanhängsel am Ende gehört:

You are from Aberdeen, aren't you?
Balmoral is near Aberdeen, isn't it?
Your parents live in Devon, don't they?

Jedesmal erwartet Marion, die diese Fragen stellt, mit großer Wahrscheinlichkeit die Antwort *yes*. Das Frageanhängsel am Schluss ist vom vorausgehenden Verb abhängig:

You **are** *from Aberdeen,* **aren't you?**
(*are* + *not* + Pronomen)

Balmoral **is** *near Aberdeen,* **isn't it?**
(*is* + *not* + Pronomen)

Wenn der Satz ein Verb in der einfachen Gegenwartsform enthält, werden *do* oder *does* verwendet:

Your parents live in Devon, **don't they?**
(*do* + *not* + Pronomen)

Hier sind einige weitere Beispiele:

David **likes** *trifle,* **doesn't he?**
Tanvi and Nuala **go** *swimming on Friday,* **don't they?**
She **is** *visiting her mother,* **isn't she?**
The children **are** *playing football,* **aren't they?**
He **has** *got a car,* **hasn't he?**
You **can** *speak English,* **can't you?**
You **would** *like a beer,* **wouldn't you?**
We **want** *to go to the theatre,* **don't we?**
It **comes** *with potatoes,* **doesn't it?**

Grammatik

Übung 1
Verwandeln Sie die folgenden Sätze in Fragen, bei denen man die Antwort *yes* erwartet, indem Sie die entsprechenden Frageanhängsel hinzufügen:

a. She is from Australia, ____________?

b. You love winter sports, ____________?

c. You can ski, ____________?

d. Tony likes roast beef, ____________?

e. They would like to see Trafalgar Square, ____________?

f. He has got three tickets for the theatre, ____________?

Substantive mit der Endung -ing

Im Englischen kann man jedes Verb in ein Substantiv verwandeln, indem man ihm die Endung *-ing* anhängt, z. B.

play → playing	spielen → das Spielen
ski → skiing	Ski fahren → das Ski fahren
do → doing	tun → das Tun
I swim every day.	Ich schwimme jeden Tag.
Swimming is fun.	Das Schwimmen macht Spaß.

Das Beispiel erinnert Sie daran, dass auch im Deutschen Verben zu Substantiven werden können.

Denken Sie daran, dass bei Verben, die auf *-e* enden, das *-e* entfällt:
skate – skating
cycle – cycling

In einigen Fällen (z. B. bei *-m* und *-t*) wird der letzte Buchstabe verdoppelt:
swim – swimming
get – getting

Übung 2
Vervollständigen Sie die folgenden Sätze, indem Sie die Verben in Klammern in Substantive mit der Endung *-ing* verwandeln.

a. . . . is fun. (draw)

b. He goes . . . on Tuesdays. (swim)

c. I love . . . tennis. (play)

d. . . . lunch in a pub is fun. (have)

e. I don't like . . . in a hotel. (stay)

f. I prefer . . . with friends. (be)

 Lesen und Verstehen

Sie sind zu Besuch in London und Sie haben einer englischen Bekannten, die in der Nähe von London wohnt, geschrieben und ihr einen Theaterbesuch vorgeschlagen. Unten ist ihre Antwort abgedruckt.

Schauen Sie sich auch den Sitzplan des Olivier Theatre an, und beantworten Sie dann die folgenden Fragen:

1. Wer von Ihnen soll die Karten besorgen?
2. Sollen Karten für Plätze im Parkett oder auf dem Rang besorgt werden?
3. Wie viel werden die beiden Karten voraussichtlich kosten?
4. Wie lange braucht Margaret um vom Bahnhof zum Theater zu kommen?
5. Wie viel Zeit haben Sie und Margaret, um vor dem Theater noch etwas zu essen und zu trinken?

Booking information

Olivier Theatre

All seats numbered

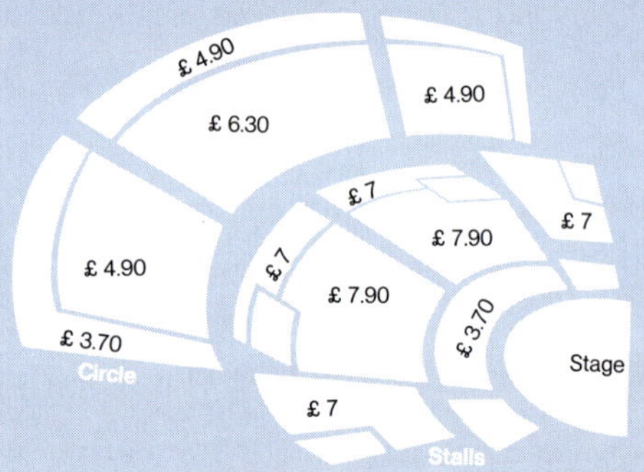

12 View Road
Redhill
Surrey

18 September

Dear Jane

Thank you very much for your letter. I'd love to go to the theatre with you. Monday 27th September is fine. Can you get the tickets, please? <u>But I'm paying</u>! So, please get the <u>best</u> seats.

My train gets in to Waterloo Station at quarter to six, so I can meet you outside the front door of the theatre at 6 o'clock. We can have a drink and a sandwich at the theatre before the performance at 7.30.

With love from

Margaret

Wissenswertes

Oxford

Oxford ist ein wenig größer als Cambridge und hat etwas mehr Industrie, ist aber – wie Cambridge – als alte Universitätsstadt mit schöner Architektur bekannt. Das älteste der noch bestehenden *colleges* wurde 1249 gegründet.

Edinburgh

Wahrzeichen der eleganten Hauptstadt Schottlands ist das Schloss, das auf einem Felsen oberhalb der Stadt liegt. Das *Edinburgh International Festival of Music and Drama* findet jedes Jahr zwischen August und September hier statt.

Bath

In Bath sind die römischen Bäder die berühmteste Sehenswürdigkeit. Sie werden noch heute von heißen Quellen gespeist. Viele Gebäude stammen aus dem 18. Jahrhundert; damals erlebte Bath seine Blütezeit als Kurort für Hof und Adel.

The Scottish Highlands

Die Berge und Seen *(lochs)* machen das schottische Hochland zu einer der eindrucksvollsten Landschaften Großbritanniens. Die Cairngorms bieten viele Möglichkeiten für Bergsteiger und Wanderer.

Cambridge

Cambridge ist wegen seiner Universität weltbekannt. Besucher können die Höfe der alten *colleges* (das älteste wurde 1284 gegründet) besichtigen und die prachtvollen Gärten am Fluss Cam bewundern.

Aberdeen

Aberdeen – bis vor kurzem wichtigster Fischereihafen Schottlands – wird oft „die Granitstadt“ genannt, weil die meisten Gebäude aus Granit bestehen. In der Nähe von Aberdeen liegen Balmoral Castle (Sommerresidenz der königlichen Familie) und Braemar, wo jedes Jahr im September die Schotten zusammenkommen um traditionelle Bräuche, Tänze, Musik und Wettspiele zu pflegen.

Devon and Cornwall

Diese beiden Grafschaften sind für ihr besonders mildes Klima bekannt. Sehr malerisch sind die kleinen Dörfer in den sandigen Buchten, von denen es an der sonst felsigen Küste viele gibt.

York

York ist eine schöne alte Stadt mit einem berühmten Dom. Die mittelalterliche Stadtmauer sowie einige alte Straßenzüge sind noch sehr gut erhalten.

Dublin

Dublin, die Hauptstadt der Republik Irland, hat zwei Gesichter; einmal das elegante Stadtzentrum mit vielen Gebäuden im klassischen georgianischen Baustil des 17. Jahrhunderts, und im Gegensatz dazu die schmutzige und triste Vorstadt. Berühmte Sehenswürdigkeiten sind Trinity College (gegründet 1592) mit dem berühmten *Book of Kells* aus dem 8. Jahrhundert, Christchurch Cathedral und das Abbey Theatre.

Jetzt haben Sie das Wort

1 (3/15)

Über Geschmack lässt sich bekanntlich nicht streiten. In der ersten Übung will Nick von Ihnen wissen, ob Sie das Gleiche mögen wie er. Leider ist das nicht der Fall! Von den beiden Möglichkeiten, die er nennt, mögen Sie immer nur das Zweite. Das Gespräch verläuft so:

Nick:	Do you like skiing and skating? *(CD anhalten)*
Sie:	No, I don't like skiing very much but I love skating. *(CD weiter laufen lassen)*
Wiederholung:	No, I don't like skiing very much but I love skating.

Nick wird Sie fragen, ob Sie gerne lesen und schreiben, Fußball und Tennis spielen und *apple crumble* und *trifle* essen.

2 (3/16)

In der zweiten Übung stellen Sie sich bitte vor, Sie unterhielten sich mit einem Engländer, den Sie gerade im Hotel kennengelernt haben. Zunächst stellen Sie ihm ein paar Fragen zur Person – was er beruflich macht und welchen Sport er am liebsten betreibt. Dann wird er Ihnen ein paar Fragen über Ihre Interessen, Vorlieben und Abneigungen stellen. Antworten Sie jeweils so, wie Sie es persönlich für richtig halten. Zu diesen Fragen werden von der CD keine Antworten vorgegeben. Sie sollten Wendungen wie *I like it very much* oder *not particularly* usw. gebrauchen. Sehen Sie sich deshalb noch einmal die *Wichtigen Wörter und Ausdrücke* (Seite 158) als Erinnerungshilfe an, ehe Sie die Übung durchführen. Sie werden gefragt:

Do you like swimming?
Do you like reading?
What's your favourite food?
Which do you prefer – wine or beer?
And you like English, don't you?

Wie üblich, hören Sie sich zum Schluss noch einmal alle Dialoge nacheinander an. Denken Sie dann anschließend an Ihre Hobbys und die Sportarten, die Sie betreiben, und sprechen Sie laut aus, welche davon Sie gern ausüben und welche Sie weniger gern mögen.

12 It's a lovely day

Bevor Sie anfangen

In Großbritannien wird oft und gern über das Wetter gesprochen – wahrscheinlich, weil es dort ständig wechselt. Wenn man mit einem Engländer ins Gespräch kommen will, sollte man zunächst über das Wetter sprechen; auf diese Weise können viele Unterhaltungen eingeleitet werden. Die Überschrift dieser *Unit* ist dafür ein typisches Beispiel. An einem schönen Tag können Sie jemanden ansprechen und sagen: *It's a lovely day, isn't it?* Gerade bei solchen informellen Gesprächen werden häufig die Frageanhängsel verwendet, die auf Seite 160 erklärt worden sind. Außerdem wollen wir Sie in dieser *Unit* damit vertraut machen, wie man über Städte und Landschaften spricht – auch über den Ort, aus dem Sie selbst stammen; dann können Sie erzählen, wie es bei Ihnen zu Hause aussieht.

Sie lernen in dieser Unit

- wie man nach dem Wetter fragt
- wie man über das Wetter spricht
- wie man eine Wettervorhersage versteht
- wie man sich nach einer Stadt und ihren Vorzügen erkundigt
- wie man versteht, was man in einer Stadt besichtigen und tun kann

Wegweiser

Dialoge: Hören Sie sich die Dialoge oder Dialoggruppen in der unten aufgeführten Reihenfolge bei geschlossenem Buch an. Nach jeder Dialoggruppe hören Sie dann jeden Dialog einzeln an, lesen Sie ihn und arbeiten Sie ihn durch.

Reihenfolge: 1–4; 5–6; 7–10

Lernen Sie *Wichtige Wörter und Ausdrücke* (S. 172).

Bearbeiten Sie die *Übungen* (S. 173).

Arbeiten Sie die *Grammatik* (S. 175) durch.

Bearbeiten Sie den Abschnitt *Lesen und Verstehen* (S. 176).

Lesen Sie den Abschnitt *Wissenswertes* (S. 177).

Jetzt haben Sie das Wort (S. 178).

Hören Sie sich alle Dialoge noch einmal ohne Buch an.

Bearbeiten Sie das Wiederholungsprogramm zu den *Units* 10–12 (Seite 227).

Dialoge

1 (3/17)

Marion trifft eine Kollegin

Sara: Morning. It's a lovely day, isn't it?
Marion: Yes, it is.

Morning ist die Abkürzung für **good morning**. Vgl. im Deutschen: *Morgen!*

▶ **It's a lovely day, isn't it?** – Schönes Wetter heute, nicht wahr? (wörtlich: es ist ein schöner Tag, nicht wahr?)

2 (3/18)

Immer nur schlechtes Wetter

Anna: Do you think it will clear up tomorrow?
Man: No.

Do you think it will clear up tomorrow? Glauben Sie, dass es morgen aufklart?

3 (3/19)

Ein Regentag

Marion: What's it like outside today, Rachel?
Rachel: It's absolutely awful, (it's) pouring with rain, and cold, wet and miserable!
Marion: Do you think it'll clear up this afternoon?
Rachel: No, I don't think so.

▶ **What's it like . . .?** – Wie ist es . . .? Sie kennen **it** bereits in Verbindung mit Zeit- und Entfernungsangaben: **it's seven o'clock; it's four hundred miles from London to Edinburgh.**

▶ **it's absolutely awful** – es ist maßlos (wörtlich: überaus, durchaus) scheußlich. **It's absolutely awful**, weil **(it's) pouring with rain** es gießt (wörtlich: es gießt mit Regen).

▶ **(it's) cold, wet and miserable** – es ist kalt, nass und mies

▶ **I don't think so** – ich glaube nicht. Wenn man **so** verwendet, braucht man nicht den ganzen Satz zu wiederholen: **(I don't think) it'll clear up this afternoon. So** als Hinweis auf etwas, das bereits erwähnt worden ist, tritt häufig nach dem Verb **think** auf, auch in Sätzen ohne Verneinung, z. B. **Are you going to Scotland tomorrow? Yes, I think so. (I think I'm going to Scotland tomorrow.)**

4 (3/20)

Es klart auf

Alison: Heh, Mum. Do you think I ought to take my boots and coat?
Liz: No. Look, it's clearing up. It's quite sunny now.

Do you think I ought to take my boots and coat? – Glaubst du, ich sollte meine Stiefel und meinen Mantel mitnehmen? Auch hier heißt es anstelle von **ought I** wieder **I ought,** weil die Frage mit **do you think** beginnt. **Ought to** hat die gleiche Bedeutung wie **should: Should I take my boots and coat?**

it's clearing up – es klart auf

It's quite sunny – Es ist (schon) ganz sonnig. Das Adjektiv **sunny** ist von **sun** (Sonne) abgeleitet. Ähnlich kommen **windy** (windig) von **wind** (Wind) und **cloudy** (wolkig) von **cloud** (Wolke).

5 (3/21)

Das Wetter in Schanghai

Sumei: I come from Shanghai and it's much hotter than here in Britain. The summer is really hot and sometimes (it) doesn't rain for days, for weeks.
Marion: If someone visits China in the summer, perhaps visits Shanghai in the summer, *(Sumei: yes)* what clothes should they take?
Sumei: Oh, very light, er, jackets and shirts and things.
Marion: And what about the winter?
Sumei: Oh, it can be very cold. So you need to have a lot of warm clothes.

light | leicht

it's much hotter than here – es ist viel heißer als hier. Vor Steigerungsformen wie **hotter** dient **much** – und nicht **very** – dazu, einen Vergleich zu verstärken: **much colder, much better; much** entspricht hier dem deutschen *viel.* Wenn zwei Dinge miteinander verglichen werden, wird **than** verwendet: **it's colder in winter than in summer.**

(it) doesn't rain for days, for weeks – es regnet tagelang, wochenlang nicht. **rain** tritt hier als Verb auf; im Dialog 3 sind Sie dem gleichen Wort als Substantiv begegnet.

what clothes should they take? – was für Kleidung sollten sie mitnehmen? Marion hätte auch fragen können: **what clothes ought they to take?**

it can be very cold – es kann sehr kalt werden (wörtlich: sein).

you need to have a lot of warm clothes – Sie brauchen eine Menge warme Kleidung (**need to have** wörtlich: müssen haben). **Warm** kann auch benutzt werden, um das Wetter zu beschreiben: **It's warm today** (es ist heute warm). Ähnlich: **it's cool** (kühl).

Dialoge

6 (3/22)

Eine Wettervorhersage

Radio: Good morning. It's seven o'clock and here is the weather forecast for today Monday the eighteenth of June for London and the south-east. The day will be warm and sunny in all areas with a light north-west wind. In the evening clouds in the west will move east across the country and there will be some rain in places during the night. The outlook for tomorrow: the rain will clear by early morning and all areas should have another warm, sunny day.

outlook	Aussicht
radio	Radio
in all areas	in allen Gebieten/ Regionen
in places	örtlich (*wörtlich:* in Orten)

Wenn Sie wissen wollen, wie der Wetterbericht **(weather forecast)** aussieht, dann fragen Sie: **What's the weather forecast for today/tomorrow?** (wörtlich: wie ist die Wettervorhersage für heute/morgen?)

London and the south-east – London und der Südosten (Englands)

The day will be ... – Der Tag wird ... sein. Der Wetterbericht enthält mehrere Beispiele dafür, wie etwas Zukünftiges mit **will** ausgedrückt werden kann. Mehr hierzu im Abschnitt *Grammatik* auf Seite 175.

clouds ... will move ... across the country – die Wolken ... werden in ... Richtung über das Land ziehen

there will be ... – es wird ... geben. **There will be** ist die Zukunftsform von **there is**.

during the night – während der Nacht. Ähnlich auch: **during the day, during the holidays.**

the rain will clear by early morning – der Himmel wird sich bis zum frühen Morgen aufklaren (wörtlich: der Regen wird am frühen Morgen aufhören). Ähnlich **late** (spät): **by late afternoon**.

7 (3/23)

Über Cambridge und York

Marion: John, what's Cambridge like?
John: Um, very beautiful, by the riverside. It's very green. Um, it rains a lot there in the winter, er, but it's very nice in the summer.
Marion: What's the nicest season for visiting Cambridge?
John: Summertime. June, July and August.
Marion: And what's York like?
John: Very cold for a lot of the year. Very windy.
Marion: Which do you like best, Cambridge or York?
John: I think Cambridge.

▶ **What's Cambridge like?** – Wie ist es in Cambridge? **What's . . . like?** kennen Sie bereits aus Dialog 3: **what's it like?**

by the riverside – am Fluß. **Riverside** besteht aus den beiden Wörtern **river** (Fluß) und **side** (Seite). Cambridge liegt am Fluß Cam; von ihm hat die Stadt auch ihren Namen: Brücke **(bridge)** am Cam.

What's the nicest season for visiting Cambridge? – Was ist die beste Jahreszeit um Cambridge zu besuchen? John schlägt **summertime** vor – ein anderer Ausdruck für das Wort **summer**. Cambridge kann auch im Frühling und im Herbst sehr schön sein; dann sind auch weniger Touristen in der Stadt.

▶ **Which do you like best?** – Welche (Stadt) magst du am liebsten? **Which do you like best?** hat die gleiche Bedeutung wie **Which do you prefer?**

8 (3/24)

Zwei weitere Städte

Marion: Which do you prefer, Edinburgh or Aberdeen?
Claire: I think I prefer Aberdeen.
Marion: Why?
Claire: Aberdeen's a much smaller city, less traffic, less hustle and bustle.
Marion: And what is there to see in Aberdeen?
Claire: Well, there's the harbour, there's the old university and then there's the old Saint Machar's Cathedral.
Marion: And what about the countryside near Aberdeen? Is that nice?
Claire: Oh, the countryside near Aberdeen's beautiful!

harbour	Hafen
university	Universität
countryside	Landschaft

less traffic, less hustle and bustle – weniger Verkehr, weniger Hin und Her. Das Wort **traffic** sollten Sie sich merken; **hustle and bustle** hingegen ist ein umgangssprachlicher Ausdruck, den Sie nicht zu beherrschen brauchen.

▶ **what is there to see?** – was gibt es zu sehen?

what about the countryside near Aberdeen? – wie ist es mit der Landschaft in der Nähe von Aberdeen? **What about** kann sehr oft als Einleitung dienen, wenn man jemanden nach seiner Meinung über etwas fragen will.

9 (3/25)

Auch Kathy mag Cambridge

Marion: Which is more interesting, York or Cambridge?
Kathy: I think Cambridge is a more interesting place. There's more going on there. There are more cinemas, and you can go to more concerts. Although the countryside round York is much more beautiful.

place	Ort
although	obwohl
round	um ... herum

▶ **Which is more interesting?** – Welche (Stadt) ist interessanter? **Interesting** hat (beim Sprechen) drei Silben – **in-t(e)res-ting,** ebenso auch **beautiful – beau-ti-ful.** Wenn Adjektive mehr als zwei Silben haben, wird ihre Steigerungsform nicht durch Anhängen von **-er** gebildet, sondern durch eine Umschreibung mit **more: more interesting, more beautiful, more expensive** (wörtlich: mehr interessant, mehr schön, mehr teuer).

more cinemas ... more concerts – mehr Kinos ... mehr Konzerte

▶ **There's more going on there** – Da ist mehr los

10 (3/26)

Lesley mag Kleinstädte

Marion: Lesley, why are you moving to Bath?
Lesley: I would like to leave London because London is a very big and busy city and I would like to live in a smaller city and to live in the countryside.
Marion: And is Bath a very quiet place?
Lesley: Bath's quite a small city. You can walk all round the centre, you don't need to take buses and tubes in the centre. And it's a very beautiful city, with parks and a river and trees.
Marion: And is it a clean city?
Lesley: Bath is a very clean city. The air is fresher and there just isn't as much noise and as much bustle.
Marion: So you want a quieter life.
Lesley: Yes, I do.

because	weil
busy	belebt
quiet	ruhig
parks	Parks
trees	Bäume
clean	sauber, proper
fresh	frisch
life	Leben

why are you moving to Bath? – warum ziehen Sie nach Bath um? **To move** heißt wörtlich *sich bewegen*; im Dialog 6 war von Wolken die Rede, die über

Dialoge

das Land ziehen **(clouds will move across the country).** Bath liegt westlich von London (siehe *Wissenswertes, Unit* 11, Seite 163).

to leave (verlassen) – **to live** (wohnen). Achten Sie darauf, wie Lesley diese beiden Wörter ausspricht – einmal mit einem langen und einmal mit einem kurzen **i**. Wenn man da nicht genau unterscheidet, kann man unter Umständen viel Verwirrung anstiften!

Bath's quite a small city – Bath ist eine ziemlich kleine Stadt. Im Dialog 4 und in *Unit* 11 finden Sie weitere Beispiele für die Verwendung von **quite: it's quite sunny** und **I quite like it**. Wenn **quite** im Zusammenhang mit einem Substantiv auftritt, steht es – anders als im Deutschen – jeweils vor dem Artikel **a** oder **an: quite a small city** (eine ziemlich kleine Stadt), **quite a nice man** (ein ziemlich netter Mann), **quite a sunny day** (ein ziemlich sonniger Tag). Ohne Substantiv ist die Wortfolge wie im Deutschen: **Bath is quite small** (Bath ist ziemlich klein), **he's quite nice** (er ist ziemlich nett), **it's quite sunny** (es ist ziemlich sonnig).

▶ **all round the centre** – um das ganze Zentrum herum. Mit **all** wird hier darauf hingewiesen, dass man alle Teile des Zentrums zu Fuß erreichen kann. Am besten lernen Sie diesen Ausdruck als eine zusammenhängende Wendung – **all round the centre, all round the city, all round the cathedral.**

there just isn't as much noise – da gibt es einfach nicht so viel Lärm. Lesley vergleicht Bath mit London. In einem vollständigen Satz würde sie sagen: **There just isn't as much noise as in London**.

▶ **yes, I do.** In dieser Kurzantwort wird **do** anstelle des Verbs in der vorausgehenden Äußerung verwendet; Lesley braucht dann nicht die lange Antwort **Yes, I want a quieter life** zu geben. Weitere Beispiele für derartige Kurzantworten: **Do you want to teach English? Yes, I do. Do you like London? Yes, I do.**

The Abbey, Bath

Wichtige Wörter und Ausdrücke

4/12

Wie man nach dem Wetter fragt

What's it like today?	Wie ist es heute?
What will it be like tomorrow?	Wie wird es morgen sein?
What's the weather forecast for today?	Wie ist die Wettervorhersage für heute?
Will it clear up?	Wird es sich aufklaren?

Wie man das Wetter beschreibt

it's (quite)	es ist (ziemlich)
sunny	sonnig
warm	warm
hot	heiß
nice	schön
windy	windig
cold	kalt
wet	nass
it's raining	es regnet
it's pouring with rain	es gießt
it's clearing up	es bessert sich

Wie man ein Gespräch beginnt

It's	Es ist
a lovely	ein schöner
cold	kalter
hot	heißer
an awful	schrecklicher
day isn't it?	Tag, nicht wahr?

Himmelsrichtungen

north	Norden	east	Osten
south	Süden	west	Westen

Die Jahreszeiten

spring	Frühling	autumn	Herbst
summer	Sommer	winter	Winter

Über eine Stadt/eine Gegend sprechen

What's York like?	Wie ist York?
Is York a nice city?	Ist York eine schöne Stadt?
What is there to see?	Was gibt es zu sehen?
it's (quite) a	es ist eine (ziemlich)
clean city	saubere Stadt
busy city	lebhafte Stadt
quiet city	ruhige Stadt
which is	welche ist
more interesting?	interessanter?
smaller?	kleiner?
Cambridge is	Cambridge ist
more interesting	interessanter
smaller	kleiner
than York	als York
it's	es ist
much more interesting	viel interessanter
much smaller	viel kleiner
Cambridge is	Cambridge ist
as interesting as	so interessant wie
as old as York	so alt wie York

Übungen

1 (3/27)

Hier sind vier Aussagen über das Wetter:
It's a lovely day, isn't it?
Awful day, isn't it?
It's a windy day, isn't it?
It's a cold day, isn't it?

In jedem der folgenden vier Bilder sehen Sie zwei Menschen, die sich begrüßen. Schreiben Sie bitte unter jedes Bild diejenige Aussage zum Wetter, die am besten zu ihm passt. Auf der CD können Sie sich die Begrüßungen der Leute anhören und Ihre Lösungen überprüfen.

 Übungen

2 (3/28)

Mr. Clark ist in Urlaub. Jeden Tag macht er Ausflüge und fragt immer die Empfangsdame, wie wohl das Wetter sein wird; dann entscheidet er, ob er seinen Mantel mitnehmen soll. Auf der CD hören Sie, wie Mr. Clark am Montag, Dienstag und Mittwoch mit der Empfangsdame spricht. Entscheiden Sie, an welchen Tagen er seinen Mantel mitnehmen soll und an welchen nicht. Kreuzen Sie jeweils die entsprechende Spalte an.

Mr Clark should take his coat	Yes	No
on Monday		
on Tuesday		
on Wednesday		

3 (3/29)

Was kann man als Tourist alles in einer interessanten Stadt machen? Wir nennen Ihnen hier einige Möglichkeiten:

visit the cathedral
walk along the river
visit the university
visit the harbour
go to a museum
go to a concert
go to the cinema

Dies werden Sie aber vermutlich nicht alles in einer einzigen Stadt unternehmen können. Auf der CD hören Sie, wie sich Miss Davies in einem Fremdenverkehrsamt über Besichtigungsmöglichkeiten in Oxford erkundigt. Unterstreichen Sie, was Oxford seinen Touristen bietet.

4 (3/30)

Oxford und Cambridge sind sehr berühmt, und darum möchten viele Touristen beide *(both)* Städte gern besuchen. Dazu fehlt jedoch oft die Zeit. Sie können sich nur eine der beiden Städte ansehen – aber welche? Hören Sie sich an, was die Mitarbeiterin eines Fremdenverkehrsamts zu sagen hat. Streichen Sie dabei jeweils die *falsche* Aussage in den folgenden Sätzen durch.

a. Cambridge is as interesting as / more interesting than Oxford.

b. Cambridge is bigger than / smaller than Oxford.

c. Cambridge is busier than / quieter than Oxford.

d. Cambridge is as old as / older than Oxford.

e. Cambridge is as beautiful as / more beautiful than Oxford.

Gegenwart und Zukunft

Wenn Sie über etwas sprechen wollen, was sich gerade ereignet, verwenden Sie die Verlaufsform der Gegenwart (mit *-ing*):
It is clearing up now.
At the moment I'm reading English, not German.
Mit dieser Verlaufsform können Sie aber auch etwas zum Ausdruck bringen, was sich erst in Zukunft ereignen wird. Dazu ein Beispiel aus *Unit* 7 (Seite 102): *I'm going to Ireland to see my mother.* Zwar kennen wir im Deutschen keine Verlaufsform, aber auch wir können die Zukunft mit Formen der Gegenwart ausdrücken:
Wir fliegen nächste Woche nach Berlin.
Natürlich kann man auch sagen:
Wir werden nächste Woche nach Berlin fliegen.

Eine Zukunftsform mit **werden** *(will)* hat auch das Englische:
Today will be sunny.
Will it clear up?
I'll see you on Monday probably.
Diese „einfache" Zukunftsform wird mit *will* + dem Grundverb gebildet. *I will* wird normalerweise zu *I'll* abgekürzt (auch bei den anderen Personen: *he will – he'll, she will – she'll, you will – you'll, we will – we'll, they will – they'll)*, und *will not* wird in der Abkürzung zu *won't.*

Wann verwendet man nun die Verlaufsform und wann die „einfache" Form, wenn man über die Zukunft spricht? Manchmal spielt das keine Rolle und man kann entweder die eine oder die andere Form benutzen. Als Faustregel können Sie sich jedoch zunächst einmal merken: Die „einfache" Zukunft *(will* + Grundverb) wird verwendet, wenn Sie etwas vorhersagen oder eine Vermutung anstellen wollen, z. B.
It won't rain tomorrow.
(Es wird morgen nicht regnen.)
I think he'll be here at about six o'clock.
(Ich glaube, er wird gegen sechs Uhr hier sein.)

Die Verlaufsform (mit *-ing*) tritt auf, wenn Sie über Ihre Pläne oder Vorhaben sprechen, z. B.
I'm going to Scotland for my holidays.
(Ich fahre im Urlaub nach Schottland.)
I'm visiting some friends in Edinburgh.
(Ich besuche einige Freunde in Edinburgh.)

Should und ought to

Should und *ought to* entsprechen beide dem deutschen **sollen.** Sie gehören zur gleichen grammatischen Gruppe wie *can, could* und *would,* über die wir bereits im Abschnitt *Grammatik* von *Unit* 4 (Seite 65) gesprochen haben. Ihnen folgt immer die Grundform eines Verbs (ohne *to*), und ihre Form bleibt bei allen Personen unverändert:
I/you/he/she/we/they should/ought to go to Cambridge.

Die Steigerung von Adjektiven

Bei Adjektiven mit mehr als zwei Silben erfolgt die Steigerung mit *more* bzw. *most:*
Cambridge is more interesting than York.
The Hilton is probably the most expensive hotel in London.
Wenn Sie zwei gleichwertige Dinge miteinander vergleichen wollen, verwenden Sie *as . . . as:*
In winter Shanghai is as cold as London.

Die hier abgebildete Wetterkarte wurde vom Fernsehen der BBC im Monat November gezeigt. Schauen Sie sich die Karte genau an und entscheiden Sie, ob die folgenden Sätze richtig (R) oder falsch (F) sind.

1. The coldest place in Britain will be in the north . . .
2. The warmest place will be London . . .
3. The wind will be from the south-east . . .
4. There will be rain in northern Ireland . . .
5. There will be snow (Schnee) in Scotland . . .
6. There will be snow in Wales . . .
7. It will be sunny in the south of Scotland . . .
8. It will be sunny in the southwest of England . . .

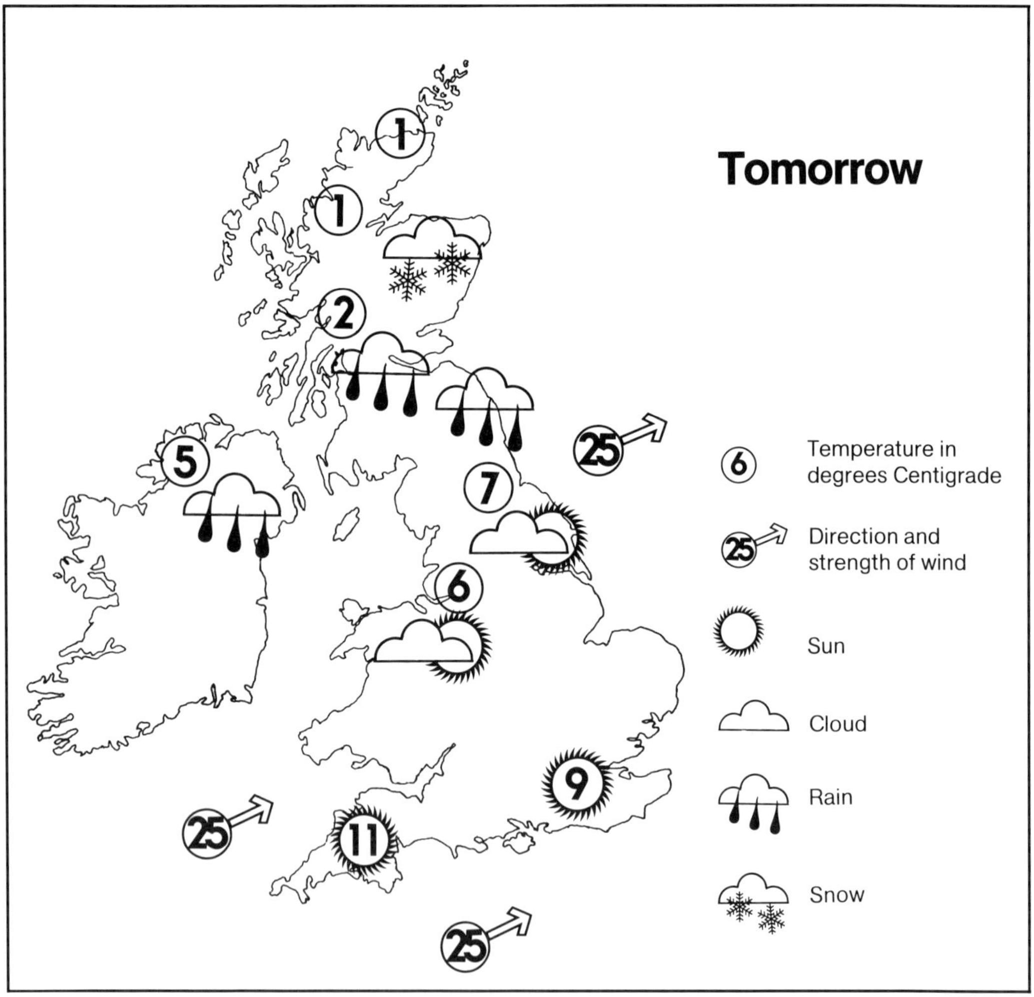

 Wissenswertes

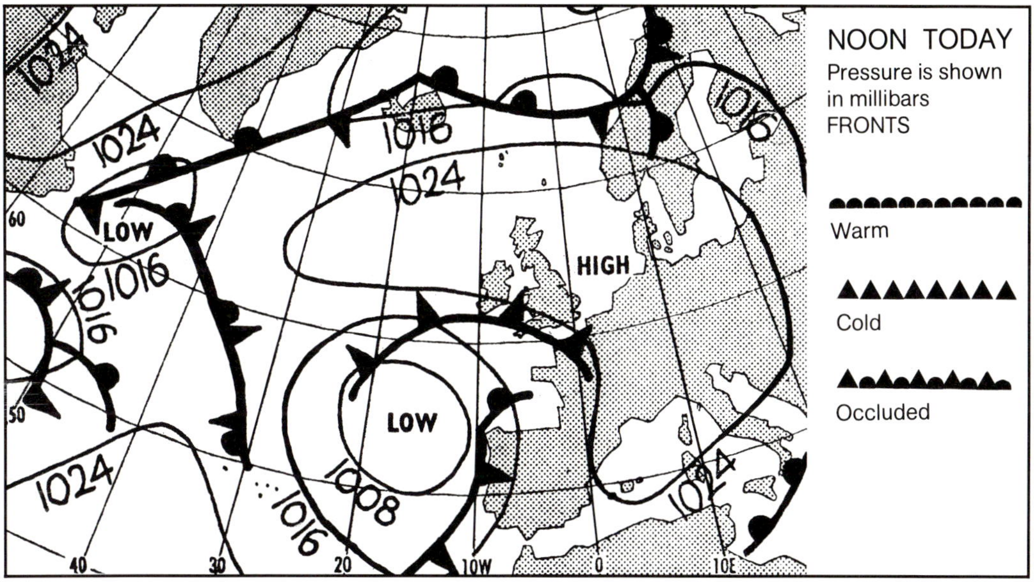

Das Wetter

In Großbritannien herrscht ein gemäßigtes und mildes Klima. Das Wetter ist zwar wechselhaft, aber extreme Temperaturschwankungen wird man kaum erleben. Im Sommer ist es angenehm warm, häufig scheint die Sonne, und manchmal regnet es auch ein wenig. Die durchschnittliche Temperatur beträgt im Juli in London 17,6°, in Edinburgh 14,8°. Zum Südwesten hin wird es allgemein etwas wärmer. Der Winter ist in der Regel nicht streng; in den Niederungen bleibt der Schnee oft nur wenige Tage liegen. Die englische Gewohnheit, immer über das Wetter zu reden, wird zwar oft belächelt, hat aber in Wirklichkeit ganz einfach damit zu tun, dass man nie so richtig weiß, wie sich das Wetter von Stunde zu Stunde entwickeln wird – ein unerschöpfliches Gesprächsthema also!

Was man anziehen sollte

Im Winter muss man sich schon wärmer anziehen, aber im Sommer reicht leichte Kleidung völlig aus, wenn man immer einen Regenmantel und etwas Wärmeres zum Überziehen bereithält. Wenn Sie abends ausgehen wollen, zum Beispiel ins Theater oder in die Oper, dann brauchen Sie sich dazu keinen Frack zu besorgen. Genauso wie wir, neigen auch die Engländer dazu sich bei solchen Anlässen weniger formell als früher zu geben. Abendgarderobe braucht man eigentlich nur auf den teuersten Plätzen, und selbst dort wird informelle Kleidung akzeptiert.

Wenn Sie gern wandern und die britische Bergwelt kennenlernen wollen, dann brauchen Sie wasserfeste Kleidung. Im Herbst und im Winter sind Gummistiefel ratsam, wenn Sie feuchtes Moorland erwandern.

Wettervorhersagen

Fast alle Zeitungen veröffentlichen Wettervorhersagen. Größere überregionale Blätter wie *The Times* oder *The Guardian* drucken Tabellen mit Temperaturen aus vielen Städten der Welt ab – Sie können dann überprüfen, ob das Wetter zu Hause besser ist!

THE WEATHER

AROUND THE WORLD

Lunch-time reports

		C	F			C	F
Amsterdam	S	12	54	**Madrid**	S	18	64
Athens	F	25	77	**Milan**	C	14	57
Barcelona	S	17	63	**Montreal**	C	11	52
Belgrade	F	23	73	**Munich**	C	9	48
Berlin	S	17	63	**Naples**	S	16	61
Biarritz	S	14	57	**Nice**	S	17	63
Boston	C	16	61	**Oslo**	R	7	45
Brussels	S	12	54	**Paris**	R	8	46
Budapest	C	17	63	**Prague**	F	14	59
Chicago	S	26	79	**Rio de Jan**	S	25	77
Cologne	F	15	59	**Rome**	C	16	61
Copenhagen	F	10	50	**Salzburg**	C	11	52
Dublin	F	14	57	**S.'Frisco**	C	13	55
Dubrovnik	R	17	63	**Stockholm**	S	13	55
Florence	F	18	64	**Strasbourg**	C	15	59
Frankfurt	F	16	61	**Tenerife**	S	20	68
Geneva	C	12	54	**Toronto**	S	18	64
Gibraltar	F	19	66	**Valencia**	S	18	64
Innsbruck	C	11	52	**Venice**	C	13	55
Lisbon	S	20	68	**Vienna**	F	15	59
Locarno	C	12	54	**Warsaw**	C	15	59
London	C	12	54	**Washington**	S	21	70
Luxembourg	C	13	55	**Zurich**	F	14	57

C, cloudy; F, fair; Fg, fog; R, rain; S, sunny; Sn, snow.

1 (3/31)

In der ersten Übung sollen Sie Fragen stellen, in denen Bath und York miteinander verglichen werden. Auf der CD wird Ihnen ein Adjektiv genannt. Danach halten Sie die CD an und stellen Ihre Frage. Anschließend lassen Sie sie weiterlaufen; jetzt hören Sie, was Sie sagen sollten. Zum Abschluss beantwortet dann jeweils Michael Ihre Frage. So läuft die Übung ab:

Sprecher: nice *(CD anhalten)*

Sie: Which is nicer – Bath or York? *(CD weiterlaufen lassen)*

Wiederholung: Which is nicer – Bath or York?

Michael: I think Bath is as nice as York.

2 (3/32)

In der zweiten Übung werden Sie Mary über das Wetter befragen. Dann wird Mary Sie befragen – über das Wetter und über Ihre Heimatstadt. Zu dieser Übung gibt es keine „richtigen" Antworten auf der CD.

What's it like today? Which is warmer – England or Germany? And what about your town – what is there to see in it?

Wiederholung (3/33)–(3/34)

Schlagen Sie jetzt bitte Seite 227 auf und bearbeiten Sie die Wiederholungsübungen zu den *Units* 10–12. Das Textmaterial zum Wiederholungsprogramm befindet sich auf der CD direkt im Anschluss an diese *Unit.*

Zum Schluss hören Sie sich alle Dialoge noch einmal an und überprüfen Sie, ob Sie alle Ausdrücke beherrschen, die mit dem Wetter zusammenhängen.

13 What did you do yesterday?

Bevor Sie anfangen

Im Urlaub wird man Sie sicherlich oft auf Ihre Erlebnisse hin ansprechen. In diesem Kapitel lernen Sie, wie man beschreibt, was man gesehen, getan und erlebt hat, und wie man sagt, welchen Eindruck dies alles hinterlassen hat. Außerdem erfahren Sie, wie man andere Leute auf ihre Urlaubserlebnisse hin anspricht.
Wir empfehlen Ihnen, sich etwas ausführlicher mit den Vergangenheitsformen der regelmäßigen und unregelmäßigen Verben, die in den Dialogen dieser *Unit* auftreten, zu beschäftigen. Diese Formen sind in den Abschnitten *Wichtige Wörter und Ausdrücke und Grammatik* übersichtlich zusammengestellt worden.

Sie lernen in dieser Unit:

- wie man einfache Fragen über die Vergangenheit stellt und beantwortet
- wie man sagt, was man früher einmal gemacht hat
- wie man schildern kann, wie die Ferien verlaufen sind
- wie man verstehen kann, was jemand über die Vergangenheit aussagt
- wie man kurze Antworten geben kann

Wegweiser

Dialoge: Hören Sie sich die Dialoge oder Dialoggruppen in der unten aufgeführten Reihenfolge bei geschlossenem Buch an. Nach jeder Dialoggruppe hören Sie dann jeden Dialog einzeln an, lesen Sie ihn und arbeiten Sie ihn durch.

Reihenfolge: 1–2; 3–4; 5–6.

Lernen Sie *Wichtige Wörter und Ausdrücke* (S. 186).

Bearbeiten Sie die *Übungen* (S. 187).

Arbeiten Sie die *Grammatik* (S. 189) durch.

Bearbeiten Sie den Abschnitt *Lesen und Verstehen* (S. 190).

Lesen Sie den Abschnitt *Wissenswertes* (S. 192).

Jetzt haben Sie das Wort (S. 194).

Hören Sie sich alle Dialoge noch einmal ohne Buch an.

1 (3/35)

Weihnachtsferien

Marion: What did you do during the Christmas holidays, Tanvi?
Tanvi: I went to Nutcracker Suite, the ballet. And we went to the skating pantomime of Aladdin, on the ice.
Marion: And what did you do at home?
Tanvi: We watched television some of the time.

to watch	sehen; betrachten
television (TV)	Fernsehen
to watch TV	fernsehen

What did you do during the Christmas holidays? – Was hast du während der Weihnachtsferien gemacht? Da es in dieser *Unit* vor allem um das Sprechen über vergangene Dinge geht, enthalten die Dialoge dieser *Unit* viele Beispiele für die einfache englische Vergangenheitsform, die im Abschnitt *Grammatik* auf Seite 189 erklärt wird. Auf diese grammatischen Erläuterungen sollten Sie beim Durcharbeiten der Dialoge gelegentlich zurückgreifen.

Nutcracker Suite ist die Nußknackersuite, ein Ballett von Tschaikowsky. Normalerweise sagt man im Englischen **the Nutcracker Suite.**

a pantomime ist eine schauspielerische Darstellung ohne Worte, deren Handlung meist einem Märchen oder einer volkstümlichen Überlieferung (wie z. B. Aladdin) entnommen ist. Auch Musik, Tanz und Possen gehören dazu. Die von Tanvi besuchte Pantomime fiel insofern aus dem Rahmen, als sie **on the ice** (auf dem Eis) stattfand.

some of the time – manchmal (wörtlich: einige Zeit)

2 (3/36)

Ein Geburtstagsgeschenk

Marion: What did you do during the holidays, Nuala? Did you go with Tanvi to Aladdin and to the Nutcracker Suite?
Nuala: Yes, I did.
Marion: And did you do anything else?
Nuala: I went to Sleeping Beauty for my birthday.
Marion: Ah! (Be)cause it was your birthday on the second of January, wasn't it?
Nuala: Yes, it was.

▶ **Yes, I did** – Ja. **Did** wird als Kurzantwort auf eine Frage in der einfachen Vergangenheitsform verwendet. Die volle Antwort müsste lauten: **Yes, I went with Tanvi to Aladdin and to the Nutcracker Suite.** Siehe dazu den Abschnitt *Grammatik* auf Seite 190.

Sleeping Beauty – Dornröschen (Ballett von Tschaikowsky). Normalerweise sagt man **the Sleeping Beauty.**

(be)cause – weil; **because** wird in der gesprochenen Sprache häufig zu **'cause** abgekürzt.

was – war. **Was** ist die (unregelmäßige) Vergangenheitsform von **is.** Siehe dazu den Abschnitt *Grammatik* auf Seite 189.

Yes, it was – Ja. Kurzantwort, vgl. **yes, I did.**

3 (3/37)

Tomers Ausflug

Marion: Tomer, what did you do yesterday?
Tomer: We went by boat to the Bass Rock and then . . .
Marion: What is the Bass Rock?
Tomer: It's a nature reserve and there are thousands of birds. And so we went to look at birds.
Marion: And did you do anything else?
Tomer: Yes, after that we went and looked at a ruined castle.
Marion: What did you do there?
Tomer: Well, we played a little. Um, I pretended I was a knight.
Marion: And what did you do today?
Tomer: Today we went to Edinburgh castle.
Marion: And did you find that interesting?
Tomer: Yes, quite.
Marion: Only quite?
Tomer: Well, it was quite fun to look at the Crown Jewels and . . . Oh, it was very interesting.

yesterday	gestern
by boat	mit dem Schiff
to look at	besichtigen

the Bass Rock der Felsen Bass. Der Bass Rock ist eine kleine Insel in der Nähe des Fischerdorfs North Berwick, ungefähr vierzig Kilometer von Edinburgh entfernt. Es ist ein Naturschutzgebiet **(a nature reserve),** weil dort jedes Jahr Tausende von Vögeln

(thousands of birds) nisten. Die beste Zeit zum Besuch der Insel sind die Monate Mai bis Juli.

Danach **(after that)** besichtigten Tomer und seine Familie ein verfallenes Schloss **(a ruined castle):** Tantallon Castle. Zwar ist das Schloss verfallen, aber seine Zinnen und Treppen sind noch einigermaßen erhalten; einem Kind wie Tomer macht es darum Spaß Ritter zu spielen **(to pretend to be a knight),** (wörtlich: vorzutäuschen ein Ritter zu sein).

we played a little – wir haben eine Zeit lang gespielt.

the Crown Jewels – die Kronjuwelen. Die schottischen Kronjuwelen werden im Schloss von Edinburgh aufbewahrt. Die englischen Kronjuwelen befinden sich im Londoner Tower.

4 (3/38)

Colin in Oslo

Marion: You were in Oslo this summer, weren't you?
Colin: I was.
Marion: And what did you do there?
Colin: I delivered newspapers.
Marion: Newspapers! Did you get up early?
Colin: I had to get up very early, Marion. I was up at two o'clock in the morning.
Marion: My goodness! And when did you finish?
Colin: I finished at six o'clock.
Marion: Uhuh. So you worked from two o'clock till six o'clock. And what did you do after that?
Colin: I had some breakfast and then I went to bed.
Marion: And what time did you get up?
Colin: I got up again about midday and then I went to work again, because I delivered papers in the afternoon.
Marion: Oh, I see. So how many hours did you work in the afternoon?
Colin: About three hours in the morning and three hours in the afternoon.
Marion: And was the work enjoyable? Was it interesting?
Colin: It's a job I like very much. It's fun.

my goodness!	meine Güte!
to finish	aufhören, beenden
enjoyable	erfreulich, angenehm

▶ **you were** – (Sie waren) ist die Vergangenheitsform von **you are** – (Sie sind). **I was** ist die Vergangenheitsform von **I am.**

I delivered newspapers – Ich trug Zeitungen aus. **Delivered** ist die Vergangenheitsform des (regelmäßigen) Verbs **to deliver. Newspaper** setzt sich aus zwei Wörtern zusammen: **news** (Nachrichten) und **paper** (Papier). Eine Zeitung wird manchmal auch nur einfach **a paper** genannt.

▶ **Did you get up early?** – Sind Sie früh aufgestanden?

▶ **I had to get up very early** – ich musste sehr früh aufstehen. **Had to** ist die Vergangenheitsform von **have to.**

▶ **I was up** – ich war auf (= wach)

from two o'clock till six o'clock – von zwei Uhr bis sechs Uhr. **Till = until.**

▶ **what did you do after that?** – was haben Sie danach gemacht?

I had some breakfast – ich habe etwas gefrühstückt

▶ **I went to bed** – ich ging ins Bett

▶ **I got up** – ich stand auf. **Got up** ist die Vergangenheitsform des unregelmäßigen Verbs **get up** (= aufstehen)

▶ **about midday** – gegen Mittag

I went to work – ich ging arbeiten

5 (3/39)

Wendys Urlaub in Schottland

Marion: Did you enjoy your gliding holiday, Wendy?

Wendy: Oh yes, it was terrific fun. I enjoyed it very much. Um, it was a course, a summer school, and it was run by some very dare-devil men, local farmers and, er, pilots. I was absolutely terrified and, er, couldn't even look over the side of the plane for quite a long time.

Marion: How long was the course?

Wendy: Er, I think it was a week. Yes, it was. And it was quite expensive.

Marion: And where was the course?

Wendy: It was in the Cairngorms, in Scotland. A beautiful place. It was surrounded by great forests and mountains.

a course	ein Kurs, ein Lehrgang
a summer school	eine Sommerschule, ein Sommerkurs
local	örtlich
pilots	Piloten
to be terrified	große (panische) Angst haben
even	sogar
look over the side	über die Seite blicken

Did you enjoy your gliding holiday? – Hat Ihnen Ihr Segelflugurlaub Spaß gemacht? Vom Verb **enjoy** (Spaß haben) stammt das Wort **enjoyable** ab, das am Ende des vorigen Dialogs vorkam. **Gliding** geht auf **to glide** zurück. Der Segelflugkurs **(gliding course)** fand in den Cairngorms, d. h. im schottischen Hochland **(Highlands)** statt. Siehe dazu den Abschnitt *Wissenswertes* auf Seite 163.

it was terrific fun – es war ein wahnsinniger Spaß

it was run by some very dare-devil men – sie wurde von einigen sehr waghalsigen Männern betrieben

▶ **I ... couldn't** – ich konnte nicht **Could** kennen Sie bereits aus Ausdrücken wie **could you tell me ...?** und **could I have ...?** in der Bedeutung „könnte". Hier bedeutet **could** etwas anderes: Es ist die Vergangenheitsform von **can.**

It was surrounded by great forests and mountains – sie (die Landschaft) war von großen Wäldern und Bergen umgeben. Der Ausdruck **to be surrounded by** (umgeben sein) eignet sich gut für die Beschreibung von Örtlichkeiten, z. B. **the city is surrounded by beautiful countryside.**

6 (3/40)

Ein echter Waliser

Marion: Do you speak Welsh, Eddie?
Eddie: Yes, I do.
Marion: When did you learn it?
Eddie: Um, I learned it, um, as a child. It was my first language.
Marion: Ah, so English is your second language?
Eddie: Yes. In the sense that I learned English after I learned Welsh.
Marion: And what language did you use at school?
Eddie: Um, well, the very first school I went to, we used Welsh, um, and then we moved to a part of Wales where there was no Welsh spoken at all, so I had to use English then.
Marion: And how many people in Wales speak Welsh?
Eddie: Well, at the moment approximately twenty per cent of the population, which is about, um, five hundred thousand people, something like that.

Welsh	Walisisch
language	Sprache
to use	verwenden
a part	*(hier)* eine Region, eine Gegend

I learned it as a child – ich habe sie (die walisische Sprache) als Kind gelernt.

in the sense that – insofern, als

the very first – die allererste

there was no Welsh spoken – es wurde kein Walisisch gesprochen

Dialoge

How many people in Wales speak Welsh? – Wie viele Menschen in Wales sprechen Walisisch? Eddie schätzt **approximately twenty per cent of the population** – ungefähr zwanzig Prozent der Bevölkerung

about five hundred thousand people – etwa fünfhunderttausend Menschen

something like that – so ungefähr

Im Abschnitt *Wissenswertes* von *Unit 2* haben Sie bereits einiges über die walisische Sprache erfahren (Seite 40).

Wichtige Wörter und Ausdrücke

4/13

Fragen über die Vergangenheit stellen	
What did you do yesterday?	Was haben Sie gestern gemacht?
on Monday?	am Montag gemacht?
during the holidays?	während der Ferien gemacht?
Where did you go?	Wohin sind Sie gefahren?
When did you go?	Wann sind Sie gefahren?
Did you do anything else?	Haben Sie sonst noch etwas gemacht?
Was it interesting?	War es interessant?

Einige nützliche Wendungen

from six till nine	von sechs bis neun
some of the time	einige Zeit
quite a long time	eine ziemlich lange Zeit
at midday	mittags
it was enjoyable	es hat Spaß gemacht

Über die Vergangenheit reden

Regelmäßige Verben

we watched television	wir haben ferngesehen
I worked all evening	ich habe den ganzen Abend gearbeitet
I finished at nine	ich habe um neun aufgehört
we looked at the castle	wir haben uns das Schloss angesehen
I enjoyed the holiday	der Urlaub hat mir gefallen
Eddie learned Welsh	Eddi hat Walisisch gelernt
he used Welsh at school	er hat Walisisch in der Schule gebraucht
the children played football	die Kinder haben Fußball gespielt

Unregelmäßige Verben

I went to bed at six	ich bin um sechs ins Bett gegangen
Colin got up at midday	Colin ist mittags aufgestanden
he had some breakfast	er hat gefrühstückt
Eddi had to speak Welsh	Eddie musste Walisisch sprechen
it was my birthday on January 2nd	es war mein Geburtstag am 2. Januar

Übungen

1 (3/41)

Während des Urlaubs im vergangenen Sommer nahm Mrs. Williams die folgenden Familienfotos auf. Suchen Sie aus den rechts angeführten Überschriften für jedes Bild die passende Beschreibung aus und schreiben Sie sie unter das jeweilige Bild. Dann hören Sie sich bitte auf der CD an, was Mrs. Williams über ihre Fotos zu sagen hat.

We played with the children
We went to the Bass Rock
We looked at the Crown Jewels
We visited Edinburgh Castle
We went swimming

 Übungen

2 (3/42)

Mr. Greg ist pensioniert. Früher war er Nachtportier in einem kleinen Hotel – eine ruhige, nicht besonders interessante Arbeit. In der folgenden Liste wird aufgeführt, was er Nacht für Nacht zu tun pflegte. Auf der CD hören Sie ein Interview mit Mr. Greg. Nummerieren Sie beim Zuhören die Sätze in derjenigen Reihenfolge, in der Mr. Greg sie erwähnt.

I went to bed . . .
I went to work . . .
I got up . . .
I had breakfast . . .
I had some tea and a biscuit . . .
I had some coffee . . .
I had a sandwich . . .
I looked at the newspaper . . .
I went home . . .

3 (3/43)

In dieser Übung geht es um Jahreszahlen. Die Stempel im Pass von Mr. Jones zeigen Ihnen, welche Länder er besucht hat. Auf der CD erzählt Mr. Jones von seinen Reisen. Hören Sie zu und schreiben Sie dabei die richtige Jahreszahl neben den Stempel des Landes, das er jeweils besucht hat.

Anschließend hören Sie sich das Ganze bitte noch einmal an. Diesmal notieren Sie, welche Länder Mr. Jones geschäftlich und welche er als Urlauber besucht hat.

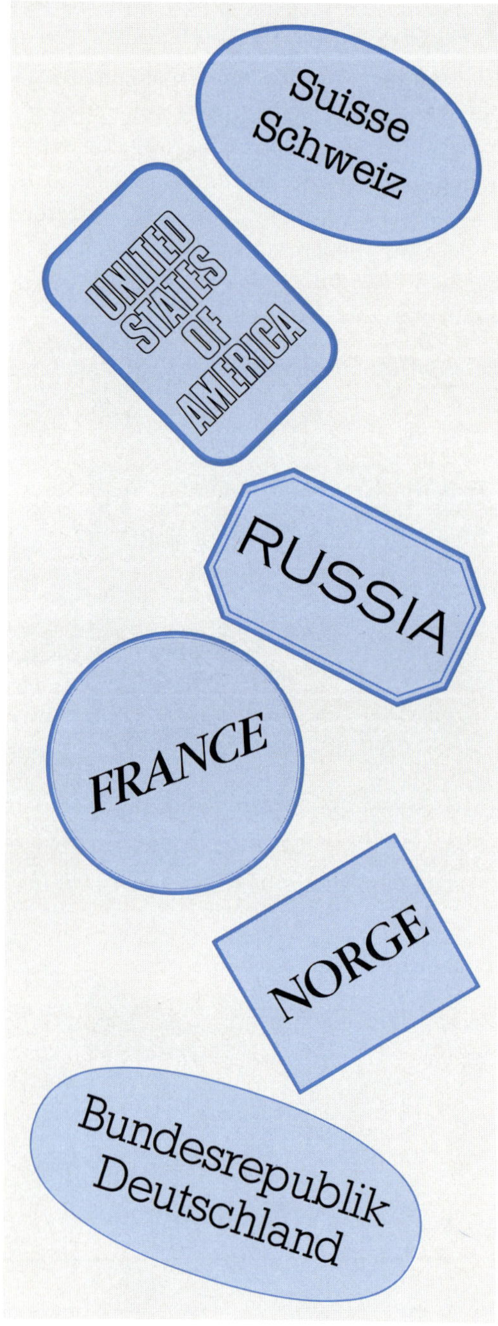

Die einfache Vergangenheit

Wenn man im Englischen über etwas Vergangenes spricht, verwendet man meistens die einfache Vergangenheitsform. Sie setzt sich aus dem Grundverb + *ed* oder *d* zusammen. Diese Endung wird manchmal wie ein „hartes" [t], manchmal wie ein „weiches" [d] und manchmal auch wie [id] ausgesprochen.

Aussprache mit [t]
to watch, watched *to work, worked*

Aussprache mit [d]
to enjoy, enjoyed *to learn, learned*

Aussprache mit [id]
to want, wanted *to visit, visited*

Neben den regelmäßigen gibt es – wie im Deutschen – auch unregelmäßige Verben. Sehr häufig kommen vor:
to go went *to get got*
to have had *to do did*
to leave left *to take took*
to write wrote
Bei sämtlichen Verben, ob regelmäßig oder unregelmäßig, wird in der einfachen Vergangenheit nur eine Form für alle Personen verwendet.

Verneinte Sätze und Fragen werden in der einfachen Vergangenheit mit *did* und dem Grundverb gebildet:

I You He she it We They	did not didn't	watch move learn go *usw.*

(When) (Where) *usw.*	did	I you he/she/it we they	watch? move? learn? *usw.*

Beim Verb *to be* gilt eine Sonderregel:
I/he/she/it was
we/you/they were

Die einfache Vergangenheitsform kann sich beziehen auf:

- Handlungen von kurzer Dauer, die schnell abgeschlossen worden sind:
  He had breakfast at 7 o'clock and then went to work.
  David arrived yesterday at 5.45.
- Handlungen oder Zustände von längerer Dauer:
  The children watched television all day.
  When he was a child, Eddie sometimes used Welsh and sometimes English.
- Handlungen, die sich wiederholt haben:
  Colin got up at two o'clock every morning.

  Im Deutschen verwenden wir die einfache Vergangenheitsform weniger häufig; wir sagen z. B. lieber „ich habe gegessen" als „ich aß".

Übung

Schauen Sie sich das Beispiel an und beantworten Sie die Fragen auf die gleiche Weise.
When did Mr Smith go to Edinburgh? (on Monday).
He went to Edinburgh on Monday.

a. When did you go to Glasgow? (on Sunday)

b. How long did you stay? (for three nights)

c. When did the plane get to London? (at 10.15)

d. Where did the children play yesterday? (at home)

e. How far did we walk yesterday? (about six miles)

f. Where did Charlie Chaplin live? (in Switzerland)

Das Wort *yesterday* braucht in der Antwort nicht unbedingt aufzutreten.

Kurzantworten

Wenn man Fragen mit **ja** oder **nein** beantwortet, wird meistens das Subjekt der Frage in Form eines Pronomens (wie z. B. *he* oder *she*) in Verbindung mit einem Hilfsverb (wie *did, can* usw.) wiederholt. Schauen Sie sich die folgenden Beispiele bitte genau an.

Beispiele:
Frage
Does the man speak English?
Can you come?
Would you like a beer?
Did you get up early?

Kurzantwort
Yes, he does oder *No, he doesn't.*
Yes, I can oder *No, I can't.*
Yes, I would oder *No, I wouldn't.*
Yes, I did oder *No, I didn't.*

Vergleichen Sie im Deutschen:
Können Sie kommen? – Ja, (kann ich).

Während Ihres Urlaubs auf der Insel Skye (an der Westküste Schottlands) haben Sie Tagebuch geführt. Heute regnet es, und Sie haben damit begonnen einen Brief an zwei englische Freunde zu schreiben. Lesen Sie den Tagebuchausschnitt auf Seite 191 durch, und schreiben Sie dann den Brief auf einem extra Blatt Papier zu Ende. Teilen Sie Ihren Freunden mit, was Sie am Sonntag und Montag unternommen haben und wie das Wetter gewesen ist. Beenden Sie den Brief mit *Love from* oder *Yours* und Ihrem Vornamen.

 Lesen und Verstehen

Diary	**August**
Saturday 12th	Warm and sunny. Walked in the mountains – beautiful.
Sunday 13th	Very windy! Visited an old ruined castle in the south of Skye. Countryside beautiful!
Monday 14th	Warm and sunny. Went swimming. Water very cold. Evening: went to a nice restaurant in Portree. Had haggis, didn't like it at all!
Tuesday 15th	Raining!

Portree Camping Site
Skye
Tuesday 15th August

Dear Alison and David,
Today it's raining so I'm staying in the caravan and writing letters. We're having a lovely time! On Saturday it was warm and sunny and we walked in the mountains. It was beautiful.
On Sunday …

Wissenswertes

Das königliche Großbritannien

Königin Elisabeth II. regiert seit 1952. Sie fungiert als Staatsoberhaupt und kein Gesetz kann ohne ihre Zustimmung rechtskräftig werden. Sie ist auch das Oberhaupt der englischen Kirche. Ihre Aufgaben sind allerdings zum größten Teil rein repräsentativer Natur. Der Ehemann der Königin, Prinz Philip, ist auch unter dem Titel *Duke* (Herzog) *of Edinburgh* bekannt. Sie haben vier Kinder; das älteste Kind, Prince Charles, ist der Thronfolger. Er trägt den Titel *Prince of Wales*.
Buckingham Palace ist der Londoner Wohnsitz der Königin. Wenn sie sich dort aufhält, wird die königliche Fahne gehisst. Schloss Windsor (40 Minuten mit der Bahn von London entfernt) ist ein, Hauptsitz der königlichen Familie; es ist das größte noch bewohnte Schloss der Welt. Besucher können die königlichen Gemächer und die Kapelle St. George besichtigen, und sie können in dem riesigen Park spazieren gehen.

Andere britische Königinnen

Elisabeth I.

Elisabeth I. war Königin von England und Wales von 1558 bis 1603. Nach ihr wurde eine ganze Epoche – das elisabethanische Zeitalter – benannt. Zu ihrer Zeit blühten die Künste; Politik und Wirtschaft spielten eine bedeutende Rolle. Shakespeare schrieb seine berühmte Tragödie *Hamlet* und Sir Francis Drake umsegelte die Welt. England stieg von einer Nation zweiten Ranges zur beherrschenden Weltmacht des 16. Jahrhunderts auf. Es war jedoch auch eine Zeit der Kriege mit Schottland und Irland und schwerwiegender Glaubensauseinandersetzungen. Elisabeths Vater, Heinrich VIII., hatte die englische Kirche von Rom gelöst und darum musste Elisabeth eine konfliktreiche politische Erbschaft übernehmen. Sie war eine skrupellose Politikerin. Ihr Grab befindet sich im Westminster Abbey in London.

 Wissenswertes

Mary, Queen of Scots
Mary, Königin von Schottland (Maria Stuart), war die Kusine von Elisabeth I. Im Alter von acht Tagen wurde sie schottische Königin. Mit 15 Jahren heiratete sie den französischen Dauphin, war aber drei Jahre später bereits verwitwet. Ihr Leidensweg begann, als sie als Katholikin aus Frankreich nach Schottland zurückkehrte. Im Alter von 26 Jahren floh sie nach England, wo ihre Kusine sie 19 Jahre lang gefangen hielt. Unter der protestantischen Regierung Elisabeths wurde Maria zum Symbol katholischer Opposition, sodass Elisabeth sie schließlich hinrichten ließ.

Victoria
Queen Victoria bestieg 1837 als Siebzehnjährige den Thron. Bei ihrem Tode (1901) war sie so beliebt, dass die ganze Nation um sie trauerte. Ihr Ehemann, Prinz Albert, den sie liebte und verehrte, war ein Deutscher. Er starb bereits 1861. Zu seinen Ehren ließ die Königin ein Denkmal errichten *(Albert Memorial),* das man heute noch in London besichtigen kann. Obwohl ihre Macht begrenzt war, beherrschte die Königin die Kunst des Regierens; politische Entwicklungen verfolgte sie stets mit Interesse und Verständnis. Das viktorianische Zeitalter ist durch das Wachstum des materiellen Wohlstands und der politischen Macht gekennzeichnet – vor allem im Hinblick auf die Ausweitung des britischen Reichs. Jedoch war dieses Zeitalter auch durch die krassen Unterschiede zwischen Reichtum und Armut gekennzeichnet. Diese Entwicklung spiegelt sich in der sozialkritischen Literatur wider, z. B. bei Charles Dickens.

Jetzt haben Sie das Wort

THE KINGS & QUEENS OF ENGLAND

William I (1066–1087)	(William the Conqueror)
William II (1087–1100)	(William Rufus)
Henry I (1100–35)	(Henry the First)
Stephen (1135–54)	(Stephen)
Henry II (1154–89)	(Henry the Second)
Richard I (1189–99)	(Richard the Lionheart)
John (1199–1216)	(King John [Lackland])
Henry III (1216–72)	(Henry the Third)
Edward I (1272–1307)	(Edward the First)
Edward II (1307–27)	(Edward the Second)
Edward III (1327–77)	(Edward the Third)
Richard II (1377–99)	(Richard the Second)
Henry IV (1399–1413)	(Henry the Fourth)
Henry V (1413–1422)	(Henry the Fifth)
Henry VI (1422–61)	(Henry the Sixth)
Edward IV (1461–1483)	(Edward the Fourth)
Edward V (1483)	(Edward the Fifth)
Richard III (1483–5)	(Richard the Third)
Henry VII (1485–1509)	(Henry the Seventh)
Henry VIII (1509–47)	(Henry the Eighth)
Edward VI (1547–53)	(Edward the Sixth)
Jane (1553, 9 days)	(Lady Jane Grey)
Mary I (1553–8)	(Mary Tudor/ Bloody Mary)
Elizabeth I (1558–1603)	(Queen Elizabeth/ Elizabeth)
James I (1603–25)	(James the First)
Charles I (1625–49) (beheaded)	(Charles the First)
The Commonwealth (1649–53)	
The Protectorate (1653–60)	(Oliver Cromwell)
Charles II (1660–1685)	(Charles the Second)
James II 1685–89*)	(James the Second)
Mary II/William III (1689–1702)	(William and Mary)
Anne (1702–14)	(Queen Anne)
George I (1714–27)	(George the First)
George II (1727–60)	(George the Second)
George III (1760–1820)	(George the Third)
George IV (1820–30)	(Prince Regent [Prinny], then George the Fourth)
William IV (1830–7)	(William the Fourth)
Victoria (1837–1901)	(Queen Victoria)
Edward VII (1901–10)	(Edward the Seventh)
George V (1910–36)	(George the Fifth)
Edward VIII (1936*)	(Duke of Windsor)
George VI (1936–52)	(George the Sixth)
Elizabeth II (1952–)	(The Queen)

(abdicated = abgedankt)*

1 (3/44)

Stellen Sie sich vor, dass Sie über einen Sprachkurs befragt werden, den Sie letzten Sommer in England besucht haben. Ihre Gesprächspartnerin nennt Ihnen jeweils zwei Antwortmöglichkeiten, von denen Sie immer die erste wählen sollen. Beispiel:

Interviewer: Where was the course? In Brighton or in London? *(CD stoppen)*
Sie: It was in Brighton. *(CD wieder starten)*
Wiederholung: It was in Brighton.

2 (3/45)

Zum Schluss sollen Sie ein paar Fragen über sich selbst beantworten. Bei Fragen, die mit *Did you ...* anfangen, geben Sie bitte eine Kurzantwort: *Yes, I did* oder *No, I didn't.* Bei Fragen mit *when* müssen Sie natürlich eine volle Antwort geben. Die Fragen sind:
Did you watch TV yesterday?
Did you go to bed early yesterday?
When did you go to bed?
Did you get up early this morning?
When did you get up?
Did you have an English breakfast or a continental breakfast?

Zum Schluss hören Sie sich, wie immer, noch einmal alle Dialoge an; prüfen Sie, ob Sie die Wendungen im Abschnitt *Wichtige Wörter und Ausdrücke* beherrschen. Wenn möglich, befassen Sie sich etwas länger mit den Vergangenheitsformen der Verben.

14 I'm going to stay at home

Bevor Sie anfangen

Sprachlicher Schwerpunkt dieser Unit ist der Gebrauch von *going to* + Grundverb. *Going to* wird verwendet, wenn man über eine Absicht oder ein Vorhaben spricht. Diese Form kann oft anstelle der Verlaufsform benutzt werden, wenn man über künftige Vorhaben reden möchte. Wenn Sie den Gebrauch von *going to* beherrschen, werden Sie problemlos über Ihre Urlaubspläne Auskunft geben können.
Wenn Sie diese *Unit* durchgearbeitet haben, versuchen Sie doch einmal, jeden Abend Ihren Tagesablauf auf Englisch zusammenzufassen und Ihre Pläne für den nächsten Tag aufzulisten.

Sie lernen in dieser Unit

- wie Sie Fragen nach Ihren Plänen oder Absichten verstehen
- wie Sie jemanden nach seinen Plänen oder Absichten fragen
- wie Sie Antworten auf diese Fragen geben und verstehen können
- wie Sie über Ihre Urlaubspläne sprechen
- wie Sie über Ihre Berufsabsichten sprechen

Wegweiser

Dialoge: Hören Sie sich die Dialoge oder Dialoggruppen in der unten aufgeführten Reihenfolge bei geschlossenem Buch an. Nach jeder Dialoggruppe hören Sie dann jeden Dialog einzeln an, lesen Sie ihn und arbeiten Sie ihn durch.
Reihenfolge: 1–4; 5–6

Lernen Sie *Wichtige Wörter und Ausdrücke* (S. 201).

Bearbeiten Sie die *Übungen* (S. 202).

Arbeiten Sie die *Grammatik* (S. 204) durch.

Bearbeiten Sie den Abschnitt *Lesen und Verstehen* (S. 205).

Lesen Sie den Abschnitt *Wissenswertes* (S. 206).

Jetzt haben Sie das Wort (S. 208).

Hören Sie sich alle Dialoge noch einmal ohne Buch an.

1 (3/46)

Pläne für die Osterferien

Marion: What are you going to do in the Easter holidays?
Tanvi: Well, we're going to go to our house in France for the holidays.
Marion: Oh! How nice! For how long?
Tanvi: We don't know yet. Probably two or three weeks.

house	Haus
France	Frankreich

▶ **What are you going to do in the Easter holidays?** – Was (hast du) habt ihr in den Osterferien vor? Marion hätte auch sagen können: **What are you doing in the Easter holidays?** und Tanvi hätte antworten können: **We're going to our house in France** anstelle von **we're going to go . . .** Vgl. dazu den Abschnitt *Grammatik* auf Seite 204.

How nice! – Wie schön! Parallel dazu kann man auch sagen: **how beautiful! – how interesting!** (wie interessant) **how terrible!** (wie schrecklich!) **(how miserable!** (wie mies!) usw.

▶ **We don't know yet** – Wir wissen es noch nicht. **yet** wird fast immer in Verbindung mit **not** verwendet um „noch nicht" auszudrücken oder aber in Fragen, wo es „schon" bedeutet.

2 (3/47)

Ein Spaziergang

Marion: What are you going to do today, Colin?
Colin: I don't know. I haven't decided yet.
Marion: Claire and I are going for a walk. Are you going to come with us?
Colin: Oh, I would like to come too then.
Marion: Fine. Good.

▶ **I haven't decided yet** – ich weiß es noch nicht (wörtlich: ich habe mich noch nicht entschlossen). Das Verb **to decide** wird hier in der Zeit des Perfekts verwendet (siehe Seite 219).

▶ **Claire and I are going for a walk** – Claire und ich wollen spazieren gehen. Beachten Sie, dass **to walk** einfach „gehen" heißt, während **to go for a walk** „spazieren gehen" bedeutet. Ähnlich: **to go for a drive** (spazieren fahren).

3 (3/48)

Sara will Freunde besuchen

Marion: What are your plans for today, Sara?
Sara: I'm going to have lunch with Vic and Barbara and then afterwards I'm going to stay the night with Martin and Jill.
Marion: Oh, because Martin and Jill live near Vic and Barbara, don't they?
Sara: They live about three doors away.

Dialoge

afterwards	später, danach

▶ **What are your plans for today?** – Was hast du dir für heute vorgenommen? (wörtlich: was sind deine Pläne für heute?) **Plan** kann auch als Verb verwendet werden – **to plan** (planen).

▶ **I'm going to stay the night** – ich werde übernachten (wörtlich: ich werde die Nacht verbringen). Anstatt **stay** wird in diesem Ausdruck oft auch **spend** gebraucht – **I'm going to spend the night** oder **I'm spending the night.**

They live about three doors away – sie wohnen ungefähr drei Häuser (wörtlich: Türen) entfernt. Nützliche Ausdrücke mit **door** sind **next door** (nebenan) und **next door neighbour** (der Nachbar von nebenan). Achten Sie auf den Gebrauch von **away: the castle is three miles away; they live six miles away.**

4 (3/49)

Was wollen Sie sehen?

Marion: How long are you going to stay in London?
Pauline: For five weeks, or six.
Marion: And what, what do you hope to see?
Pauline: Er, the Changing of the Guard.
Marion: Hazel, do you know what else you might like to see in London?
Hazel: Well, I'd like to see some squirrels.
Marion: Don't you have any squirrels in New Zealand?
Hazel: No.
Marion: Is London the best place to see squirrels or is it better in the countryside?
Hazel: I don't really know.

squirrel	Eichhörnchen

Pauline und Hazel sprechen beide mit einem neuseeländischen Akzent.

▶ **How long are you going to stay?** – Wie lange bleiben Sie? Marion hätte auch fragen können: **How long are you staying?**

▶ **what do you hope to see?** – was wollen Sie sich anschauen? (wörtlich: was hoffen Sie zu sehen?) Beachten Sie, dass nach dem Verb **to hope** der Infinitiv stehen muss. Paulines vollständige Antwort auf Marions Frage müsste lauten: **I hope to see the Changing of the Guard.**

The Changing of the Guard (die Wachablösung) findet täglich an der Whitehall und meist auch vor dem Buckingham Palace statt. Näheres erfahren Sie vom **London Tourist Board** (Londoner Fremdenverkehrsamt – die Adresse finden Sie unter *Nützliche Anschriften* auf Seite 239).

do you know what else you might like to see? – wissen Sie, was Sie vielleicht sonst noch sehen möchten? Marion sagt **might** anstelle von **would;** dadurch klingt ihre Frage weniger direkt und bestimmt – **you might like** bedeutet **you would perhaps like.**

5 (3/50)

Was möchtest du einmal werden?

Marion: What are you going to be when you grow up, Tanvi?

Tanvi: I don't know yet, but I thought of writing plays, um, with poems in them.

Marion: Oh! That sounds interesting. And what about you Nuala? What are you going to be?

Nuala: I don't know.

Marion: Are you going to be a violinist?

Nuala: I'm not sure.

Marion: And what is your brother, Sven, going to be?

Tanvi: He wants to do something for each season of the year. In winter he wants to be an engineer. In spring he wants to be a bird watcher. Summer he wants to do pop singing. And in autumn he wants to be a scientist or an inventor.

Marion: That's a very original idea, isn't it?

violinist	Geiger/in
bird watcher	Vogelbeobachter/-in
pop singing	Popmusik singen
scientist	Naturwissen-schaftler/-in
inventor	Erfinder/-in
original	originell
idea	Idee

Diese Frage müssen Kinder oft über sich ergehen lassen: **What are you going to be when you grow up?** – Was willst du einmal werden, wenn du erwachsen bist?

I thought of writing plays with poems in them – ich habe daran gedacht Theaterstücke zu schreiben, in denen Gedichte vorkommen. **Thought** ist die einfache Vergangenheitsform von **think** (denken).

That sounds interesting – Das klingt interessant. Mit dieser nützlichen Wendung kann man gut seine Meinung wiedergeben, z. B. **that sounds good, it sounds awful** (fürchterlich). **To taste** (schmecken) und **to smell** (riechen) kann man ähnlich verwenden, z. B. **it tastes good, it smells nice.**

▶ **I'm not sure** – ich bin mir nicht sicher

Sven scheint ziemlich genau zu wissen, was er machen will. Er möchte seine Berufe ständig wechseln, damit er in jeder Jahreszeit **(each season of the year)** etwas anderes sein kann.

6 (3/51)

Svens berufliche Zukunft

Marion: What are you going to be when you grow up, Sven?
Sven: An inventor.
Marion: An inventor! What are you going to invent?
Sven: Oh . . . don't know.
Marion: And are you going to be an inventor all the time?
Sven: Mm, no.
Marion: So what else are you going to be?
Sven: Fisherman, cricketer, mountain climber. That's all.
Marion: A fisherman, a cricketer, a mountain climber and an inventor?
Sven: Yeh!
Marion: And are you going to have time to do all those things?
Sven: Yes.
Marion: But are you going to do them all at the same time?
Sven: No!
Marion: So how are you going to manage?
Sven: Do it in different years.
Marion: So you mean one year you're going to be an inventor . . . yes?
Sven: Yes.
Marion: And the next year . . .
Sven: Cricket.
Marion: And then?
Sven: Fishing.
Marion: And then?
Sven: Mountain climbing.
Marion: And then?
Sven: Start again.
Marion: Start again with inventing?
Sven: Yes.
Marion: Oh well, you're going to have a very interesting life, aren't you?
Sven: Yeh!

Dialoge

Wörter, die Berufe oder Hobbys bezeichnen, enden im Englischen häufig auf **-or, -er** oder **-ist.** Sie werden oft von einem Verb oder einem Substantiv abgeleitet. Einige Beispiele:

inventor	Entdecker/-in
to invent	entdecken
teacher	Lehrer/-in
to teach	lehren
climber	Kletterer/-in
to climb	klettern
bird watcher	Vogelbeobachter/-in
to watch	beobachten
pop singer	Popsänger/-in
to sing	singen
engineer	Ingenieur/-in
engine	Maschine
farmer	Bauer/Bäuerin
farm	Bauernhof
banker	Bankier
bank	Bank
scientist	Naturwissenschaftler/-in
science	Naturwissenschaft
violinist	Geiger/-in
violin	Geige
pianist	Klavierspieler/-in
piano	Klavier
artist	Künstler/-in
art	Kunst

fisherman kommt von **fish** (Fisch) und **to fish** (fischen) + **er** + **man.** Sven spricht von einem **mountain climber** (Bergsteiger). Üblicher ist dafür das Wort **mountaineer.**

Bei der Aufzählung der Berufe, die er gern ausüben möchte, lässt Sven die Artikel aus. Marion hingegen fügt korrekterweise jeweils den Artikel **a** ein.

are you going to have time ...? – wirst du Zeit haben ...? Diese nützliche Wendung kann man auch in der Gegenwartsform benutzen: **Have you (got) time to have a drink?** – Haben Sie Zeit um etwas zu trinken?; **Is there time for a sandwich before the train leaves?** – Ist noch Zeit (genug) für ein Sandwich, ehe der Zug abfährt? Außerdem treten im Dialog die folgenden Ausdrücke mit **time** auf: **all the time** – (die ganze Zeit) und **at the same time** – (zur gleichen Zeit).

how are you going to manage? – wie schaffst du das? **to manage** heißt schaffen, fertig bringen, klar kommen. So könnte man z. B. zu jemandem, der einen schweren Koffer trägt, sagen: **can you manage?** – Schaffen Sie es?

Do it in different years. Svens Sätze sind grammatisch unvollständig. In diesem Falle meint er **(I'm going to) do it in different years** (ich werde das in verschiedenen Jahren verwirklichen). Und später: **(I'm going to) start again.**

the next year – im nächsten Jahr. **Next** tritt auch in den Ausdrücken **next year** (nächstes Jahr), **next week** (nächste Woche) auf. Das Gegenteil dazu ist **last: last year** (letztes Jahr), **last week** (letzte Woche).

Wichtige Wörter und Ausdrücke

4/14

Nach Plänen/Absichten fragen

what are you going to do	was haben Sie vor
today?	heute?
tomorrow?	morgen?
in the Easter holidays?	in den Osterferien?
this evening?	heute Abend?
what are your plans for today?	wie sind Ihre Pläne für heute?
what do you hope to do?	was hoffen Sie zu tun?
to see?	zu sehen?
are you going to come with us?	werden Sie mit uns kommen?
how long are you going to stay?	wie lange haben Sie vor, zu bleiben?

Einige Antworten

I'm going to	ich habe vor,
go for a walk	spazieren zu gehen
stay at home	zu Hause zu bleiben
I hope to	ich hoffe,
stay the night at Anne's	bei Anne zu übernachten
have lunch with Barbara	mit Barbara zu essen

Andere nützliche Wendungen

what are you going to be?	was wollen Sie werden?
have you got time to have a drink?	haben Sie Zeit, etwas zu trinken?
to go for a walk?	spazierenzugehen?
for a sandwich?	für ein Sandwich?
all the time	die ganze Zeit
last week	letzte Woche
last year	letztes Jahr
next year	nächstes Jahr
how nice!	wie schön!
that sounds interesting	das klingt interessant
it tastes good	es schmeckt gut
I'm not sure	ich bin nicht sicher

Übungen

1 (3/52)

Schauen Sie sich das Plakat an und ordnen Sie jedem Bild die passende Überschrift aus dem Kasten zu.

Klaus meint, sein Englisch sei nicht sehr gut. Er möchte es aufbessern. Auf der CD beschreibt er, was er zu diesem Zweck alles unternehmen will. Ein von ihm erwähntes Vorhaben ist auf dem Plakat nicht abgebildet. Worum handelt es sich?

Watch television!
Speak English!
Write letters in English!
Go to the cinema!
Listen to the radio!
Read English newspapers!
Read books in English!

2 (3/53)

Familie Anderson hat sieben Kinder – und bei sieben Kindern ist es nicht leicht den Überblick zu behalten! Die Familie macht zurzeit Urlaub. Auf der CD hören Sie ein Gespräch zwischen Herrn und Frau Anderson, die sich gegenseitig darüber informieren, was sie über die Pläne ihrer Kinder für den Tag zu wissen glauben. Verbinden Sie beim Zuhören jeden Gegenstand mit dem Namen des Kindes, zu dem er gehört.

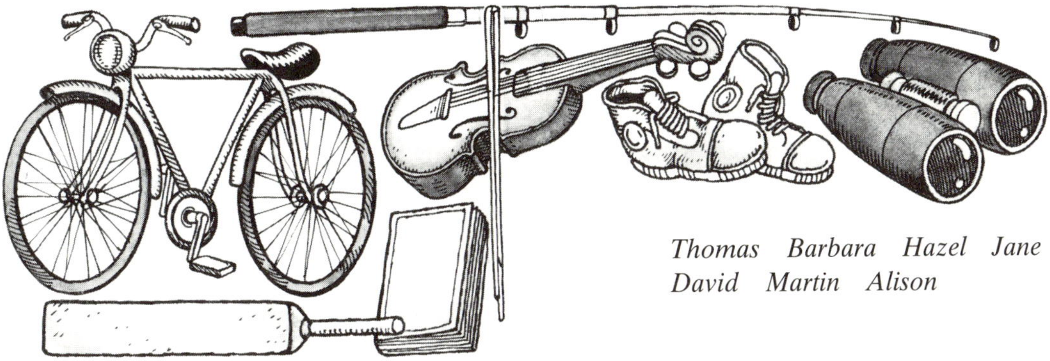

Thomas Barbara Hazel Jane David Martin Alison

3 (3/54)

Es ist Montag, der 17. August. Mr und Mrs Bates sind gerade in Edinburgh angekommen, wo sie eine Woche lang die Internationalen Festspiele besuchen wollen. Auf der CD hören Sie, wie Mr Bates einer Bekannten, Mrs Smith, erzählt, was sie während der Festspiele alles vorhaben. Kreuzen Sie beim Zuhören auf dem abgebildeten Programm alle Vorstellungen an, die Mr und Mrs Bates besuchen wollen.

WEEK 1	Mon 17 Aug	Tue 18 Aug	Wed 19 Aug	Thu 20 Aug	Fri 21 Aug	Sat 22 Aug
King's Theatre Leven Street	7.30 pm **Cologne Opera** **Il Barbiere di Sivigli**	8.00 pm **Oscar Peterson**	7.30 pm **Cologne Opera** **Il Barbiere di Siviglia**	8.00 pm **Oscar Peterson**	7.30 pm **Cologne Opera** **Il Barbiere di Siviglia**	8.00 pm **Oscar Peterson**
Playhouse Theatre Greenside Place	no performance	7.30 pm **San Francisco Ballet** Programme 1 **Romeo and Juliet**	7.30 pm **San Francisco Ballet** Programme 1 **Romeo and Juliet**	7.30 pm **San Francisco Ballet** Programme 2	7.30 pm **San Francisco Ballet** Programme 2	2.15 and 8.00 pm **San Francisco Ballet** Programme 1 **Romeo and Juliet**
Usher Hall Lothian Road	8.00 pm **Krystian Zimerman** piano **Chopin:** Scherzo no 1 Grande Polonaise **Brahms:** Sonate in F minor	6.00 pm **London Symphony Orchestra** **Bach: St Matthew Passion**	8.00 pm **London Symphony Orchestra** **Wagner:** Lohengrin prelude to Acts I and II **Bartók:** Violin Concerto no 2	8.00 pm **BBC Symphony Orchestra** **Shreker:** Prelude **Haydn:** Sinfonia Concertante	8.00 pm **BBC Symphony Orchestra** **Dvorak:** Symphony no 5 in F **Elgar:** Cello Concerto	8.00 pm **National Youth Orchestra of Great Britain** **Tchaikovsky:** Violin Concerto **Stravinsky:** Petrushka
Assembly Hall The Mound	7.30 pm **Birmingham Repertory Theatre** **As You Like It**	no performance	7.30 pm **Birmingham Repertory Theatre** **Candide**	7.30 pm **Birmingham Repertory Theatre** **Candide**	7.30 pm **Birmingham Repertory Theatre** **As You Like It**	2.30 pm **Birmingham Repertory Theatre** **As You Like It**
The Castle	9.00 pm **Military Tattoo**	9.00 pm **Military Tattoo**	9.00 pm **Military Tattoo**	9.00 pm **Military Tattoo**	7.45 and 10.30 pm **Military Tattoo**	7.45 and 10.30 pm **Military Tattoo**

Mehr über die Zukunft

In *Unit* 7 haben Sie erfahren, wie die Verlaufsform der Gegenwart verwendet werden kann, um über die Zukunft zu sprechen: *I'm visiting some friends.* In *Unit* 12 haben Sie gesehen, dass das Englische auch über eine „einfache" Zukunftsform verfügt: *It will be sunny tomorrow.*

In den Dialogen dieser *Unit* haben Sie eine weitere Möglichkeit kennengelernt, um über die Zukunft zu sprechen:
What are you going to do?
I'm going to have lunch with Vic and Barbara.
How long are you going to stay in London?

Demzufolge kann *going to* + Grundform verwendet werden, um über etwas Zukünftiges zu sprechen, z. B.:
It is going to rain.
I'm going to go for a walk.
We are going to see the Changing of the Guard tomorrow.
Going to kann man nicht wörtlich übersetzen. Es heißt soviel wie „beabsichtigen".

Going to ist wahrscheinlich die einfachste Möglichkeit, die Zukunft auszudrücken. Es bestehen zwar minimale Unterschiede zwischen *going to*, Verlaufsform und einfacher Zukunft, aber Sie können fast immer *going to* verwenden. So können Sie z. B. sagen:
I'm going to fly to London statt
I'm flying to London.
It's going to rain statt
It'll rain.

Übung

Vervollständigen Sie die Sätze mit *going to* bzw. *not going to.* Beispiel:

I watched television last night, but . . . (not/this evening)
I watched television last night, but I am not going to watch it this evening.

1. Nuala went to her violin lesson on Thursday but . . . (not on Saturday)
2. I didn't visit England last year, but . . . (this year)
3. It didn't clear up yesterday, but . . . (today)
4. It rained yesterday, but . . . (not/today)
5. I went swimming this morning, but . . . (not/tomorrow morning)

To ______________ Room No 406

WHILE YOU WERE OUT

Mr. David Jones

Telephone No. 229-9871

Telephoned		Please call back	
Called to see you	✓	Will call again	
Wants to see you		Urgent	

Message

I've got 2 tickets for the Tattoo tonight. Meet me at the Castle pub for a drink at 6 o'clock. Wear a warm coat. It'll be cold! And take your camera.

Signature David Jones

Date 29th Aug.

Time ______________

Lesen und Verstehen Lesen und Verstehen

Sie haben vorgehabt zusammen mit Ihrer Frau bzw. Ihrem Mann die Edinburgher Festspiele zu besuchen, aber im letzten Augenblick ist etwas dazwischengekommen und Sie müssen allein fahren. Zum Glück kümmert sich Ihr Freund David um Sie; er hat die Nachricht auf Seite 204 in Ihrem Hotel hinterlassen.

Nachdem Sie die Nachricht gelesen und verstanden haben, schreiben Sie bitte eine Postkarte nach Hause, auf der Sie kurz mitteilen, was Sie heute Abend vorhaben, wann Sie mit David verabredet sind, was Sie anziehen werden usw. Beginnen Sie wie folgt:
David has got two tickets for the Tattoo tonight. I'm meeting him . . .

Und am Ende schreiben Sie:
I'm sorry you can't come too. But I hope to show you the photos when I get back. Love from . . .

View of Edinburgh Castle
from Princes Street

POSTCARD

Freizeitbeschäftigungen in Großbritannien

Fernsehen

In Großbritannien ist das Fernsehen – ebenso wie bei uns – die beliebteste Freizeitbeschäftigung. Es gibt fünf Kanäle. BBC 1 und BBC 2 werden von der BBC *(British Broadcasting Corporation)* betrieben. Die BBC wird über Fernsehgebühren finanziert, die jeder Besitzer eines Geräts bezahlen muss. Die drei anderen Kanäle werden über Werbung finanziert. ITV *(Independent Television)* ist ein Zusammenschluss kommerzieller Fernsehsender im Besitz privater Unternehmen; sie unterstehen der IBA *(Independent Broadcasting Authority)* und senden in verschiedenen Teilen des Landes unterschiedliche Programme. Channel 4 und Channel 5 sind inzwischen landesweit zu empfangen. Die Anschlüsse für Satellitenfernsehen haben in letzter Zeit stark zugenommen.

Hobbys

Das beliebteste britische Hobby ist die Gartenarbeit. Viele Menschen wohnen in Häusern und nicht in Wohnungen und darum haben die Briten mehr Gärten pro Kopf der Bevölkerung als jedes andere Land der Welt. Einige Bewohner einer Wohnung halten sich ein *allotment* – einen Schrebergarten, der von der Gemeinde verpachtet wird und auf dem sie normalerweise hauptsächlich Gemüse anbauen.

Viele Leute gehen ihrem Hobby in Kursen der Erwachsenenbildung nach: Töpfern, Malen, Modellieren, Autowartung, Holzarbeit, Musik, Tanz und Sprachen sind nur einige Beispiele. Auch Vereine und Gesellschaften erfreuen sich großer Beliebtheit. Das Klubleben beginnt oft schon in der Schule. An vielen Schulen bestehen Vereine und Zirkel, deren Mitglieder entweder in der Mittagspause oder nach Schulschluss zusammenkommen. Die Interessengebiete erstrecken sich von Debattieren bis zur Erhaltung alter Autos, vom Weinkeltern bis zum Sammeln von Streichholzschachteln.

Sport

Der beliebteste britische Sport ist Fußball. Manchmal wird Cricket als der Nationalsport Englands bezeichnet. Cricket ist in England zwar beliebt, wird in Schottland, Irland und Wales aber nur wenig gespielt. Andere beliebte Sportarten sind Rugby, Tennis, Squash, Badminton, Segeln, Bergsteigen und Golf. Von den Sportarten, die im Freien ausgeübt werden, ist Angeln bei weitem am beliebtesten. Im Winter geht es zur Fuchsjagd und es wird Wild geschossen; diese Sportarten bleiben aber vorwiegend den oberen Zehntausend vorbehalten.

 Wissenswertes

Wetten

Dass die Briten gerne Wetten abschließen, ist nicht unbekannt. In der *National Lottery* lässt sich dabei sogar viel Geld gewinnen. Auch Fußballtoto ist außerordentlich beliebt. Es wird von mehreren Gesellschaften organisiert. Sie stellen Listen zusammen, auf denen alle Fußballspiele eines bestimmten Tages aufgeführt sind. Wer mitmacht, muss die Ergebnisse vorhersagen. Auch bei Pferderennen, von denen es in Großbritannien viele gibt, wird häufig gewettet. Das beliebteste Glücksspiel der Briten ist jedoch Bingo, eine Art Zahlenlotto. In den 1700 Klubs, die es überall im Land gibt, sollen insgesamt mehr als fünfeinhalb Millionen Menschen spielen. Die Klubs sind in großen Sälen – oft in umgebauten Kinos – untergebracht. Jeder Spieler kauft eine oder mehrere Bingokarten, von denen jede drei Reihen mit verschiedenen Zahlen enthält. Die Zahlen werden gezogen und ausgerufen; wer als Erster alle Zahlen einer Reihe angekreuzt hat, kann einen Geldpreis gewinnen. Am liebsten wird Bingo von Frauen gespielt.

Ausflüge

Nicht wenige unternehmen samstags und sonntags einen Nachmittagsausflug mit dem Auto – zu einem Park oder in die nahe Umgebung. Gern wird auch ein *stately home* besucht – ein großes Haus oder ein historisches Gebäude, das einer adligen Familie gehört oder dem *National Trust* (einer öffentlichen Denkmalsschutzorganisation) übereignet worden ist. Über 800 solcher Gebäude sind in Großbritannien für die Allgemeinheit zugänglich und erfreuen sich immer steigender Besucherzahlen.

Jetzt haben Sie das Wort

1 (3/55)

In der ersten Übung werden Sätze mit *going to* gebildet. Ihre Gesprächspartnerin, Jill, scheint über Ihren gestrigen Tagesablauf genau Bescheid zu wissen. Sie sagen ihr jeweils, dass Sie heute noch einmal das Gleiche vorhaben. Halten Sie sich an dieses Modell:

Jill:	You were with Vic and Barbara yesterday, weren't you? *(CD anhalten)*
Sie:	Yes, and I'm going to be with them today. *(CD wieder laufen lassen)*
Wiederholung:	Yes, and I'm going to be with them today.

2 (3/56)

Für die zweite Übung stellen Sie sich bitte vor, Sie seien auf Urlaub in London. Sie wohnen in einem Hotel. James Clark, den Sie gelegentlich im Aufzug gesehen haben, lädt Sie zu einem Drink ein und Sie unterhalten sich in der Bar. Auch in dieser Übung kommt *going to* vor; außerdem üben Sie einige Strukturen und Wendungen aus früheren *Units*.

Zum Schluss hören Sie sich alle Dialoge noch einmal an. Überprüfen Sie, ob Sie die *wichtigen Wörter und Ausdrücke* (Seite 201) und die Berufsbezeichnungen aus Dialog 6 (Seite 200) noch beherrschen.

15 Where do you work?

Bevor Sie anfangen

In dieser Unit lernen Sie eine weitere englische Vergangenheitsform, das Perfekt *(present perfect)*, kennen. Diese Zeit hat zwar eine Form wie das Perfekt im Deutschen (z. B. *I have worked* – ich habe gearbeitet), sie wird aber häufig anders verwendet. Mehr darüber erfahren Sie in den Dialogen und im Abschnitt *Grammatik*.
Wenn Sie sich neue Wörter aneignen, empfiehlt es sich, jeweils die drei Hauptteile eines Verbs zu lernen, also die Grundform, die einfache Vergangenheit und das Partizip Perfekt, z. B. *play – played – played* oder *make – made – made*.

Sie lernen in dieser Unit

- wie Sie jemanden nach seinem Lebenslauf fragen
- wie Sie selbst solche Fragen beantworten
- wie Sie sich für das Kino oder das Theater verabreden können

---

Wegweiser

Dialoge: Hören Sie sich die Dialoge oder Dialoggruppen in der unten aufgeführten Reihenfolge bei geschlossenem Buch an. Nach jeder Dialoggruppe hören Sie dann jeden Dialog einzeln an, lesen Sie ihn und arbeiten Sie ihn durch.
Reihenfolge: 1–4; 5–6; 7–8

Lernen Sie *Wichtige Wörter und Ausdrücke* (S. 216).

Bearbeiten Sie die *Übungen* (S. 217).

Arbeiten Sie die *Grammatik* (S. 219) durch.

Bearbeiten Sie den Abschnitt *Lesen und Verstehen* (S. 221).

Lesen Sie den Abschnitt *Wissenswertes* (S. 221).

Jetzt haben Sie das Wort (S. 223).

Hören Sie sich alle Dialoge noch einmal ohne Buch an.

Bearbeiten Sie das Wiederholungsprogramm zu den Units 13–15 (S. 228).

1 (3/57)

Kathys Leben

Marion: Where were you born, Kathy?
Kathy: I was born in Cambridge.
Marion: And how long did you live there?
Kathy: I lived there for eighteen years before I went to university in Edinburgh.
Marion: Oh! So you went to Edinburgh. How long were you in Edinburgh?
Kathy: Three years.
Marion: And then how long have you lived in London?
Kathy: I've lived in London now for two years.
Marion: And where do you work?
Kathy: At the British Museum. I'm a librarian.

before	ehe
librarian	Bibliothekarin

Im ersten Teil des Dialogs finden Sie Formen der einfachen Vergangenheitsform, die Sie in *Unit* 13 kennengelernt haben: **where were you born?** – wo sind Sie geboren? (wörtlich: wo wurden Sie geboren?); **how long did you live there?** – wie lange wohnten Sie dort?; **I lived; I went** usw. Mit der einfachen Vergangenheitsform bezeichnet man Handlungen oder Zustände, die inzwischen abgeschlossen sind. Das Perfekt dagegen wird für Handlungen und Zustände verwendet, die in der Vergangenheit begonnen haben und in der Gegenwart noch andauern. Wenn Kathy sagt **I've lived in London now for two years**, dann kommt durch das Perfekt zum Ausdruck, dass sie immer noch dort wohnt. Im Deutschen verwendet man für derartige Aussagen die Gegenwartsform: **Ich wohne jetzt seit zwei Jahren in London.** Mehr hierzu im Abschnitt *Grammatik* auf Seite 219.

I went to university – ich besuchte die Universität (wörtlich: Ich ging zur Universität). Beachten Sie, dass der Artikel **the** in diesem Ausdruck entfällt. Vgl. auch **I went to school** (ich ging zur Schule).

▶ **I've lived in London for two years** – ich wohne seit zwei Jahren in London. Wenn man auf eine Zeitdauer verweist, wird im Englischen **for** (für) benutzt, auf deutsch: *seit*. Vgl. **for two years, for a day, for five hours**.

Dialoge

the British Museum – das Britische Museum. Dieses bekannte Museum enthält Sammlungen alter Bücher und viele Kunstgegenstände. Es ist auf jeden Fall einen Besuch wert.

2 (3/58)

Eine Französin in Schottland

Marion: You're French, aren't you?
Mrs Collins: Yes, I'm French.
Marion: And how long have you lived in Britain?
Mrs Collins: I've lived (in Britain) fifty years or even more.
Marion: Fifty years! And where? You've lived in Edinburgh?
Mrs Collins: I've lived in Scotland.
Marion: Uhuh. In Edinburgh?
Mrs Collins: In Edinburgh. Mostly.

even	sogar
mostly	meistens

Da Mrs Collins immer noch in Großbritannien wohnt, muss Marion ihre Frage im Perfekt stellen: **How long have you lived in Britain?** Aus dem gleichen Grund antwortet Mrs Collins im Perfekt: **I've lived (in Britain) fifty years or even more.** Mrs Collins lässt in ihrer Antwort das **for** aus: **(for) fifty years** – (seit) fünfzig Jahre(n). Dies kommt in der gesprochenen Sprache häufig vor.

3 (3/59)

Colins Sommerjobs

Marion: Last summer you delivered newspapers in Oslo. Have you had any other jobs abroad?
Colin: I went grape-picking in France one year. And I enjoyed that very much.
Marion: So you like working outdoors?
Colin: That's right. Yes.
Marion: Have you done other outdoor jobs?
Colin: I went heather-burning in Scotland one year. But at home in Leeds I can only get factory work.
Marion: Ah. So you've worked quite often in factories then.

In diesem Dialog kommen sowohl die einfache Vergangenheit **(last summer you delivered newspapers)** als auch das Perfekt vor: **Have you had any other jobs abroad?** – haben Sie noch andere Jobs im Ausland gehabt? Diese Frage hat insofern einen Bezug zur Gegenwart, als man mit ihr meint: Haben Sie bis heute andere Jobs im Ausland gehabt? Darum muss das Perfekt verwendet werden.

you like working outdoors? – arbeiten Sie gern draußen? Das Gegenteil von **outdoors** ist **indoors** (drinnen). Ohne das **s** sind **outdoor** und **indoor** Adjektive: **outdoor jobs, indoor jobs.**

Dialoge

Colin hat bei der Weinernte (**grape-picking**, wörtlich: Traubenlesen) und beim Heidebrennen **(heather-burning)** mitgearbeitet. In Schottland wächst an den Berghängen so viel Heidekraut, dass es im Herbst abgebrannt werden muss, damit Gras für die Schafe nachwachsen kann.

I can only get factory work – ich kann nur Fabrikarbeit bekommen. Die Mehrzahl von **factory** ist **factories.**

4 (3/60)

Eine Kinoverabredung

Rachel: Have you seen *The French Lieutenant's Woman?*

Marion: No, I haven't, but I really . . . I don't want to see it, because I've read the book, and I thought the book was wonderful, but, um, no I, I don't want to see the film. What about, um, *Othello?* Have you seen *Othello?* That's the, the film of the Shakespeare play.

Rachel: No, I haven't seen the film. I've seen the play, but I'd like to see the film.

Marion: Ah, well, let's go to that then. That's 7.30 and 9.40. Which do you prefer?

Rachel: I'd prefer 9.40, if that's all right with you.

Marion: Yes, all right. 9.40. It's very late, but, yes, 9.40. Fine.

In diesem Dialog tritt das Perfekt wiederum mit einem gedachten Bezug zur Gegenwart auf. Rachel fragt: **Have you seen The French Lieutenant's Woman?** – Hast du *Die Frau des französischen Leutnants* (schon) gesehen? Der Bezug zur Gegenwart besteht darin, dass man meint: Hast du bis heute *Die Frau des französischen Leutnants* schon gesehen? Bei Fragen, die im Deutschen das Wort *schon* enthalten, steht im Englischen oft das Perfekt, z. B. **have you seen the film?** – hast du den Film schon gesehen? **seen** ist das Partizip Perfekt von **to see.**

Marion möchte den Film *Die Frau des französischen Leutnants* nicht sehen, **because I've read the book** – weil ich das Buch (schon) gelesen habe. Sie will sich vermutlich den Eindruck, den das Buch auf sie gemacht hat, nicht „verderben". **Read** – in diesem Falle gesprochen wie die Farbe **red** – ist das Partizip Perfekt des unregelmäßigen Verbs **to read.**

I thought the book was wonderful – ich fand das Buch wunderbar (wörtlich: ich dachte, das Buch war wunderbar). **Thought** ist das Partizip Perfekt des unregelmäßigen Verbs **to think** und wird im Deutschen oft durch finden + Adjektiv wiedergegeben: **I thought it was awful** – ich fand es schrecklich.

5 (3/61)

Andere Völker, andere Sitten

Sumei: Here in England, in London, I usually meet people and people will say, “Oh, nice day, isn’t it?” But in China you might find people saying, er “Have you eaten?” or “Have you had breakfast?” And it is just the same as English people talking about the weather.

In *Unit* 12 ist bereits darauf hingewiesen worden, dass Ausdrücke wie **nice day, isn’t it?** als Grußwendungen verwendet werden und sich erst in zweiter Linie auf das Wetter beziehen. Im Chinesischen haben Fragen wie **Have you eaten?** (Haben Sie gegessen?) oder **Have you had breakfast?** (Haben Sie schon gefrühstückt?) die gleiche Funktion: Sie gelten als Begrüßungsformel. **eaten** ist das Partizip Perfekt des unregelmäßigen Verbs **to eat** (essen).

6 (3/62)

Ein Engländer in Schottland

Marion: What’s your new job like?
Martin: Very enjoyable.
Marion: And have you, have you become Scottish yet?
Martin: Yes. In fact a lot of English people, when they go to Scotland become Scottish, if you can say that, because they wear kilts and . . .
Marion: Have **you** bought a kilt?
Martin: Yes, I’ve bought a kilt, with a sporran.
Marion: Have you learned any Scottish dancing?
Martin: Yes, country dancing, Scottish country dancing. Er, it’s very enjoyable. Very enjoyable. And I wear a kilt for that. Er, in fact at my school the teachers there quite often wear kilts, every day, for normal work.
Marion: So you wear a kilt in the classroom?
Martin: Yes, we wear a kilt in the school, and it’s, it’s jolly good fun, for an Englishman!

have you become Scottish yet? – bist du schon zu einem Schotten geworden? Dies ist eine etwas merkwürdige Verwendung für **to become**; darum kommentiert Martin: **if you can say that** (wenn man das so sagen kann). Entweder ist man schottisch oder man ist es nicht!

Yet tritt häufig in Ausdrücken auf, die im Perfekt stehen. Es bedeutet: schon, bis heute.

I’ve bought a kilt – ich habe einen Schottenrock gekauft. **Bought** ist das Partizip Perfekt von **to buy**. Der **kilt** ist die traditionelle Tracht schottischer Männer. Er wird mit einem **sporran** getragen, einer Art Geldtasche, die an einem Gürtel hängt, der um die Taille über dem **kilt** angebracht ist. Der **kilt**

Dialoge

wird heute fast nur noch bei besonderen Anlässen getragen. Die Lehrer an Martins Schule sind fast alle Engländer und verhalten sich aus schottischer Sicht ziemlich untypisch: **the teachers quite often wear kilts** – die Lehrer tragen ziemlich oft Schottenröcke.

Martin spricht das **t** in **often** aus; normalerweise wird es verschluckt.

Have you learned any Scottish dancing? – Hast du einige schottische Tänze gelernt?

country dancing Volkstanz

it's jolly good fun, for an Englishman! – es macht ziemlich viel Spaß, (zumindest) einem Engländer! Martin trägt seinen **kilt** offensichtlich mit Vergnügen! **Jolly good fun** wurde früher umgangssprachlich gern benutzt; heute gilt es als veraltet.

7 (3/63)

Martin spielt Dudelsack

Marion: And you're a music teacher, aren't you?

Martin: Yes, I teach music.

Marion: So have you learned to play the bagpipes?

Martin: Ah, yes. I have indeed. I've played now for three months and I've almost mastered the instrument, I think.

Marion: So you can play some Scottish country dance tunes now, can you?

Martin: Yes, although I haven't yet got some bagpipes because they're quite expensive.

Marion: Oh, really? How much do they cost?

Martin: About three hundred pounds. Maybe even four hundred pounds, for a very good pair of bagpipes.

Marion: My goodness!

Martin: But you can get a cheap pair, imported, from Pakistan.

Marion: From Pakistan!

Viele traditionelle schottische Melodien **(tunes)** – auch Volkstänze – werden auf dem Dudelsack **(bagpipes)** gespielt, der auch als **a pair of bagpipes** bezeichnet werden kann. Als Pakistan

Dialoge

noch zum britischen Reich gehörte, wurde das Dudelsackspiel in die Armee eingeführt und es wird dort heute noch gepflegt. Es ist also gar nicht so überraschend, dass Dudelsäcke in Pakistan billig hergestellt und von den Schotten importiert **(imported)** werden.

I have indeed. I have ist eine Kurzantwort auf Marions Frage **Have you learned …?** Das **indeed** (in der Tat) wird an diese Kurzantwort angehängt um ihr mehr Gewicht zu geben: O ja! Aber sicher!

I've almost mastered the instrument – ich kann das Instrument recht gut spielen (wörtlich: Ich habe das Instrument fast gemeistert.)

8 (3/64)

Martin schreibt eine Oper

Marion: You've taught there for one term. Um, have you any plans for next term?

Martin: Yes, definitely. I'm going to do an opera with the children.

Marion: Really! Are you going to write the opera?

Martin: Yes. I'll write the music and write the words. And it'll involve animals and monsters in the mountains around the school. Quite dramatic, I think. And the children should enjoy that.

Marion: Yes, yes. Lovely.

definitely	entschieden, bestimmt
opera	Oper
words	Wörter, *hier:* Text
dramatic	dramatisch

You've taught there for one term – Du hast jetzt ein Semester dort unterrichtet. In Großbritannien ist das Schuljahr entweder in zwei oder in drei **terms** aufgeteilt. **Taught** ist vom unregelmäßigen Verb **to teach** abgeleitet.

it'll involve animals and monsters – es werden Tiere und Monster darin vorkommen. Die Kinder, die Martin unterrichtet, sind zwischen neun und elf Jahre alt.

Wichtige Wörter und Ausdrücke

4/15

Jemanden nach dem Lebenslauf fragen

Where were you born?	Wo sind Sie geboren?
How long did you live in Cambridge?	Wie lange haben Sie in Cambridge gelebt?
How long have you lived in London?	Wie lange leben Sie schon in London?
Did you go to university?	Sind Sie zur Hochschule gegangen?
What jobs have you had?	Welche Arbeiten haben Sie gehabt?
done?	gemacht?

Über seinen Lebenslauf sprechen

I was born in Bonn	ich bin in Bonn geboren
I've lived in London	ich wohne in London
for two years	seit zwei Jahren
since 1976	seit 1976
I've worked	ich habe
in a factory	in einer Fabrik gearbeitet
in a bank	in einer Bank gearbeitet
in a restaurant	in einem Restaurant gearbeitet
in an office	in einem Büro gearbeitet

Kino/Theater

let's go	gehen wir
to the cinema	ins Kino
to the theatre	ins Theater
to a film	in einen Film
to a play	in ein Theaterstück
Have you seen Othello?	Haben Sie Othello gesehen?
this film?	diesen Film gesehen?

Einige nützliche Wendungen

Have you had breakfast?	Haben Sie gefrühstückt?
no, I haven't	nein (habe ich nicht)
yes, I have	ja (habe ich)

1 (3/65)

Lucio und Sushma sind nach Großbritannien eingewandert. Auf der CD hören Sie, wie beide interviewt werden. Hören Sie zu und vervollständigen Sie dabei die beiden Kurzbiographien.

Lucio ... was born ..., Italy, in ... He has worked as a ... for ... years. He came to Britain in ... and has lived in London since ...

Sushma ... was born in Simla, a small town in the ... of India. She is a ... in a small office in London. She came to Britain in ... but she has only lived in London since ...

2 (3/66)

Sara möchte heute Abend mit Richard ins Kino gehen, aber gegen alle Filmvorschläge, die sie macht, erhebt Richard Einwände. Hören Sie sich das Gespräch an und unterstreichen Sie dabei jeweils den von Richard genannten Grund, warum er den Film nicht sehen will.

a. *The Sound of Music*
He has seen it.
He doesn't like musicals.

b. *Hamlet*
He has seen the play.
He doesn't like Shakespeare.

c. *The Orient Express*
He has read the book.
He doesn't like detective films.

 Übungen

3 (3/67)

Sehen Sie sich die Abbildungen an und ordnen Sie dann dem jeweiligen Bild die passende Beschreibung aus den Sätzen im Kasten zu.
Wie Colin, den Sie aus Dialog 3 kennen, hat auch Carol viele Jobs gehabt. Hören Sie sich auf der CD das Interview mit Carol an. Wie viele der unten abgebildeten Tätigkeiten hat sie bereits ausgeführt?

She is working in a cinema
She is picking apples
She is working in an office
She is working in a factory
She is playing the violin
She is a waitress

4 (3/68)

Ann arbeitet als Haustochter bei Familie Owen in Wales. Colin befragt sie über ihre Arbeit und ihr Leben in Wales:

How long are you going to stay in Wales?
Do the Owens speak Welsh or English at home?
Have you made some friends?
How long have you been with the Owen family?
Have you learned to speak Welsh?

Schreiben Sie die Fragen in die richtigen Lücken des folgenden Dialogs. Dann hören Sie sich den Dialog auf der CD an und überprüfen Sie, ob Sie es richtig gemacht haben.

Colin: ________________________

Ann: I've been with them since January.

Colin: ________________________

Ann: They can speak Welsh, but they use English at home.

Colin: ________________________

Ann: I've learned a few words, but I can't speak it.

Colin: ________________________

Ann: Yes. People are very friendly here in Wales.

Colin: ________________________

Ann: I'm going home to Austria in the summer. But I love Wales and I love the Owen family – so perhaps I'll come back in the autumn.

Das Perfekt (present perfect)

Diese Zeitform wird mit *have/has* und dem Partizip Perfekt gebildet:
I have worked
How long have you lived in London?

Das Partizip Perfekt der regelmäßigen Verben hat die gleiche Form wie die einfache Vergangenheit: *I play – I played – I have played* (siehe den Abschnitt *Grammatik* in *Unit 13,* Seite 189). Auch bei vielen unregelmäßigen Verben stimmt das Partizip Perfekt mit der einfachen Vergangenheit überein, obwohl es auch Ausnahmen gibt, wie Sie der folgenden Aufstellung entnehmen können:

go	*I have gone*	*I went*
get	*I have got*	
have	*I have had*	
do	*I have done*	*I did*
leave	*I have left*	
write	*I have written*	*I wrote*
be	*I have been*	*I was*
see	*I have seen*	*I saw*
read	*I have read* Aussprache: /red/	
eat	*I have eaten*	*I ate*

In Ihrem Begleitheft finden Sie eine Liste aller unregelmäßigen Verben, die Sie in diesem Kurs gelernt haben. Es empfiehlt sich, alle drei Hauptformen eines jeden Verbs zu lernen, also z. B.
go, went, gone; work, worked, worked.

Die Unterschiede zwischen der einfachen Vergangenheit und dem Perfekt im Englischen sind nicht ganz einfach zu erklären. Zwar kennt auch die deutsche Sprache den Unterschied zwischen *ich ging* und *ich bin gegangen,* aber die Verwendung dieser beiden Zeiten ist verschieden vom englischen *I went* und *I have gone.* Machen Sie sich aber deswegen keine allzu großen Sorgen: man wird Sie in der Regel auch dann verstehen, wenn Sie die eine Form statt der anderen verwenden sollten.

Die Bedeutung des Perfekts

Das Perfekt ist eine Zeitform, die sowohl einen Bezug zur Vergangenheit als auch zur Gegenwart hat. Das *present perfect* tritt in zwei Verwendungsbereichen auf:

1. Bei Zuständen und Handlungen, die bis zum Zeitpunkt des Sprechens noch andauern.
I have lived in London since 1980 (und ich wohne immer noch dort).
He has been in the office for three hours (und er ist immer noch da).

Das Perfekt tritt sehr oft zusammen mit *since* und *for* auf, die beide im Deutschen **seit** heißen. *Since* bezieht sich immer auf ein Datum oder einen genau fixierten Zeit**punkt:** *since six o'clock, since 1940. For* hingegen bezeichnet eine Zeit**dauer**: *for three years, for two minutes.*

2. Bei Zuständen und Handlungen in der Vergangenheit ohne genauen Zeitbezug.
I have had breakfast (irgendwann heute früh).
I had breakfast at 8 o'clock (= Vergangenheitsform, da genaue Zeitangabe).
Colin has often worked abroad (mehrfach, aber ohne genaue Zeitangabe).
Colin worked abroad in 1979 and in 1981 (= Vergangenheitsform, da die Jahreszahlen angegeben sind).

Mit diesen beiden Verwendungsbereichen kennen Sie die wichtigsten Regeln – aber längst noch nicht alle! Wie gesagt: Es werden keine Verständigungsschwierigkeiten auftreten, wenn Sie das Perfekt einmal falsch gebrauchen. Jeder Engländer wird Sie verstehen.

Übung 1

Schauen Sie sich das Beispiel an und beantworten Sie dann die folgenden Fragen auf die gleiche Weise, indem Sie *since* oder *for* verwenden.

How long has Colin lived in Leeds? (three years)
He has lived in Leeds for three years.

1. How long has Martin worked in Scotland? (September)
2. How long have Maria und Jens been at university? (two years)
3. How long has Karl been in England? (a week)
4. How long have you had your car? (two years)
5. How long has Mrs Collins lived in Scotland? (1933)

Übung 2

Schauen Sie sich das Beispiel an, und bilden Sie Sätze. Beispiel:
I / to be / Scotland / 1980.
I was in Scotland in 1980.

1. He / to work / Norway / 1979.
2. She / to be / America / twice.
3. Colin / to move / London / 1980.
4. Rachel / to write / three letters / yesterday.

 Lesen und Verstehen

Lesen Sie bitte diesen Brief einer Engländerin, die eine deutsche Brieffreundin sucht.

Von den folgenden fünf Aussagen über Christine Berry sollen Sie diejenigen ankreuzen, die richtig sind. Schauen Sie dazu ruhig noch einmal in den Brief.

1. She doesn't speak German very well...
2. She has three daughters...
3. Her husband is a banker...
4. Her husband was at university ...
5. She lives in York ...

Schreiben Sie jetzt bitte Christine einen Brief, in dem Sie ihr über sich selbst berichten. Erzählen Sie von Ihrer Familie, Ihrem Beruf, Ihrem Wohnort, wo Sie geboren wurden usw. Sie können sich bei den Formulierungen an Christines Brief orientieren. Auch die Kurzbiografien in Übung 1 (Seite 217) bieten Ihnen Lösungshilfen.

Dear friend,
I have started to learn German and so I would like to have a pen-friend in Germany, Austria or Switzerland. I haven't learned very much German yet, so I am writing this first letter in English. I will tell you a little about myself and my family.
My name is Christine Berry. I am married with three children - three boys. John is nine, Thomas is twelve and William is sixteen. My husband's name is Alan. He works in a bank. I am a history teacher. I have taught now for seven years and I love it.
I was born in Ireland but my family moved to York in 1947, when I was seven years old. I went to school in York and then I went to university in Leeds in 1959. I met Alan at Leeds university and we got married in 1965. We lived in the United States for five years (1969 - 74). Now we live in Manchester. We have lived here since 1975.
If you would like an English pen-friend, please write to me! Tell me about yourself. And please write in English. I have only learned a little German and I can't read German.

Yours sincerely,

Christine Berry

Christine Berry

Die britische Presse

Die überregionale Presse Großbritanniens kann in zwei Gruppen eingeteilt werden: die „seriösen“ und die „populären“ Zeitungen. Zur ersten Gruppe gehören u. a. *The Times, The Guardian, The Daily Telegraph* und *The Financial Times* (die sich vorwiegend mit Wirtschaftsfragen beschäftigt). Diese Zeitungen veröffentlichen ausführliche Nachrichten aus dem In- und Ausland sowie Kommentare zu wichtigen Ereignissen. Zu den „populären“ Zeitungen gehören *The Daily Mail, The Daily Express, The Mirror* und *The Sun*. Sie bringen weniger Nachrichten, die zudem oberflächlich behandelt werden; als „Boulevardblätter“ versuchen sie durch Fotos und sensationelle Meldungen die Aufmerksamkeit des Lesers auf sich zu ziehen. Alle erwähnten Zeitungen (außer *The Guardian*) erscheinen in London. Einige sind in der Fleet Street beheimatet; diese Straße im Herzen Londons wird darum oft als die Heimat der britischen Presse bezeichnet.

Tageszeitungen, die außerhalb Londons veröffentlicht werden, erscheinen normalerweise abends und enthalten eine Mischung aus überregionalen und regionalen Nachrichten. Es gibt jedoch auch einige regionale Zeitungen, die morgens erscheinen – die *Yorkshire Post* (Leeds), der *Scotsman* (Edinburgh) und der *Glasgow Herald* (Glasgow).

Die wichtigsten seriösen Sonntagszeitungen sind *The Observer, The Sunday Times* und *The Sunday Telegraph,* die als Beilage ein farbiges Magazin enthalten. Sonntagszeitungen der „Boulevardpresse“ sind u. a. *The News of the World* und *The Sunday Mirror.*

Zeitschriften

Großbritannien kennt keine Illustrierten wie den *Stern*. Die führenden Wochenzeitschriften sind *The New Statesman, The Spectator* und *The Economist. Private Eye* behandelt – oft auf recht skurrile Art und Weise – Aspekte des öffentlichen und politischen Lebens. *Punch* ist eine traditionsreiche humorvolle Wochenzeitschrift. Eine große Zahl von Zeitschriften sind verschiedenen Freizeitbeschäftigungen gewidmet, und Frauenzeitschriften wie *Woman* und *Woman's Own* sind weit verbreitet.

Die BBC hat eine eigene Programmzeitschrift, *Radio Times,* die wöchentlich erscheint und neben den Fernseh- und Radioprogrammen auch Beiträge über die Sendungen enthält. Die Programmzeitschrift der ITV heißt *TV Times*. Zeitschriften wie *Hör zu*, in denen sämtliche Fernseh- und Rundfunkprogramme des Landes aufgeführt sind, gibt es in Großbritannien nicht. In London erscheinen mehrere Veranstaltungskalender mit Informationen über wichtige Ereignisse in der Hauptstadt – von Kino und Theater bis zu Dichterlesungen, von Jazzkellern bis zu politischen Demonstrationen. Die bekanntesten sind *Time Out, Event, City Limits* und *What's on in London*. Auch Londons Abendzeitung, *The Evening Standard,* enthält Hinweise auf Kinos, Theater, Konzerte und Ausstellungen.

Viele der überregionalen deutschsprachigen Tageszeitungen sind – zumindest in London – in den größeren Geschäften wie W. H. Smiths, manchmal sogar an Zeitungsständen erhältlich.

Jetzt haben Sie das Wort

Jetzt haben Sie das Wort

1 (3/69)

In der ersten Übung stellen Sie sich bitte vor, Sie machten Urlaub in Stratford-on-Avon. Im Hotel lernen Sie einen Mann kennen, der sich offensichtlich etwas einsam fühlt und heute Abend gern etwas mit Ihnen unternehmen möchte. Sie wollen jedoch lieber allein bleiben. Jeden Vorschlag, den er macht, weisen Sie wie im folgenden Beispiel zurück:

Mann:	Let's go to the cinema. I'd like to see *Star Wars. (CD anhalten)*
Sie:	Thank you, but I've seen *Star Wars. (CD wieder laufen lassen)*
Wiederholung:	Thank you, but I've seen *Star Wars.*

2 (3/70)

In der zweiten Übung sollen Sie einige Fragen über sich selbst beantworten. Da jeder anders antworten wird, kann die CD keine „richtigen" Antworten bestätigen.
Where were you born?
How long did you live there?
How long have you had your job?
What other jobs have you had?
Have you enjoyed learning English?
Have you worked hard?
Have you done all fifteen units?

Zum Schluss hören Sie sich alle Dialoge noch einmal an; überprüfen Sie, ob Sie die Wendungen im Abschnitt *Wichtige Wörter und Ausdrücke* und die Vergangenheitsformen der unregelmäßigen Verben beherrschen.

Wiederholung (3/71)–(3/72)

Arbeiten Sie jetzt den Wiederholungsabschnitt zu den *Units* 13 bis 15 durch. Die CD-Übungen dazu schließen sich unmittelbar an *Unit* 15 an.
Sie haben jetzt solide Grundkenntnisse im Englischen erworben, mit deren Hilfe Sie alle Situationen bewältigen können, die während einer Reise nach England auf Sie zukommen könnten. Beschäftigen Sie sich aber auch dann weiterhin mit der englichen Sprache, wenn Sie nicht regelmäßig mit Engländern sprechen können. Es wäre schade, wenn Ihre Kenntnisse wieder in Vergessenheit geraten sollten. Nehmen Sie dann jede Gelegenheit wahr Englisch zu sprechen, zu hören, zu lesen und zu schreiben, auch wenn Sie dafür immer nur ein paar Minuten erübrigen können. *Good luck!*

Unit 1–3

Wenn man etwas behalten will, muss man viel wiederholen. Ehe Sie die folgenden Übungen durchführen, sollten Sie sich darum noch einmal die Dialoge der bisher erarbeiteten *Units* anhören; halten Sie die CD nach jedem Satz an und sprechen Sie die Sätze laut nach. Danach lesen Sie bitte den Abschnitt *Grammatik* einer jeden *Unit* durch und dann wiederholen Sie, was unter *Wichtige Wörter und Ausdrücke* aufgeführt ist.

1

Erinnern Sie sich?

Verbinden Sie die deutschen Sätze auf der linken Seite durch einen Strich mit den entsprechenden englischen Sätzen auf der rechten Seite. Wenn Sie nicht weiterkommen, schauen Sie sich noch einmal den Abschnitt *Wichtige Wörter und Ausdrücke* von *Unit* 1, 2 und 3 an.

Wie geht es Ihnen?
Gut, danke.
Möchten Sie etwas zu trinken?
Ich möchte nichts zu trinken, vielen Dank.
Wo kommen Sie her?
Wie buchstabiert man das?
Ich bin nicht verheiratet.
Ich mache Ferien hier.
Was machen Sie beruflich?
Entschuldigen Sie, ich kann nur wenig Englisch sprechen.
Ich möchte bitte ein Schinkenbrot.
Was kostet das?

What do you do?
Where are you from?
How do you spell that?
I'd like a ham sandwich, please.
I won't have a drink, thank you.
How are you?
How much is that?
I'm here on holiday.
Would you like a drink?
I'm fine, thank you.
I'm not married.
I'm sorry, I can only speak a little English.

Schauen Sie sich jetzt bitte die englischen Sätze noch einmal an, und sagen Sie möglichst spontan, wie sie auf Deutsch heißen. Decken Sie dabei die deutschen Sätze ab.

2 (1/48)

Jetzt können Sie sprechen

Für diese Übung brauchen Sie Ihre CD. Stellen Sie sich vor, Sie seien ein Ingenieur aus der Schweiz. Sie heißen Wolfgang Steiner. Sie befinden sich auf Kurzbesuch in England, und jetzt sind Sie in den *Pub* neben Ihrem Hotel gegangen, um einen abendlichen Drink einzunehmen. Dort erkennen Sie eine Frau, die Sie bereits im Hotel gesehen und gegrüßt haben, weil sie auch dort wohnt. Sie laden sie zu einem Drink ein und unterhalten sich mit ihr an der Theke. Während Ihres Gesprächs verwenden Sie einige Ausdrücke aus den *Units* 1, 2 und 3.

3

Ein Wortspiel

Bei den folgenden Wörtern sind die Buchstaben vertauscht worden. Alle Wörter haben mit Essen und Trinken zu tun. Wie heißen sie?

Ein Beispiel: ESCEEH = cheese

a. ERBE b. MHA c. WSCANDHI d. DIREC e. ETA f. SRGUA g. LIMK h. EFCOEF i. ENMLO j. RRHBAEGUM
Wenn Sie die richtigen Wörter gefunden haben – buchstabieren Sie sie bitte laut.

Unit 4–6

1 (2/16)

Erinnern Sie sich?

Lesen Sie die folgenden Fragen durch; dann sprechen Sie bitte laut aus, was Sie sagen sollen. Überprüfen Sie nach jedem Satz auf der CD, ob Sie es richtig gemacht haben. Dann halten Sie die CD an und gehen zur nächsten Frage über.

a. Sie sprechen in einem Hotel mit der Empfangsdame. Was sagen Sie,
 – wenn Sie ein Doppelzimmer mit Dusche haben möchten?
 – wenn Sie zwei Nächte lang bleiben wollen?
 – wenn Sie wissen wollen, ob es im Hotel einen Parkplatz gibt?

b. Sie befinden sich in einem Postamt. Was sagen Sie,
 – wenn Sie vier 18p Briefmarken und einen Luftpostbrief haben möchten?
 – wenn Sie zwei Briefmarken für Postkarten nach Deutschland haben möchten?
 – wenn Sie wissen wollen, wie viel das zusammen kostet?

c. In einem Kaufhaus wollen Sie einen Pullover kaufen. Was sagen Sie,
 – wenn Sie Größe 14 haben möchten?
 – wenn dieser (Pullover) zu groß ist und Sie einen kleineren haben möchten?
 – wenn Sie wissen wollen, ob es etwas Billigeres gibt?
 – wenn Sie mit Reiseschecks bezahlen möchten?

2 (2/17)

Jetzt können Sie sprechen

Für diese Übung brauchen Sie Ihre CD. Stellen Sie sich vor, Sie hätten an einem Haus angehalten, an dem Sie das Schild *Bed and breakfast: vacancies* gesehen haben. Sie möchten ein Einzelzimmer haben. Während Ihres Gesprächs mit der Vermieterin üben Sie einige Ausdrücke aus den *Units* 4, 5 und 6.

3

Ein Wortspiel

In jeder der folgenden Wortgruppen befindet sich ein Wort, das nicht zu den anderen Wörtern passt. Dieses Wort unterstreichen Sie bitte, z. B.

car park
restaurant
shop
<u>colour</u>
(Die drei anderen Wörter beziehen sich auf Räumlichkeiten.)

a. breakfast
shower
dinner
lunch

b. envelope
egg
biscuit
roll

c. white
black
cold
blue

d. airletter
postcard
notepaper
bathroom

e. big
stamp
long
small

f. a dozen
a snack
a pint
a pound

g. boots
gloves
coat
door

h. cash
receipt
cheque
banker's card

Unit 7–9

1

Erinnern Sie sich?

In dieser Übung sollen Sie zu jeder Frage die passende Antwort finden. Die erste Aufgabe haben wir bereits für Sie gelöst.

a. Where is Mr. Taylor's office, please?
b. Could you tell me how to get to the tube station?
c. How long are you staying in Scotland?
d. Which platform is it from?
e. How long will it take to get to Trafalgar Square?
f. When is the next bus to Glasgow?
g. A day return to London, please.
h. Do I have to change?
i. When does the train arrive?
j. What is the date today?

☐ Just for a weekend.
☐ £ 5.60, please.
☐ It gets in at twenty to seven.
[a] It's upstairs on the third floor.
☐ 15th August.
☐ No, it's a through train.
☐ Go straight down this road and it's on the corner.
☐ It's about fifteen minutes' walk.
☐ It leaves at half past three.
☐ Number three.

2 (2/63)

Jetzt können Sie sprechen

Für diese Übung brauchen Sie Ihre CD. Stellen Sie sich vor, Sie seien in Edinburgh. Bald ist Weihnachten, und Sie wollen zwei Wochen lang zu Freunden nach Oban fahren. Sie gehen in ein Reisebüro um eine Fahrkarte zu kaufen. Während Ihres Gesprächs mit dem Angestellten üben Sie einige Ausdrücke, die Sie in den *Units* 7, 8 und 9 gelernt haben.

3

Ein Wortspiel

Im folgenden Suchworträtsel sind die Namen der sieben Wochentage sowie acht Monatsnamen versteckt. Können Sie sie finden? Suchen Sie von oben nach unten und von links nach rechts. *Tuesday* haben wir bereits für Sie umrandet.

P	T	H	U	R	S	D	A	Y	T
J	U	N	E	A	G	H	T	E	S
A	E	O	J	U	L	Y	S	C	A
N	S	V	Z	A	U	G	U	S	T
U	D	E	R	P	E	O	N	M	U
A	A	M	A	R	C	H	D	O	R
R	Y	B	Q	I	P	T	A	N	D
Y	T	E	S	L	L	O	Y	D	A
M	F	R	I	D	A	Y	M	A	Y
W	E	D	N	E	S	D	A	Y	J

Wie heißen die vier Monate, die in unserem Suchrätsel *nicht* versteckt waren?

Unit 10–12

1 (3/33)

Erinnern Sie sich?

Lesen Sie bitte die folgenden Fragen durch; dann sprechen Sie laut aus, was Sie sagen sollen. Überprüfen Sie nach jedem Satz auf der CD, ob Sie es richtig gemacht haben. Dann halten Sie die CD an und gehen zur nächsten Frage über.

a. Sie sind in einem Restaurant. Was sagen Sie,
   – wenn Sie mit einem Salat beginnen möchten?
   – wenn Sie wissen wollen, was es zum *roast beef* gibt?
   – wenn Sie die Weinkarte haben möchten?

b. Ein Freund fragt Sie, was Sie gern machen und was nicht. Wie sagen Sie,
   – dass Sie ganz gern schwimmen?
   – dass Sie überhaupt nicht gern wandern?
   – dass Sie nicht sehr gern Ski fahren?

c. Sie wollen morgen eine Reise antreten. Was sagen Sie, wenn Sie wissen wollen,
   – wie der Wetterbericht lautet?
   – ob es morgen sonnig sein wird?
   – was es in Oxford zu sehen gibt?
   – was interessanter ist – Oxford oder Bath?

2 (3/34)

Jetzt können Sie sprechen

Für diese Übung brauchen Sie Ihre CD. Stellen Sie sich vor, Sie seien in London und hätten ein Auto gemietet. Sie möchten das Wochenende außerhalb Londons verbringen. Sie bitten eine Bekannte um ihren Rat. Am Anfang fragt Sie diese Bekannte, was Sie gern in den Ferien machen. Während Ihres Gesprächs üben Sie einige Ausdrücke, die Sie in den *Units* 10, 11 und 12 gelernt haben.

3

Ein Wortspiel

Wenn Sie das Wörterrätsel richtig gelöst haben, können Sie ein verstecktes Wort *(hidden word)* entdecken. Die Zahlen in Klammern zeigen an, aus wie viel Buchstaben die gesuchten Wörter jeweils bestehen. Die Lösung ist im Begleitheft.

a. It is raining now, but I think it'll clear . . . this afternoon. (2)
b. Scotland is as beautiful . . . Wales. (2)
c. I think Bath is . . . interesting than Brighton. (4)
d. We'd like to book a . . . for six please. (5)
e. I . . . like steak and kidney pie, but it is not my favourite food. (5)
f. This salad is very good and the chicken is absolutely . . . (9)
g. My favourite . . . sports are swimming and cycling. (6)
h. Here is your . . . It's £15.47, service included. (4)
i. Would you like any . . . with your beef? We have peas, carrots and brussels sprouts. (10)
j. Aberdeen is in the . . of Scotland. (5)
k. What's the weather . . . today? (4)
l. I like . . . tennis in my spare time. (7)

Unit 13–15

1 (3/71)

Erinnern Sie sich

Die folgenden Fragen beziehen sich auf Personen, die Sie in einigen Interviews kennen gelernt haben. Um die richtigen Antworten geben zu können, sollten Sie sich die Dialoge der *Units* 13, 14 und 15 noch einmal anschauen. Sprechen Sie Ihre Antworten laut aus und überprüfen Sie nach jedem Satz auf der CD, ob Sie es richtig gemacht haben. Dann halten Sie die CD an und gehen zur nächsten Frage über.

a. What did Tanvi and Nuala do some of the time at home during the Christmas holidays?
b. How many hours did Colin work each day in Oslo?
c. When did Eddie learn Welsh?
d. Where are Tanvi and Nuala going to go for the Easter holidays?
e. Who is Sara going to have lunch with?
f. Where was Kathy born?
g. How long has Kathy lived in London?
h. English people often talk about the weather when they meet. What do Chinese people often say when they meet?

2 (3/72)

Jetzt können Sie sprechen

Für diese Übung brauchen Sie Ihre CD. Stellen Sie sich vor, Sie seien gerade zum Frühstück in den Speisesaal Ihres Hotels in London gekommen. An einem Tisch entdecken Sie David, der ebenfalls im Hotel wohnt und den Sie bereits ein wenig kennen. Sie fänden es nett, wenn Sie mit ihm frühstücken könnten, und darum gehen Sie zu ihm. Während Ihres Gesprächs üben Sie einige Ausdrücke, die Sie in den *Units* 13, 14 und 15 gelernt haben.

3

Ein Wortspiel

Tragen Sie die gesuchten Wörter in das Kreuzworträtsel ein; die Zahlen in Klammern zeigen Ihnen an, aus wie viel Buchstaben sie jeweils bestehen. Die richtigen Lösungen können Sie im Begleitheft überprüfen.

waagrecht

1 I . . . going to Ireland for the Easter holidays. (2)
4 Sven wants to be . . . inventor. (2)
6 Sara is going to stay with some friends . . . (7)
7 What are you going to . . . today? (2)
8 Are you going to go for a walk . . . stay at home? (2)
9 Last night I watched . . . (10)
12 What did you . . . during the holidays? (2)
14 I don't want to . . . the steak and kidney pie. I don't like it very much. (6)
16 Have you . . . the film at the Odeon cinema? Is it good? (4)
18 When did you . . . up this morning? (3)
21 I had an . . . for breakfast this morning. (3)
23 Have you . . . any letters to your family since you arrived in London? (7)

senkrecht

1 Eddie had to speak Welsh . . .school. (2)
2 Martin . . . to Scotland last year. (5)
3 Where did Kathy . . . before she came to London? (4)
4 Last night I went to bed . . . half past twelve. (2)
5 Mrs Collins was . . . in France. (4)
7 Go through the glass . . . and you'll find the toilets on your right. (5)

10 I . . . going to the ballet. (4)
11 Mrs Collins has lived in Scotland . . . 1932. (5)
13 Eddie . . . Welsh when he was a child but now he usually uses English. (4)
15 Tomer enjoyed visiting Edinburgh castle, didn't . . . ? (2)
17 Have you had breakfast? . . . I haven't. (2)
18 Have you . . . time for a drink? (3)
19 Tanvi is nine. She'll be . . . on her next birthday. (3)
20 Were you born in Switzerland . . . in Germany? (2)
22 Let's . . . to the cinema this evening. (2)

The End

Wortschatz

A

a (vor Mitlaut) ein, eine
about in: **what about . . .?** wie ist es mit . . .?, wie steht es mit . . . ?
abroad im Ausland, ins Ausland
absolutely absolut, völlig
accept (to) annehmen, akzeptieren
accessory Zubehör(teile)
accommodation Unterkunft
actually eigentlich, wirklich
address Anschrift, Adresse
  home address Heimatanschrift
admission Zugang, Eintritt
advance in: **in advance** im voraus
afford (to) sich (etwas) leisten
afraid in: **I'm afraid** leider
after nach
after all alles in allem, immerhin
afternoon Nachmittag
afterwards nachher
again wieder
air Luft
airletter Luftpostbrief (auf amtlichem Formular)
airmail Luftpost
ale (dunkles) Bier
all alle, ganz
all right in Ordnung, einverstanden, recht so
allow (to) erlauben
along entlang
alphabet Alphabet
also auch
although obwohl
am, 'm in: **I am, I'm** (von **to be)** ich bin
an (vor Selbstlaut) ein, eine
and und
animal Tier
announcement Ansage, Ankündigung
another ein anderer/es, eine andere
any (irgend)ein(e) (in fragenden und verneinten Sätzen); etwas, einige (in Fragen und Angeboten)
  not any kein(e)
anyone (irgend)jemand (in fragenden und verneinten Sätzen)
anything (irgend)etwas (in fragenden und verneinten Sätzen)
  anything else? noch etwas?
anywhere irgendwo, irgendwohin
  not anywhere nirgends
  anywhere else anderswo (in fragenden und verneinten Sätzen)
apple Apfel
apple crumble warme Apfelsüßspeise mit Mehl, Fett und Zucker
appointment Verabredung
approximately ungefähr
April April
architect Architekt
are in: **you are, we are, they are** (von **to be)** bist, sind
area Gegend, Gebiet
around ringsumher, rundherum
arrival Ankunft
arrive (to) ankommen
art Kunst
artist Künstler(in)
as wie, als
  as much soviel
  as well auch
ask (to) fragen
aspirin Aspirin

assistant Verkäufer(in)
at bei, an, in
at all in: **not at all** überhaupt nicht
atlas Atlas
attendant Bedienstete(r), Aufseher(in)
August August
Australia Australien
Austria Österreich
author Autor(in)
autumn Herbst
available erhältlich, verfügbar
avenue Allee, (breite) Straße
away fort, weg
awful furchtbar, entsetzlich

B

bacon Schinkenspeck
bagpipes Dudelsack
ballet Ballett
bank Bank (Geldinstitut)
banker Bankier
bar Bar
basic grundlegend
bathing suit Badeanzug
bathroom Badezimmer
be (to) sein
beautiful schön
because weil
become (to) werden
beef Rindfleisch
  roast beef Rost-, Rinderbraten
beer Bier
before bevor; vorher
best bester, -e, -es
bet Wette
better besser
big groß
bike Fahrrad
bill Rechnung
bird Vogel
birdwatcher Vogelbeobachter
birth Geburt
birthday Geburtstag
biscuit Keks, Plätzchen
bitter bitter
black schwarz
blast off! Feuer!
blouse Bluse
blue blau
boat Boot, Schiff
book Buch
book (to) (Platz) buchen, vorbestellen
booking Buchung
boot Stiefel
born geboren
bottle Flasche
bought (past tense und Partizip Perfekt von **to buy)**
boxer Boxer
boy Junge
brandy Branntwein, Kognak
Brazil Brasilien
bread Brot
break Pause
breakfast Frühstück
bridge Brücke
Britain (= Great Britain) Großbritannien
British britisch
brother Bruder
brown braun
Brussels sprouts Rosenkohl
buffet Büfett, Theke
builder Bauunternehmer
building Gebäude
buried begraben
burn (to) verbrennen
bus Bus
  by bus mit dem Bus
bus stop Bushaltestelle
business Geschäft
  on business geschäftlich
bustle Getriebe, Lärm, Tumult
busy beschäftigt, besetzt
but aber
butter Butter
buy (to) kaufen **(bought, bought)**
by in: **by train (car)** mit dem Zug (Auto)
bye; bye bye Wiedersehen

C

café Café
calendar Kalender
call at (to) (kurzen) Besuch machen bei
call back (to) zurückrufen
came (past tense von **come)**
camera Kamera, Fotoapparat
camp (to) zelten
campsite Zeltplatz
can (unregelm.) können, dürfen
can I help you? Sie wünschen bitte?
Canada Kanada
car Auto
  by car mit dem Auto
car park Parkplatz (f. Personenwagen)
caravan Wohnwagen (Anhänger)
  motor caravan Wohnmobil
card Karte
  banker's card, credit card Kreditkarte
cardigan Strickjacke, Strickweste
carrot Karotte, Möhre
cash Kasse; bar
castle Schloß (Gebäude)
catch (to) erwischen, erreichen (Bus)
cathedral Kathedrale
cello Cello
cemetery Friedhof
centimetre Zentimeter
centre Zentrum
certainly selbstverständlich, aber sicher
change Wechselgeld
change (to) (ver)ändern, sich ändern
charge Preis, Kosten, Forderung
cheap billig
check (to) prüfen, kontrollieren
cheese Käse
chicken Hähnchen, Hühnchen
child (pl **children)** Kind
China China
Chinese chinesisch
chocolate Schokolade
choice Wahl, Auswahl
choir Chor
choose (to) (aus) wählen
Christmas Weihnachten
church Kirche
cider Apfelwein
cigarette Zigarette
circle Rang (im Theater)
city Stadt
classroom Klassenzimmer
clean sauber
clear (to) freimachen, räumen
clear up (to) sich aufhellen (Himmel)
clerk Schalterbeamter(r), (Bank-, Post-) Angestellte(r)
climb (to) klettern, (be)-steigen
climber Kletterer
  mountain climber Bergsteiger
clock Uhr
clothes Kleider, Kleidung
cloud Wolke
coach Fernreisebus
coast Küste
coat Mantel
coffee Kaffee
cold kalt
college Kolleg
colour Farbe

come (to) kommen
(came, come)
commence (to) beginnen
concert Konzert
conductor Dirigent; Schaffner
continental kontinental, vom (europäischen) Festland
continue (to) fortfahren
cook (to) kochen
corner Ecke
on the corner an der Ecke
corridor Korridor, Flur
cosmetics Kosmetika
cost (to) kosten
could (past tense von **can)**
could I have . . ? ich hätte gerne . . .
count (to) zählen
countdown Startzählung
country Land
countryside Landschaft
couple in: **a couple of . . .** zwei („ein Paar“)
course Gang (bei großem Essen)
main course Hauptgericht
cricket Kricket
cricketer Kricketspieler
cross (to) überqueren
crown Krone
custard Vanillesauce
customer Kunde
cycle (to) Rad fahren

D

dance Tanz
country dance Volkstanz
dance (to) tanzen
dare-devil waghalsig, tollkühn
date Datum
daughter Tochter
day Tag
dear lieb
December Dezember
decide (to) sich entschließen
definitely endgültig
delicious köstlich
deliver (to) liefern
depart (to) abfahren
departure Abfahrt, Abflug
departure gate Flugsteig
dessert Dessert
destination Zielort, Bestimmungsort
detective Detektiv
did (past tense von **do)**
die (to) sterben
diet Kost; Diät
different verschieden
dinner Hauptmahlzeit
direct direkt
directly direkt
disabled behindert
do (to) tun
(did, done)
doctor Arzt, Ärztin
does in: **he does** er tut
dog Hund
done (Partizip Perfekt von **do)**
door Tür
double doppelt, Doppel-
down hinunter, herunter
downstairs die Treppe hinunter; unten (in einem Haus)
dozen Dutzend
half a dozen ein halbes Dutzend
dramatic dramatisch
draw (to) zeichnen
dress Kleid
drink (to) trinken
drink (alkoholisches) Getränk
soft drink nichtalkoholisches Getränk
dry trocken
during während
duty Zoll
duty free zollfrei

E

each jeder, -e, -es (aus einer bestimmten Anzahl)
early früh
east Ost(en)
Easter Ostern
eat (to) essen
egg Ei
eight acht
eighteen achtzehn
eighteenth (der) achtzehnte
eighth (der) achte
eighty achtzig
electric elektrisch
electric point Kontaktstelle
electricity Elektrizität
electricity supply Elektrizitätsversorgung
eleven elf
eleventh (der) elfte
else sonst, außerdem
anything else? sonst noch etwas?
end Ende
engineer Ingenieur
England England
English englisch
Englishman Engländer
enjoy (to) genießen Gefallen haben an
enjoyable erfreulich, schön
envelope Briefumschlag
equal (to) gleichen, gleichkommen
EU (European Union) EU (Europäische Union)
eve Vorabend
Christmas Eve Heiligabend
even sogar
not even nicht einmal
evening Abend
every jeder, -e, -es
everything alles
excellent ausgezeichnet
exciting aufregend
excuse (to) entschuldigen
excuse me entschuldigen Sie (als Anrede an einen Fremden)
expect (to) erwarten
expensive teuer
extremely äußerst

F

facilities Einrichtungen
fact in: **in fact** tatsächlich, wirklich
factory Fabrik
family Familie
famous berühmt
fare Fahrgeld
farmer Bauer, Landwirt
farmhouse Bauernhaus
fashion Mode
father Vater
favourite Lieblings-
February Februar
ferry Fähre
few in: **a few** ein paar, einige
fifteen fünfzehn
fifteenth (der) fünfzehnte
fifth (der) fünfte
fifty fünfzig
fill up (to) auffüllen
fillet Filet, Lendenstück
film Film
find (to) finden
fine schön
finish (to) aufhören; beenden
first erster, -e, -es
fish Fisch
fish (to) angeln, fischen
fisherman Fischer
five fünf

flat Etagenwohnung, Appartement
flight Flug
floor Stockwerk
ground floor Erdgeschoß
first floor erster Stock (in den USA: Erdgeschoß)
fly (to) fliegen
fond of in: **I'm fond of . . .** ich habe . . . gern
food Speise, Essen
football Fußball
for für; seit
forecast in: **weather forecast** Wettervorhersage
foreigner Ausländer(in)
forename Vorname
forest Wald
form Formular
forty vierzig
forwards vorwärts
founder Gründer
four vier
fourteen vierzehn
fourteenth (der) vierzehnte
fourth (der) vierte
France Frankreich
French französisch
fresh frisch
Friday Freitag
friend Freund(in)
from von, von . . . her
front Vorderseite, Front
in front of vor
full voll
fun Spaß, Vergnügen
funeral Begräbnis
fur Pelz
fur-lined pelzgefüttert

G

garlic Knoblauch
gas Gas
gas cylinder Gasflasche
gate Tor
Georgian georgianisch
German deutsch; Deutsche(r)
Germany Deutschland
get (to) bekommen; gelangen **(got, got)**
get in (to) hineingelangen, einsteigen
get off (to) aussteigen
get on (to) einsteigen
get out of (to) herauskommen
get to (to) zu . . . gelangen
get up (to) aufstehen
girl Mädchen
give (to) geben **(gave, given)**
glass Glas
glide (to) gleiten, segeln
glove Handschuh
go (to) gehen, fahren **(went, gone)**
go with (to) dazu passen,
go back (to) zurückgehen
go on (to) weitermachen, fortfahren
go out (to) ausgehen
going to in: **I'm going** ich werde **to (marry))** (heiraten)
good gut
good afternoon guten Tag
good evening guten Abend
good morning guten Morgen
goodbye auf Wiedersehen
goodness in: **my goodness!** du meine Güte!
got (past tense und Partizip Perfekt von **get)**
grape Weintraube
grapepicking Weinlese
grave Grab
great groß
Great Britain Großbritannien
Greek griechisch; Grieche
green grün
grey grau
grocer Lebensmittelhändler
greengrocer Obst- und Gemüsehändler
grow (to) wachsen
grow up (to) aufwachsen
guard Wache
The Guards Gardekorps, -regiment
gymnasium Turnhalle;
ground (Erd)Boden; Feld, Platz

H

had (past tense und Partizip Perfekt von **have)**
half halb
half past three halb vier
hall Halle; Vorhalle, Diele
hallo hallo
ham Schinken
hamburger Hamburger
hand Hand
handbag Handtasche
handsome gutaussehend
harbour Hafen
has in: **he has** er hat
hat Hut
have (to) haben **(had, had)**
have got (to) haben, besitzen
have to (to) müssen
he er
heather Heidekraut
help (to) helfen
help yourself bedienen Sie sich
her sie; ihr(e)
here hier, hierher
him ihn, ihm
his sein(e)
history Geschichte
hobby Hobby
hockey Hockey
holiday Urlaub
on holiday auf Urlaub
home Zuhause, Heim; nach Hause
at home zuhause
homemade hausgemacht
hope (to) hoffen
I hope hoffentlich
horse Pferd
horse riding Reiten
hot heiß
hotel Hotel
hotel receptionist Empfangschef, Empfangsdame
hour Stunde
house Haus
how? wie?
how are you? wie geht es Ihnen?
how long? wie lange?
how many? wie viele?
how much? wieviel?
hundred hundert
husband Ehemann
hustle and bustle Getriebe, Gehetze

I

I ich
ice Eis
ice-skating Schlittschuhlaufen, Eislauf
idea Einfall, Gedanke
if wenn; ob
immigration act Einwanderungsgesetz
import (to) einführen, importieren
in in
inch Zoll (= 2,54 cm)
included inbegriffen
including einschließlich
indeed wirklich (zur Bekräftigung)
India Indien
Indian indisch; Inder(in)
information Information, Auskunft
inside drinnen
instrument Instrument

Inter-City Intercity
interesting interessant
into in . . . hinein
invent (to) erfinden
inventor Erfinder(in)
involve (to) beinhalten, umfassen; mit sich bringen, bedeuten
Ireland Irland
  Northern Ireland Nordirland
Irish irisch
is in: **he is, he's, she is, she's** (von **to be**) ist
  isn't ist nicht
island Insel
it es
Italian italienisch; Italiener(in)
Italy Italien
its sein(e)

J

jacket Jacke, Jackett
January Januar
Japan Japan
jewel Edelstein, Juwel
  Crown Jewels Kronjuwelen
job Arbeit, Beschäftigung
jolly in: **jolly good fun** Heidenspaß
journalist Redakteur, Journalist
juice Saft
July Juli
June Juni
just gerade, eben; nur

K

kid Kind
kidney Niere
kilometre Kilometer
kilt Männerrock (in Schottland)
kind Art, Gattung
  what kind of . . .? was für ein . . .?
knight Ritter
knitwear Strickkleidung
know (to) wissen

L

lady Dame
lager Lager(bier)
lamb Lamm
landing card Landekarte
language Sprache
large groß
last letzter, -e, -es
late spät
Latin lateinisch, Latein
laundry Wäsche (zum Waschen), Wäscherei
learn (to) lernen
leather Leder
leave (to) weggehen, abfahren (left, left)
left linker, -e, -es
  on the left links, auf der linken Seite
leisure Muße
lemon Zitrone
lemonade (Zitronen-)Limonade
length Länge
less weniger
lesson Schul-, Unterrichtsstunde
let's ... lass uns, lasst uns ...
letter Brief
librarian Bibliothekar(in)
lieutenant Leutnant
life Leben
lift Aufzug
light leicht
like in: **what's it like?** wie ist es?
like (to) gern haben, mögen
  I'd like to . . . ich würde gerne . . .
lined in: **fur-lined** pelzgefüttert
  wool-lined wollgefüttert
lingerie Feinwäsche
liqueur Likör
list Liste
little klein
  a little ein wenig
live (to) leben, wohnen
liver Leber
'll (Kurzform von **will)**
local örtlich, lokal
long lang
look Blick
  have a look at . . . sich . . . ansehen
look (to) schauen, blicken
lot in: a lot (of) (sehr) viele
  lots (of) sehr viele
lounge Salon (im Hotel)
love Liebe
love (to) lieben, sehr gern haben
lovely schön
luck Glück
  good luck! viel Glück!
luggage Gepäck
  left luggage Gepäckaufbewahrung
lunch Mittagessen

M

mackerel Makrele
madam in **Dear Madam, . . .** (Anrede an eine Dame höheren Ranges; im Brief förmliche Anrede an eine Dame, deren Namen man nicht kennt)
main Haupt-
  main road Hauptverkehrsstraße
man (pl **men)** Mann
manage (to) fertigbringen, es schaffen
map Landkarte, Plan
March März
married verheiratet
marry (to) heiraten
master (to) beherrschen
matter in: **it doesn't matter** es macht nichts
may (unregelm.) dürfen
May Mai
maybe vielleicht
me mich, mir
meal Mahlzeit
mean (to) bedeuten
meaning Bedeutung
medieval mittelalterlich
medium mittel-
meet (to) (sich) treffen
menu Speisekarte
message Mitteilung,
metre Meter
midday Mittag
midsummer Mittsommer
might könnte (in höflichen Fragen)
mile Meile (= 1,609 km)
military Militär-
  military tattoo Militärparade
milk Milch
mince tart Pastete mit Gehacktem und/oder Äpfeln u. Rosinen
minute Minute
miserable unglücklich, niedergeschlagen
Miss (Hunter) Fräulein (Hunter)
miss (to) verfehlen, vermissen
modern modern
moment Augenblick
  one moment please einen Augenblick, bitte
  at the moment augenblicklich, momentan
Monday Montag
monster Ungeheuer
more mehr
more interesting interessanter
morning Morgen
most meiste, -en
mostly meistens
mother Mutter

motor caravan Wohnwagen
motorway Autobahn
mountain Berg
mountaineer Bergsteiger(in)
move (to) (sich) bewegen; umziehen
Mr (Griffin) Herr (Griffin)
Mrs (Griffin) Frau (Griffin)
Ms (Holden) Frau (Holden)
much viel
mum Mutti, Mama
mummy Mama
museum Museum
mushroom Pilz
music Musik
musical Musical
must (unregelm.) müssen
my mein,-(e)
myself mich (selbst)

N

name Name
  first name Vorname
  family name Nachname
narrow eng, schmal
national national
nationality Staatsangehörigkeit
nature Natur
  nature reserve Naturschutzgebiet
navy marineblau
near nahe, in der Nähe
nearby nahegelegen
need (to) benötigen, brauchen
new neu
New Zealand Neuseeland
newspaper Zeitung
next nächster, -e, es
nice schön
night Nacht; Abend
nine neun
nineteen neunzehn
nineteenth (der) neunzehnte
ninety neunzig
ninth (der) neunte
no nein; keine(e)
noise Lärm
normal gewöhnlich
north Nord(en)
Norway Norwegen
not, n't nicht
notepaper Schreibpapier
nothing nichts
  nothing else sonst nichts
November November
now jetzt, nun
number Zahl, Nummer
nurse Krankenschwester, Krankenpfleger(in)

O

occupation Beschäftigung, Beruf
o'clock in: **it's (one) o'clock** es ist (ein) Uhr
October Oktober
of von
  a pound of apples ein Pfund Äpfel
of course natürlich
off hand aus dem Stegreif
offer (to) anbieten
office Büro
officer Beamter; Offizier
oil Öl
old alt
  (the)oldest(der)älteste
  on auf, an
one eins
  a large one ein großes
  the small ones die kleinen
only nur, erst
open offen, geöffnet
opera Oper
or oder
orange Apfelsine, Orange
orchestra Orchester
  symphony orchestra Symphonieorchester
order Bestellung
ordinary gewöhnlich
original Original-
other anderer, -e, -es
ought to sollte
ounce Unze (= 28,4 g)
our unser(e)
out hinaus
out of aus . . . heraus
outdoor im Freien, Freiluft-
outdoors im Freien, draußen
outlook Aussichten
outside außerhalb; draußen
over vorüber; über

P

pair Paar
  a pair of trousers eine Hose
Pakistan Pakistan
pantomime Pantomime
paper Papier, Zeitung
parents Eltern
park Park
  car park Parkplatz (für Personenwagen)
park (to) parken
parsnip Pastinake
part Teil
  a part of ein Teil von
passenger Fahrgast
passport Pass, Reisepass
  passport control Passkontrolle
  passport holder Passinhaber(in)
past in: **go past** vorbeigehen, -fahren
  half past five halb sechs
pastry feines Gebäck
path Pfad, Weg
pay (to) (be)zahlen
pea Erbse
pen-friend Brieffreund(in)
penny, Abk. **p** Penny
  pence (5p) Pennys (5p)
people Leute
per pro, je
  per week in der Woche
performance Aufführung
perfume Parfüm
perhaps vielleicht
period Zeitabschnitt, Periode
petrol Benzin
photo Foto
pianist Klavierspieler(in), Pianist(in)
piano Klavier
pick (to) pflücken, (auf)lesen
pictorial Bild-, mit Abbildungen versehen
picture Bild
pie Pastete
pilot Pilot
pineapple Ananas
pink rosa
pint Flüssigkeitsmaß (= 0,568 l)
place Ort, Platz, Stelle
plain einfach
plan Plan
plane Flugzeug
  by plane mit dem Flugzeug
platform Bahnsteig
play Bühnenstück
play (to) spielen
please bitte
poem Gedicht
poet Dichter(in)
pop singing Poplieder singen
population Bevölkerung
port Hafen
porter (Gepäck) Träger
possible möglich
  if possible wenn möglich, möglichst
post office Postamt
postcard Postkarte
  picture postcard Bildpostkarte
potato Kartoffel

potato crisps Kartoffelchips
pound (lb.) Pfund (Gewichtseinheit) (= 454 g)
pound (£) Pfund (engl. Währungseinheit)
pour (to) gießen
prefer (to) vorziehen
pretend (to) vortäuschen, vorgeben
price Preis
private privat
probably wahrscheinlich
programme Programm
pub Wirtshaus, Pub, Kneipe
pudding Pudding; Fleischpastete
pullover Pullover

Q

quarter in: **a quarter to ten** Viertel vor zehn
quiet ruhig
quite (good) ganz (gut)
quiz Quiz

R

radio Radio, Rundfunk
rain Regen
rain (to) regnen
rather ziemlich
read (to) lesen (read, read [red])
ready fertig, bereit
real wirklich(e)
really wirklich
receipt Quittung
receptionist Empfangschef, Empfangsdame
recorder Blockflöte
red rot
register (to) (sich) anmelden, eintragen
registration form Anmeldeformular
reserve Reserve
reserve (to) reservieren, zurücklegen
restaurant Restaurant
retired pensioniert
return in:
  day return Tagesrückfahrkarte
ride (to) reiten, (Fahrrad usw.) fahren
right rechter, -e, -es
  on the right rechts
right richtig, recht (so)
ring (to) läuten
river Fluß
riverside (Fluß)Ufer
road Straße
roast beef Rost-, Rinderbraten
rock Felsen
roll Brötchen
room Zimmer
  double room Doppelzimmer
  single room Einzelzimmer
  twin room Zweibettzimmer
rose Rose
roughly grob geschätzt, ungefähr
round ringsumher, rundherum
route Wegstrecke, Route
royal königlich
ruined zugrunde gerichtet, ruiniert
run in: **to run a (shop)** einen(Laden)betreiben
rush (to) eilen, losstürzen

S

Saint, St. Heilige(r), Hl., Sankt, St.
salad Salat
same in: **the same** (der-, die-, das)selbe
sandwich belegtes Weißbrot, Sandwich
Saturday Samstag, Sonnabend
sauce Soße
saw (past tense von **to see)**
say (to) sagen
school Schule
scientist (Natur) Wissenschaftler
Scotland Schottland
Scots schottisch, Schotten
Scottish schottisch
sea Meer
season Jahreszeit
seat Sitz, Sitzplatz
second zweiter, -e, -es
secretary Sekretär(in)
see (to) sehen
  (saw, seen)
self-service Selbstbedienung
sense Sinn
September September
service Bedienung; Dienstleistung
seven sieben
seventeen siebzehn
seventeenth (der) siebzehnte
seventh (der) siebente
seventy siebzig
sew (to) nähen
sex Geschlecht
shaver (elektr.) Rasierapparat
she sie
shelf Regal, Fach, Brett
sherry Sherry
shirt Hemd
shoe Schuh
shop Laden, Geschäft
shopping list Einkaufsliste
short kurz
should sollte(n)
show (to) zeigen, vorführen
shower Dusche
side Seite
signature Unterschrift
signpost Wegweiser, Richtungsschild
since seit
sing (to) singen
single einfache Fahrkarte
  single room Einzelzimmer
sir
  Dear Sir, . . . (Anrede an einen Herrn höheren Ranges; im Brief förmliche Anrede an einen Herrn, dessen Namen man nicht kennt)
sister Schwester
  brothers and sisters Geschwister
six sechs
sixteen sechzehn
sixteenth (der) sechzehnte
sixth (der) sechste
sixty sechzig
size Größe
  what size . . .? welche Größe . . .?
skate (to) Schlittschuh laufen
ski (to) Ski fahren
skirt Damenrock
sleeper Schlafwagen
slow langsam
small klein
smell (to) riechen
smoked geräuchert
snack Imbiß
so so; deshalb
  I don't think so ich denke nicht/glaube (das) nicht
socialism Sozialismus
sock Strumpf
sold out ausverkauft
soluble löslich
some einige, etwas
someone jemand
  someone else jemand anders
something etwas
sometimes manchmal
son Sohn

song Lied
sorry tut mir Leid, Verzeihung
I'm sorry es tut mir Leid
sort Art, Sorte
sound Klang
The Sound of Music „der Klang der Musik"
sound (to) klingen
soup Suppe
south Süd(en)
south-east Südost(en)
south-west Südwest(en)
Soviet Union (the) Sowjetunion
Spain Spanien
spare überzählig, Ersatz-
speak (to) sprechen
spell (to) buchstabieren
spirits alkoholische Getränke, Spirituosen
sports Sportarten
winter sports Wintersport
spring Frühling
square Quadrat
square mile Quadratmeile
squirrel Eichhörnchen
stage Bühne
stalls Parkett (im Theater)
stamp Briefmarke
star Stern
four star vier Sterne (Benzin)
Star Wars „Krieg der Sterne"
start (to) anfangen, beginnen
start with (to) mit ... beginnen
starter Vorspeise
States (the) die Vereinigten Staaten
station Bahnhof
stationery Schreibwaren
stay Aufenthalt
stay (to) sich aufhalten, wohnen
stay in (to) im Haus bleiben
steak and kidney pie Steak- und Nierenpastete
stocking Strumpf
story Geschichte
straight gerade, ohne Umwege
stranger Fremder, Unbekannter
street Straße
student Student(in), Schüler(in)
sugar Zucker
suit Anzug
suitcase Koffer
summer Sommer
Sunday Sonntag
sunny sonnig
suppose (to) vermuten
sure sicher, gewiss
yes, sure ja, selbstverständlich
surely sicher(lich)
surname Nachname
surround (to) umgeben
surrounded by umgeben von
sweater Pullover
Sweden Schweden
sweet süß
swim (to) schwimmen
swimming Schwimmen
swimsuit Badeanzug
Switzerland die Schweiz

T

table Tisch
take (to) nehmen, (hin)bringen
it takes five minutes man braucht (dazu) fünf Minuten
tall groß, hoch(gewachsen)
tariff Tarif
tart Törtchen
taste (to) schmecken
tattoo in: **military tattoo** Militärparade
taught (past tense und Partizip Perfekt von **to teach)**
taxi Taxi
tea Tee
teach (to) lehren, unterrichten
(taught, taught)
teacher Lehrer(in)
telephone Telefon
television Fernsehen
tell (to) sagen, erzählen
ten zehn
tenish ungefähr zehn
tennis Tennis
tent Zelt
tenth (der) zehnte
term Trimester
terrific phantastisch, toll
terrified erschrocken, entsetzt
thank you vielen Dank
thanks danke
that der, die, das (da)
the der, die, das (Artikel)
the States (Kurzform für die Vereinigten Staaten **the United States)**
theatre Theater
repertory theatre Repertoiretheater
their ihr(e)
them sie, ihnen
then dann, denn
there da, dort
there is/are ... es gibt ...
these diese (Mz.)
they sie
thing Ding
think (to) denken
(thought, thought)
third dritter, -e, -es
thirteen dreizehn
thirteenth (der) dreizehnte
thirty dreißig
this dieser, -e, -es,
those diese dort, jene (Mz.)
thought (past tense und Partizip Perfekt von **to think**)
thousand tausend
three drei
through durch
through train durchgehender Zug
Thursday Donnerstag
ticket Fahrkarte, Eintrittskarte
tie Krawatte
till bis
time Zeit
what's the time? wie viel Uhr ist es?
to zu
today heute
together zusammen
all together alles zusammen
toilet Toilette
flush toilets Toiletten mit Wasserspülung
tomato Tomate
tomorrow morgen
tonight heute Abend
too auch; (all)zu
tour Tour, Fahrt, Reise
tourist Reisende(r)
tower Turm
town Stadt
traffic Verkehr
train Zug
by train mit dem Zug
travel agent Reisebüroangestellte(r)
traveller's cheque Reisescheck
treacle Sirup
tree Baum
tree-lined von Bäumen gesäumt
trifle Süßspeise
trousers Hose(n)
a pair of trousers eine Hose
try (to) versuchen, probieren
tube U-Bahn

tube station U-Bahn-Station
Tuesday Dienstag
tune Melodie
Turkish türkisch
turn (to) (sich)drehen, wenden
TV, television Fernsehen
twelfth (der) zwölfte
twelve zwölf
twentieth (der) zwanzigste
twenty zwanzig
two zwei
tyre Reifen

U

under unter
underground U-Bahn
unemployed arbeitslos
United Kingdom (the) Vereinigtes Königreich (von Großbritannien und Nordirland)
United States of America (the) Vereinigte Staaten von Amerika
university Universität
unlined ungefüttert
up hinauf, herauf
upstairs die Treppe hinauf; oben (in einem Haus)
urgent dringend
us uns
use (to) gebrauchen
usually gewöhnlich, normalerweise

V

vacancy freie Stelle
vegetable Gemüse
very sehr
very much sehr (viel)
Victorian viktorianisch
view Blick, Aussicht
vinaigrette Essigsoße
violin Violine, Geige
violinist Violinspieler(in), Geiger(in)
virtually praktisch, eigentlich, fast
visit Besuch
visit (to) besuchen

W

waiter Kellner
waiting room Wartezimmer
waitress Kellnerin
walk (to) (zu Fuß) gehen
walk Spaziergang
wall Wand, Mauer
want (to) brauchen, (haben) wollen
warm warm
was in: **he was, I was** (von **to be**) war
watch Armbanduhr
watch (to) beobachten; schauen
watch TV fernsehen
water Wasser
way Weg
all the way den ganzen Weg
we wir
wear (to) (Kleidung) tragen
weather Wetter
weather forecast Wetterbericht
Wednesday Mittwoch
week Woche
weekday Wochentag
weekend Wochenende
weigh (to) wiegen
welcome willkommen
well gut
very well sehr wohl
as well auch, ebenso
well made gut gemacht
Welsh walisisch
went (past tense von **to go**)
were in: **you were, we were, they were,** (von **to be**) waren, wart
west West(en)
West Indies (the) Westindien
wet naß
what about . . .? wie ist es mit . . .?, wie steht es mit . . .?
what else? was sonst?
what? was?
when? wann?
where? wo?
which? welcher, -e, -es?
while während
whisky Whisky
white weiß
who? wer?
whole ganz
why? warum?
wide weit, breit
will in: **you will (see)** du wirst (sehen), Sie werden (sehen)
wind Wind
windy windig
wine Wein
wine list Weinkarte
winter Winter
wish (to) wünschen
with mit
without ohne
woman *(pl* **women)** Frau
wonderful wunderbar, herrlich
won't Abk. für **will not** in: er wird nicht (kommen) **he won't (come)**
wood Wald
wool Wolle
word Wort
work (to) arbeiten
work Arbeit
would würde(n)
would you like . . .? möchten Sie . . .?
write (to) schreiben

Y

yard Längenmaß (= 0,91 m)
year Jahr
yellow gelb
yes ja
yesterday gestern
yet in: **not yet** noch nicht
have you finished yet? bist du schon fertig?
you du, ihr, Sie; dich, euch
youngest jüngste(r)
your dein, euer, Ihr
yours (der) deinige, Ihrige
yours sincerely mit freundlichen Grüßen
yourself du selbst, dich selbst, Sie selbst
youth Jugend
youth hostel Jugendherberge
Yugoslavia Jugoslawien

Z

zero Null
zip Reißverschluss

Nützliche Adressen

British Tourist Authority (BTA)
Thames Tower
Black's Road
Hammersmith
London W6 EL
Tel. (020) 8563-3164
www.visitbritain.com

British Tourist Authority (BTA)
Urlaubsservice Großbritannien
Westendstr. 16–22
60325 Frankfurt
Tel. 01801–46 86 42 (zum Ortstarif)

Britain Visitor Centre
12 Regent Street
Picadilly Circus
London SW 1

London Tourist Board
Victoria Station Forecourt
London SW 1

Scottish Tourist Board
23 Ravelston Terrace
Edinburgh EH4 3EU
www.holiday.scotland.net

Wales Tourist Board
Brunel House
2 Fitzalan Road
Cardiff CF 2 1UY
www.visitwales.com

Northern Ireland Tourist Board
River House
48 High Street
Belfast BT1 2DS
www.ni-tourism.com/travel

Victoria Coach Station
164 Buckingham Palace Road
London SW 1
www.londontransport.co.uk

Britrail
www.britrail.com

British Airways
www.british-airways.de